JEAN CHARTIER

La taupe

Chronique d'un référendum

roman historique, collages, récit lyrique

Acte 1

Les Américains à Québec

L'inStant même

Maquette de la couverture : Lise Morin
Photocomposition : CompoMagny enr.

Distribution pour le Québec : Diffusion Dimedia
539, boulevard Lebeau
Saint-Laurent (Québec) H4N 1S2

Distribution pour la France : Distribution du Nouveau Monde

© Les éditions de L'instant même 2005

L'instant même
865, avenue Moncton
Québec (Québec) G1S 2Y4
info@instantmeme.com
www.instantmeme.com

Dépôt légal
Bibliothèque nationale du Québec, 2005

Catalogage avant publication de Bibliothèque et Archives Canada

Chartier, Jean

　　La taupe : chronique d'un référendum

　　Comprend des réf. bibliogr.
　　Sommaire : Acte 1. Les Américains à Québec

　　ISBN 2-89502-222-4 (v. 1)

　　I. Titre. II. Titre : Les Américains à Québec.

PS8605.H375T38 2005　　　　　　C843'.6　　　　　　C2005-942049-9
PS9605.H375T38 2005

L'instant même remercie le Conseil des Arts du Canada, le gouvernement du Canada
(Programme d'aide au développement de l'industrie de l'édition), le gouvernement
du Québec (Programme de crédit d'impôt pour l'édition de livres – Gestion SODEC)
et la Société de développement des entreprises culturelles du Québec.

à Catherine Marciano

Avertissement

Ceci est un roman historique, inspiré d'une actualité récente et dont les personnages sont fictifs. Quelques personnalités politiques ainsi que des chercheurs et des journalistes sont néanmoins identifiés et cités, par le biais de discours ou de textes se trouvant dans le domaine public.

La fiction ne m'intéresse que dans son rapport à la réalité.

Pierre PERRAULT, août 1997.

Le récit que nous venons de faire a déjà été fait de cent manières différentes, car c'est bien certainement un des plus importants de cette grande période écoulée de 1789 à 1795, et ce qu'on appelle la révolution française.

Il sera fait de cent autres manières encore, mais, nous l'affirmons d'avance, personne ne l'aura fait avec plus d'impartialité que nous.

Mais après tous ces récits, le nôtre compris, il en restera encore autant à faire, car l'histoire n'est jamais complète. Cent mille témoins ont chacun leur version ; cent mille détails différents ont chacun leur intérêt et leur poésie, par cela même qu'ils sont différents.

Alexandre DUMAS, *Ange Pitou.*

Chapitre 1

La pointe du Vieux-Montréal, le budget d'Ottawa et les soucis du directeur de cabinet

LA VOITURE NOIRE avance vers la brume qui monte du fleuve, tout au bout de l'étroite rue Saint-Sulpice. Devant, un céréalier appuie sa lourde carlingue au quai du Convoyeur, figé dans la glace, alors qu'une tour de bois grise, haute de huit étages, l'ascenseur à blé, se déplace à l'avant du bateau, au fur et à mesure que l'automobile descend le coteau de la place d'Armes. Cette barge, le *Comeau Doc*, reste ainsi amarrée, pendant l'hiver, loin de Thunder Bay, son port d'enregistrement à la tête des Grands Lacs.

Rue de la Commune, la Volkswagen bifurque à l'ouest, agrippée aux pavés malgré la neige qui tombe, floconneuse. L'homme au volant considère un immeuble de granit qui ressemble à un navire à la coque trop haute : un brise-glace coincé à la pointe à Callière, pense-t-il en fonçant dans la tempête qui commence. Sur le front de fleuve, les maisons de pierre tournent doucement avec la courbe de l'ancien rivage. La voiture tangue devant la place Royale, où s'élève la vieille douane, le premier édifice érigé sous le règne de Victoria, dès

1838, pour établir définitivement le contrôle du commerce de l'Empire dans la colonie.

Le passager, l'air sombre, met son nouveau collègue en garde :

– Frédéric, méfiez-vous ! Ce n'est pas une mince tâche de faire le tour des questions économiques en vue de la déclaration de souveraineté. Nos adversaires vont nous tomber dessus à bras raccourcis avec tous les coups fourrés imaginables. Si ce n'était que ça : en plus, ils épient nos faits et gestes au Secrétariat. Pire : il y a des obstacles à l'intérieur même du Secrétariat. Le ministre n'est pas un homme facile et il prend des décisions qui surprennent les souverainistes convaincus ; il a même embauché des fédéraux dans son entourage immédiat. Je vous laisse découvrir cette réalité par vous-même, mais je tenais à vous prévenir.

Frédéric Chevalier ne rétorque rien. Il laisse venir les confidences, sans les encourager. Enthousiaste, un rien exalté, aux premiers jours de son nouvel emploi, il n'est pas pressé de connaître les rivalités de couloirs, ces mille et une intrigues qui alimentent les conversations et éloignent du but. Miguel Cortès, l'économiste de gauche du Secrétariat à la restructuration, la petite quarantaine comme lui, paraît sincère. Son avertissement, loin des oreilles indiscrètes, achève de convaincre Frédéric qu'il a accepté une mission sensible. Il en éprouve un mélange de fierté et d'appréhension.

Sur les pavés, la voiture enneigée s'avance vers un édifice victorien surmonté d'une tourelle ayant autrefois servi à la surveillance des bateaux. Voici l'édifice des Commissaires du havre, à l'angle de la rue du Port. Il s'arrête y cueillir son oncle, un marin à la retraite, qui arrive de la Maison des navigateurs, sise à proximité. Le vieil homme lui a promis depuis un moment déjà de l'emmener à la capitainerie du port.

Miguel sort, se présente et serre la main du solide marin qui s'engouffre à l'arrière de la voiture. C'est ici que, voilà trente ans, Miguel débarquait d'un paquebot en provenance du Havre. À côté, le bassin Alexandra, recouvert d'une glace mince et sombre, disparaît sous la blancheur de la neige qui s'agglutine par rafales à l'entrée du canal Lachine.

L'oncle tout rouge se réjouit de voir son neveu. Celui-ci l'a prévenu qu'il serait accompagné d'un spécialiste des transports se rendant aux bureaux du port de Montréal. Le vieil homme, pas timide pour deux sous, apporte ses commentaires en montrant du doigt la jetée de la reine Alexandra, à laquelle songe Miguel.

– C'est là que j'amarrais mon remorqueur, le *Daniel McAlister,* au quai du hangar numéro 3. Vous n'avez pas idée du trafic maritime qui se faufilait aux abords du canal Lachine dans ma jeunesse ; les navires se positionnaient jour et nuit. Ce quai était le plus actif de tout le port de Montréal. Nous, on s'assurait que les canaliers n'y heurtent pas les océaniques.

– J'ai vu ce quai, dans mon adolescence, plein de dockers et de cageots, lâche Miguel.

Le capitaine Jacques Roy a pris sa retraite à Notre-Dame-de-Pierreville, un village de navigateurs situé à cent kilomètres en aval, mais son cœur est ancré à jamais dans le port de Montréal. Le loup de mer se réjouit de voir son neveu s'y intéresser. À une époque il a cru que le jeune intellectuel n'avait aucune estime pour le travail qu'il avait fait et la vie qu'il avait menée. Que Frédéric ait recours à son expérience pour en faire profiter un spécialiste lui réchauffe cœur.

– Les remorqueurs ne viennent plus qu'à l'occasion dans le bassin, pour briser la glace, constate-t-il encore. Leur besogne a cessé au moment de la fermeture définitive du canal Lachine, en 1968.

– Nous traversons l'ancien château fort de la marine, ajoute Frédéric.

Le pilote mélancolique croit entendre la rumeur de sa jeunesse émanant du vieux chantier naval.

– Les hommes mettaient les navires à l'eau entre la rue du Port et la rue des Sœurs-Grises. J'y ai vu des milliers de charpentiers maritimes et de ferrailleurs au début de ma vie de matelot, dans les années 1920. À l'entrée du canal, les navires accostaient l'un à l'autre, au plus près de la grève et, plus loin, aux quais Nelson, Wellington et de la Reine.

Miguel et Frédéric observent les quais déserts cependant que le capitaine revoit amarrés pêle-mêle goélettes, bateaux à vapeur et navires au diesel. Il ne reste rien de tout cela au bout de la rue McGill. Celle-ci, transformée peu à peu en une artère pour les sièges sociaux des compagnies de transport maritime et ferroviaire, se déploie vers le square Victoria, puis la côte du Beaver Hall. Cette voie de prestige a remplacé les fortifications du Régime français, une muraille de six mètres de hauteur qui marquait la fin du bourg du Vieux-Montréal. Qu'est-il arrivé à l'ouvrage défensif ? Un malheur nommé McGill. L'homme avait amassé sa fortune aux postes de traite français de Détroit, de Michillimakinac et de Toronto. Devenu l'un des trois commissaires du port, il demandera et obtiendra, à partir de 1801, la destruction des fortifications qui, selon ses dires, nuisaient à l'expansion du commerce. De là le tracé de la rue qui porte son nom. C'est ainsi que McGill et ses associés ont effacé les principales traces du Régime français à l'ouest du Vieux-Montréal.

Féru d'histoire, Frédéric Chevalier poursuit son périple vers le site de l'administration du port en compagnie de son vieil oncle et de celui qu'il côtoiera tous les jours au cours des prochains mois. Il importe en effet que les études sur la restructuration de l'État québécois en cas de victoire du OUI, donc d'accession à la souveraineté, soient efficacement soumises à l'opinion publique. C'est pour cela qu'on est venu le chercher.

Les flocons tombent dru sur l'édifice édouardien de la nouvelle douane, un grand immeuble mordoré à colonnes, dressé à l'amorce de la rue Wellington, au cœur de l'ancienne Cité des pauvres de l'Hôpital général, devant le dernier immeuble de la fin du XVIIᵉ siècle français encore debout. Celui-ci paraît minuscule à l'ombre de l'énorme monument du négoce, érigé deux siècles plus tard. De l'autre côté, à la hauteur de la rue des Sœurs-Grises, dernières propriétaires de l'hôpital, le capitaine montre l'inscription de la Saint Lawrence Wagon, encore visible sur un immeuble de la rue King. À une autre époque, il venait y voir ses amis, en suivant la voie ferrée incrustée dans le bitume.

– Les ouvriers réparaient les wagons à cent mètres des navires.

Le magasin général des approvisionnements, situé à l'entrée du canal Lachine, là où la rue de la Commune fait place à la rue Brennan, reçoit désormais les gens de Silicone Valley. À deux pas, l'automobile grimpe un viaduc turquoise et bleu, une curiosité toute récente, pour passer au-dessus du canal Lachine.

Devant, voici le grand élévateur à blé, la démesure au début du XXᵉ siècle à Montréal.

Le chauffeur écoute son oncle évoquer l'âge d'or maritime de la métropole. La voiture avance vers les trois cent cinquante silos agglutinés sur trois grands ensembles, l'énorme élévateur en béton de la Pointe-du-Moulin-à-Vent, celui du milieu, en tôle, le plus vieux, et l'autre, à droite, encore en béton, plus récent mais fissuré, avec des trouées d'horizon entre eux.

– C'est Chicago, par là, risque Frédéric, en jetant un coup d'œil à son passager de droite qui allume une gauloise.

Miguel Cortès, l'homme aux cheveux de jais, revoit, lui, sa descente à la gare maritime du bassin Alexandra, maintenant de biais et dans l'axe de ces gratte-ciel de l'industrie. Derrière les lunettes épaisses, les images de nostalgie se superposent au présent, les quais grouillent encore de dockers qui se lancent les cageots. La suie sort des cheminées des bateaux. « L'aventure de l'Amérique commence ici », lui avait annoncé son père sur le pont du paquebot. La voix résonnait sans que Miguel, alors adolescent, comprenne la nature de l'émotion qui étreignait son père.

Le vieux capitaine sort de sa torpeur.

– Passé cet élévateur à blé, les bateaux glissaient dans le canal Lachine entre les centaines d'usines, le passage obligé pour le Midwest. À l'époque, les Britanniques parlaient de Montréal comme du Rotterdam d'Amérique ! Il n'y avait qu'un port sur la côte Est pour faire compétition à Montréal, et c'était New York. Mais les Britanniques lui préféraient Montréal, un port de l'Empire !

Miguel apprécie cette rencontre arrangée par son collègue des communications : les souvenirs du marin recoupent ceux de son arrivée à Montréal. Il se laisse bercer par ce propos, ce qui réjouit Frédéric. L'homme aux nuits écourtées par les veilles sur un remorqueur, le capitaine à la voix rauque et aux mains calleuses, regarde la neige qui tombe sur les mastodontes gris condamnés à fermer, comme une dizaine avant eux. Coordonnateur des recherches de l'INRS pour le Secrétariat à la restructuration, Miguel aura à transiger avec des experts, il passera des journées entières penché au-dessus de tableaux, de diagrammes et de textes arides, à chercher les marques du déclin économique et à trouver les moyens de redressement. Ce soir, ces marques sont devant lui, dans la réalité du panorama urbain.

– Je n'en reviens pas qu'on annonce l'abandon des élévateurs à blé de l'entrée du canal Lachine. C'était le symbole de la puissance maritime de la métropole.

Du temps de sa jeunesse, le marin a vu le canal Lachine rivaliser d'activité avec le canal de Chicago, érigé à l'entrée de la route pour le Mississippi. Miguel jette un peu d'huile sur le feu intérieur du vieil homme.

– Cet hiver, on cadenasse l'élévateur à blé en invoquant l'interruption du commerce avec l'URSS. La Commission canadienne du blé ne fait plus crédit à la Russie, sous le prétexte qu'elle est devenue une mauvaise payeuse. À la place, Winnipeg réexpédie le blé vers la Chine et le Bangladesh par Vancouver ! Sur cet élévateur, je lis : « Condamné pour cause de fin de commerce avec les communistes de Saint-Pétersbourg ! »

Le ciel bas, gris souris, écrase les tuyaux rouillés qui montent leurs dix-sept étages.

Attentif à la scène, Frédéric provoque un petit peu son oncle pour qu'il montre ce qu'il a dans le ventre.

– C'est le rêve de Wilfrid Laurier qui s'effondre. Dans un de ses fameux discours, il avait annoncé que le XXᵉ siècle appartiendrait au Canada à cause du blé. Il avait même proclamé que le Canada serait le grenier à céréales du monde !

Dans le rétroviseur, le marin à la retraite tire sa moustache.

– Mon père a vécu tout ça, Wilfrid Laurier, la richesse attendue du blé, le grand essor du port céréalier ; pas moi. Laurier, c'était un grand monsieur éduqué à McGill, la seule université montréalaise, à l'époque. Il incarnait l'espoir des Canadiens français qui venaient de partir en masse pour la Nouvelle-Angleterre. Vous savez, avant les années vingt, il n'était déjà plus premier ministre, Wilfrid Laurier ; son successeur, le tory Borden, a plutôt cherché à développer les ports des Grands Lacs ; nous, on remorquait les barges de blé, les navires de ferraille et les canaliers de charbon. Le trafic prenait de l'expansion à Montréal. Lorsque la compagnie du Grand Tronc a construit le vieil élévateur de tôle, en 1903, Montréal était la ville du blé pour l'Empire. Le Royaume-Uni, les Indes et le Proche-Orient s'approvisionnaient ici. Un bruit d'enfer montait des usines de part et d'autre du canal Lachine. Elles s'alignaient sur douze kilomètres ! Mon remorqueur poussait des barges venues d'Ashtabula, chargées du charbon de Pennsylvanie, puis il tirait des canaliers pour Port Arthur, l'actuel Thunder Bay, sur le lac Supérieur. L'Angleterre n'achète plus de blé, ni aucun pays du Commonwealth.

Miguel en rajoute à l'intention du vieil homme.

– Montréal n'expédie plus de céréales qu'à des pays maudits aux yeux des États-Unis, comme la Libye, l'Iran et l'Algérie. Winnipeg préfère la route du Pacifique, même pour le Proche-Orient, en raison des tarifs préférentiels consentis aux trains de l'Ouest.

Un monde, de toute évidence, s'est défait. En route pour la capitainerie du port, les trois hommes longent les quais du Grand Tronc d'où le chemin de fer partait pour l'Ouest et le Sud.

L'industrie lourde a commencé dans ces faubourgs de Victoriatown et de Griffintown, les villes ouvrières étant aussi sises de part et d'autre du canal Lachine, Pointe-Saint-Charles et Sainte-Cunégonde, puis Verdun et Saint-Henri, avant d'atteindre les confins de la banlieue, Lasalle et Lachine, à la sortie du canal, dans le lac Saint-Louis.

– La moitié des ouvriers de Montréal vivaient près de l'ancien sentier de « La Chine », les douze kilomètres de piste qui permettaient d'éviter les rapides à l'origine, lâche le vieux marin.

Jacques Roy songe à une petite maison de la rue Saint-Ambroise, terreau de ses fréquentations à Saint-Henri dans les années vingt. Il se souvient de son beau-père, un ouvrier du fer, qu'il raccompagnait parfois à l'usine de la Stelco, l'une des aciéries de Montréal. Il y avait deux cent cinquante usines au bord du canal et des milliers de logements, tout près. Il laisse échapper :

– Quand on passait à la brunante, les ouvriers allaient de la maison à l'usine, boîte à lunch sous le bras, ils traversaient les ponts de fer de la rue Wellington ou de la rue des Seigneurs. Aux coups de sifflets, la rue devenait noire de monde, des dizaines de milliers d'ouvriers y circulaient. Saint-Henri, de nos jours, c'est un quartier en ruine. On l'a vidé de ses machinistes, charcuté avec un échangeur aérien au-dessus de la cour de triage des camions du CN, qui remplace le canal des barges en partance pour Toronto.

L'économiste demande au vieil homme pourquoi on a laissé les faubourgs du port crier famine.

– En creusant la voie maritime de l'autre côté du fleuve, on a fermé le canal et ses deux cent cinquante usines, on a abandonné les ouvriers du canal Lachine, on a laissé cent mille ouvriers sans emploi. Le trafic maritime a été déplacé dans le nouveau canal de la rive sud, avec les usines de l'Ontario au bout ; basta, les ouvriers du canal Lachine !

Le chauffeur constate que Miguel s'enflamme à la vue de la ville qui pourrit, des faubourgs abandonnés, le sud-ouest de Montréal. Le vieux marin se contente d'un clin d'œil.

– Gabrielle Roy doit se retourner dans sa tombe si elle voit Saint-Henri devenu, cinquante ans après *Bonheur d'occasion*, un quartier d'assistés sociaux.

La Pointe-du-Moulin-à-Vent et la rue Mill incarnent la déchéance de la ville coloniale des Britanniques. Le vieux capitaine confie, mélancolique :

– Voyez-vous, il est passé quinze mille barges dans ce canal en 1928, la première année que j'ai navigué !

L'automobile noire s'avance doucement dans la neige sur le ventre de Montréal. La rue Mill file, étonnante, entre deux eaux, l'eau sombre du bassin Windmill à gauche et l'eau gelée du canal Lachine à droite, engoncé derrière l'élévateur Five Roses. À la demande de l'oncle, on arrête au magasin des marins. Voici le port dans ses derniers retranchements. Le vieil oncle montre le bout de la voie d'eau à gauche, la halte du port.

– Le fleuve s'arrêtait là encore en 1959. On disait : les océaniques ne vont pas plus loin. Stop. Le reste était l'affaire des débardeurs.

Le visage mouillé de neige, Jacques Roy parle des ouvriers de ses jeunes années.

– La rue Mill menait aux abattoirs. Du canal, on entendait les cris des animaux. À l'arrière des abattoirs, la cour de triage du Grand Tronc occupait toute la place jusqu'au fleuve. On a démoli les abattoirs et le CN a déménagé les ateliers ferroviaires à Winnipeg même si le Grand Tronc avait obtenu d'empiéter sur le fleuve à la condition d'ériger ces ateliers lors de la construction du pont Victoria !

De l'autre côté du bassin Windmill, un tracteur déplace des conteneurs sur la jetée Bickerdike, alors qu'une grue portique met en position ses pinces au-dessus d'un navire venu de La Havane. Tout de blanc sur sa grue bleue, le nom Empire claque au ciel.

– Montréal, métropole de l'industrie lourde, est morte rue Mill dans les années cinquante, tranche Miguel. La ville américaine a pris le relais de la ville britannique, dix kilomètres au nord, à la confluence des autoroutes de l'île, où la Trans-canadienne amène les fardiers de Toronto.

Miguel est fils de républicain. Il a pris le parti des ouvriers de Montréal, pas celui des royalistes, car il a longuement observé le combat souterrain qui se livre dans cette ville. Son père a perdu la bataille de la République, comme les Québécois.

– Ce port me fait penser à Almería, le port déchu sous Franco, confie le fils de réfugié.

Et l'Andalousie, ça rend Miguel ténébreux ou loquace, c'est selon.

– La défaite des républicains a tué le port d'Almería. De ceux qui avaient résisté à Franco, mon grand-père fut le dernier à tomber aux mains des phalangistes. Le dictateur s'est vengé. Mon grand-père était le secrétaire de la Fédération des anarchistes d'Andalousie ; il est mort en prison, des suites d'un interrogatoire. Le franquisme a signé l'arrêt de mort du grand port des anarchistes, Franco l'a remplacé par des ports « flambant neufs », Alicante et Valencia. Puis, un à un, les fils et petits-fils d'anarchistes d'Almería ont quitté l'Espagne. J'en suis.

En remontant en voiture, Frédéric jette par le rétroviseur un coup d'œil au vieil homme plongé dans ses souvenirs. Le gaillard se revoit un instant quand il était jeune mousse et qu'il jetait avec fièvre le charbon dans la chaudière du bateau. Alors, il sent pour une dernière fois le fleuve qui bondit devant lui, tel un fauve. Il en oublie la terre qu'on y a jetée, des centaines de milliers de bennes de terre, pour ériger les îles nouvelles de l'Expo 67. Trois fois plus large qu'au détroit de Québec, le fleuve paraît encore indompté aux yeux du marin.

*
* *

Le chauffeur fonce droit dans l'ouverture béante de la minoterie Five Roses, l'autre monument du blé, symbole d'élégance des élévateurs à grain, construit de briques, celui-là, percé de milliers de fenêtres à carreaux, un gratte-ciel de dix étages, mi-bureau, mi-entrepôt de blé, à l'autre bout de la jetée Windmill. L'automobile s'avance entre les deux cours d'eau et pénètre soudain dans la cathédrale de l'industrie, la grande voûte des silos à blé de Montréal. Ça sent le grain, la poussière et le houblon sous la voûte de blé alors que l'air humide exhale une vapeur blanche. L'eau du canal Lachine, tombée de la chute entre des glaces épaisses d'un mètre, se faufile sous la rue Mill, pour ressortir au bout du port.

Frédéric emprunte ensuite la rue Riverside sous la neige d'ouate qui tombe sur le vieux port. Un cargo en provenance de la terre de Baffin s'est blotti au bout du port tandis qu'un train s'enfuit. Près des hangars immenses se répand une poussière de céréale et de neige, projetée en rafales par le vent.

Après un troisième élévateur à blé, on contourne un petit bâtiment de pierre à cheminée haute, l'ancien refuge où se réchauffaient les dockers. Cet édifice sombre est campé entre les voies qui le contournent comme si la ville attendait que quelqu'un y mette le feu pour toucher l'assurance, ainsi qu'on fait aux maisons des quartiers pauvres. On quitte finalement la folie des silos, source d'émerveillement de Le Corbusier pour l'Amérique industrielle. Les débardeurs sont passés on ne sait où, pinces, crochets et pics cachés dans les greniers.

– Le quai Bickerdike, dit encore le capitaine, c'était mon favori à cause du charbon et de la ferraille devant la pointe Saint-Charles. De nos jours, on y reçoit les *tramps*, ces navires baladeurs qui viennent de Cuba, du Brésil ou de la Russie, la plupart chargés de poutrelles d'acier dans un sens, parfois de vieux autobus dans l'autre.

L'automobile croise la voie ferrée sous l'autoroute, déjouant des camions gigantesques, en zigzaguant avant le chemin des Moulins. Enfin, le chauffeur tourne à la première rue de la Cité du Havre, et immobiliser son véhicule devant le Sault Normant.

Les trois portières de la voiture s'ouvrent dans le bruit des tourbillons du fleuve. Miguel entre dans l'édifice du Port de Montréal d'un pas résolu. Il va consulter les hommes de l'administration du port à propos du trafic des porte-conteneurs et céréaliers. Cela laissera amplement le temps au vieux marin de rendre visite à ses amis de la capitainerie et de leur présenter son neveu.

Les salutations faites, Frédéric laisse son oncle aux confidences du maître de la capitainerie et revient devant le Sault Normant. Ce n'était pas une mauvaise idée de l'emmener ici. Par leur présence et par ce que les lieux signifiaient à chacun dans son histoire personnelle, lui et Miguel ont réussi à redonner au port sa vie d'antan, même si cela s'est fait dans le décompte de ce qui a été enlevé au quartier. Un de ses anciens professeurs parlait constamment du « devoir de mémoire » ; Frédéric est ému de voir qu'un homme de sa famille, personnage coloré qui a marqué son adolescence, a contribué à ce qui lui a parfois semblé une lubie. Penché au-dessus des eaux alourdies par le froid, il se dit que l'histoire d'un pays est imprimée partout, et parfois plus clairement dans des faubourgs décrépits que nulle part ailleurs. L'histoire ne connaît pas de repos. Il se forme parfois une glace épaisse qui pourrait faire croire que le fil de l'eau s'est arrêté. Il n'en est rien. Il pense à la mise en garde de Miguel sur la faune disparate réunie au sein du Secrétariat. « Il va y avoir des coups durs », anticipe Frédéric. Auront-ils le temps et la force de les parer ?

Il regarde les rapides : ce sont ces eaux dangereuses qui ont forcé, de 1535 à 1959, l'arrêt de tous les navires au havre de Montréal, en amont du fleuve, à défaut de quoi Montréal n'aurait pas existé comme métropole industrielle. Cela aura duré quatre cent vingt-cinq ans. Le pont Victoria traverse le fleuve avec des rapides en amont, des remous en aval. Droit devant, le frasil se forme, cette glace fine capable de transpercer les embarcations de bois avant que le pilote ne l'aperçoive. Un train s'engage sur le gigantesque Meccano de fer, qui tremble dans le vacarme. Le train a créé le centre-ville de Montréal, la ville d'affaires anglaise avec les rues Metcalfe, Peel, Stanley et Drummond, tracées en 1859, pour la célébration du centenaire de la Conquête britannique ; à l'inverse, le bicentenaire de 1959 a sonné le glas des faubourgs d'en bas. La décroissance du Montréal ouvrier commence ici, avec l'inauguration par la reine Elizabeth II de la nouvelle voie maritime, à l'autre bout du pont Victoria.

Lorsque Miguel revient, il aperçoit Frédéric planté à l'avant du Sault Normant, sur la pointe avancée de l'île de Montréal. Miguel observe les rapides qui dévalent jusqu'aux bouillons de la jetée de la Garde, plantée de travers dans le fleuve pour protéger le Vieux-Montréal des glaces de la débâcle. Comme s'il lisait dans les pensées de Frédéric, il laisse tomber : « Comment les hommes de la Commission des ports nationaux à Ottawa ne se sont-ils pas aperçus que la destruction de l'obstacle allait tuer la grande industrie du canal Lachine ? »

C'est le genre de question qui n'appelle pas vraiment de réponse. L'économiste ajoute :

– La navigation échappe aux marins depuis la fin des caboteurs survenue dans les années soixante.

Le ton de la voix n'est pas à la défaite. En remontant la piste d'aujourd'hui à hier, Miguel et Frédéric cherchent à rétablir les anciens liens maritimes avec la France. Le constat suggère le rétablissement des liens maritimes. Ils repartent revigorés de cette incursion.

Le vieux capitaine a lui aussi retrouvé des forces à la pointe Saint-Charles, où on n'a pas réussi à engloutir la force sauvage du fleuve.

– Au printemps, venez chez moi dans les îles de Sorel, glisse-t-il, l'œil pétillant.

L'idée plaît à Miguel Cortès.

Frédéric songe au navigateur Jacques Cartier, arrivé à ces rapides du Sault Normant, évoquant la halte ultime de sa gabarre, avant « ung sault d'eaue le plus impetueulx qu'il soit possible de veoir lequel ne nous fut possible de passer ».

*
* *

En lisant son discours du budget à la Chambre des communes, le ministre des Finances du Canada laisse entendre le fort accent du Franco-Ontarien qui a fait toutes ses études en anglais. Lui et le premier ministre du Canada, dont la langue s'est modelée à celle du Franco-Ontarien en raison de son séjour de trente ans à Ottawa, portent un œillet rouge à la boutonnière. Ils paraissent fiers, ce 27 février 1995, d'annoncer des coupes sombres, réparties sur trois ans, dans les services du gouvernement fédéral.

Cependant, à Montréal, le ministre délégué à la Restructuration du gouvernement du Québec, Achille Leblanc, s'affaire, il sollicite les réactions des uns et des autres rassemblés dans le bureau de son sous-ministre. Déjà, le gros homme, chemise blanche, cravate jaune et rouge, souhaite convoquer la presse. Son message se construit autour de l'idée que Paul Martin ne réduit pas suffisamment le déficit fédéral, une montagne de 32 milliards de dollars. À ce rythme, la dette de tous les gouvernements du Canada dépassera le chiffre fatidique des 1 000 milliards de dollars, dès l'an 2000.

Le directeur de cabinet, René La Fayette, se montre circonspect ; il cherche des alliés pour contenir le ministre.

– Qu'en penses-tu, Éric ? demande-t-il au conseiller économique.

Trois économistes, réunis dans le bureau du sous-ministre, étudient le budget. Chacun écoute d'une oreille le discours retransmis à la télévision, tout en dépouillant les documents budgétaires livrés par les soins de Marie-Chantal, la femme de confiance du sous-ministre.

Frédéric cède sa chaise à la jeune femme qui le remercie d'un sourire. Elle laisse un instant reposer son regard sur cet homme élancé aux traits fins. À côté, l'attachée politique du ministre ne s'assied pas, préférant s'appuyer, l'épaule contre le mur, cigarette au bec. Elle regarde la télévision, intriguée, avant de se réfugier dans le spacieux bureau du ministre. La secrétaire va lui tenir compagnie et leur patron leur rend visite par intermittence. À l'évidence, ce branle-bas de combat dans le bureau plaît au ministre.

Éric Boulanger, cravate desserrée, manches retroussées, examine la situation des finances publiques, installé à la table du sous-ministre. Il considère dans le détail le plan de réduction des dépenses et le décalage de l'impact sur trois ans.

– Les coupes dans les paiements de transfert ne frappent pas Québec tout de suite ; cela ne surviendra qu'après le référendum. Québec verra ses rentrées fiscales tomber de 2 milliards de dollars lors de l'exercice financier 1997-1998. Voici ce que j'appelle un budget traficoté.

Tout le monde a compris la manœuvre. Le Québec reste le principal bénéficiaire des paiements de transfert pendant l'année du référendum. René pense qu'on a besoin d'un très bon vulgarisateur pour faire comprendre les enjeux cachés de cette histoire de transferts, avant de se risquer dans une bataille autour d'un tel exposé.

C'est maintenant à Frédéric que le directeur de cabinet, l'air perplexe, demande son point de vue. Il cherche les objections. La première journée de travail de Frédéric ressemble à un examen d'admission. René La Fayette annonce que le ministre des Finances du Québec ne réagira au budget fédéral que le lendemain. Par conséquent, un autre ministre québécois a la possibilité de prendre la parole, ce soir. Achille Leblanc voit le champ libre et s'avance pour accaparer la place. Est-ce le moment opportun pour le ministre du Secrétariat à la restructuration d'intervenir dans le débat public ? Ce n'est pas ce qui est demandé bien que chacun comprenne ainsi la question de René. Achille Leblanc souhaite prendre les coupes à rebours, pour dénoncer le manque de courage du ministre fédéral qui attend l'après-référendum pour frapper Québec dans le dos.

Frédéric rappelle que la mollesse anticipée de ce redressement budgétaire a fait perdre trois cents en trois mois au dollar canadien. Dès les années quatre-vingt, lorsque Jean Chrétien agissait à titre de ministre des Finances, le dollar canadien a touché un premier plancher, 0,69 $US, une pitié quand on sait qu'il valait 1,04 $US une décennie auparavant. La dévaluation se répète après une année de pouvoir de Jean Chrétien au poste de premier ministre du Canada.

– Jean Chrétien court au désastre. Une fois élu, il s'est empressé de congédier le gouverneur de la Banque du Canada, John Crow, ce qui a fait perdre dix cents au dollar, du début de 1994 au début de 1995, celui-ci tombant à 0,73 $US. Peut-on concevoir chute plus rapide ? Même si le Canada a vécu une décennie d'austérité sous les conservateurs, son dollar tombe comme une pierre. Le budget Martin ne résout rien. Voilà une mauvaise décision économique, la seconde en deux ans.

Le nouveau venu sent les regards indulgents : pas mal pour un débutant. Mais il faudra faire mieux la prochaine fois !

Le bouillant Miguel se tient en retrait. C'est lui qui manie l'analyse économique avec le plus de finesse, mais ce petit-fils d'anarchiste espagnol a des opinions politiques de gauche, distinctes des engagements du ministre. Rival d'Éric, il doit pour l'heure se contenter d'examiner la perte fiscale de l'État en regard de ce que les Québécois paient à Ottawa. La tendance lourde, quoi !

– Ce budget changera-t-il la conjoncture de fin de récession qu'on vit depuis des années ? demande-t-il. Ces années de misère fiscale, 1994-1995, s'avèrent les pires depuis l'exercice financier 1983-1984. Au moins, à l'époque, on avait l'excuse de se trouver dans la foulée de la plus forte récession d'après guerre au Canada. La conjoncture connaît le début d'un revirement, après le choc 1990-1991, mais on ne franchira le point d'équilibre en fin de compte que six ans après le début de cette récession.

Miguel ajoute que le point fort de ce budget ne surviendra que la deuxième année après le référendum. En scrutant les annexes, il en déduit que le Québec a intérêt à faire cavalier seul pour les transferts fiscaux, après le 1er avril 1998. Ça crève les yeux : Ottawa l'a fait exprès.

– Les Québécois financeront massivement la nouvelle dette, ces deux prochaines années – à hauteur de 8 milliards de dollars sur 32 pour 1995-1996, puis de 6 milliards sur 24 pour 1996-1997 –, une ponction intolérable ! À l'occasion de l'exercice suivant, les paiements à Ottawa redeviendront déficitaires pour Québec, une conjoncture favorable à la déclaration de souveraineté. Bref, Québec ne dispose pas de la meilleure des conjonctures fiscales tout de suite en 1995 pour reprendre ses billes à Ottawa.

Le pragmatique directeur de cabinet se méfie d'un tel discours. Selon René, cela exige en effet des explications à n'en plus finir. Surtout, les militants du Parti québécois n'apprécient pas qu'on sollicite des réductions de dépenses dans les services publics. Il écoute, l'air de dire : cela n'est pas malin d'envisager une déclaration sur une coupure insuffisante du déficit un soir de budget fédéral. Peu après, il se retire dans son bureau et en referme la porte, pour téléphoner au directeur de cabinet du premier ministre. Quinze minutes plus tard, il en ressort, conforté dans son opposition à une intervention publique. Néanmoins, René laisse encore courir la discussion.

À 19 h 30, il regarde sa montre, retourne dans son bureau. Il revient avec la décision du *bunker* : le ministre Leblanc n'interviendra pas ce soir. On laisse la place au vice-premier ministre Bernard Landry qui sait comment rassurer la base du Parti québécois.

Frédéric détache son col, soulagé. On allait démarrer sur des chapeaux de roue. Bien sûr, il faudra se montrer énergique, rendre coup pour coup, mais cela exige tout de même un peu de prudence avant de procéder à la mise à feu. À 21 h, il ne reste que lui au bureau. Il éteint. Il goûte un moment d'obscurité et de calme. Mais l'évidence le rattrape : « Ça va être *cowboy*, ce boulot, pas de doute. Les coups fourrés arrivent de tous les côtés, sans avertissement. »

Dans l'ascenseur, il rejoint trois jeunes gens à l'allure *granola,* qui descendent du sixième étage de la place Mercantile, l'étage du service aux étudiants de l'Université McGill. « Curieux, se dit Frédéric, qu'ils aient accès ainsi à l'immeuble du Conseil exécutif du gouvernement du Québec à Montréal. »

Tôt le mardi matin, René La Fayette aborde Frédéric.

– As-tu vu les manchettes des journaux ? Nous avons bien fait de ne pas intervenir hier. Nous allions nous mettre à dos toute la base du parti. Le budget Martin fait l'objet d'attaques de toute part, il coule tout seul. Pas besoin de le dénoncer, d'autres s'en sont chargés : il n'y a pas un seul groupe qui ne le récuse pas. Voilà des conditions idéales pour nous.

Le ministre vaque à ses affaires, porte close. Quand il sort de sa tanière, Achille Leblanc brandit le *Globe and Mail,* qui conforte son point de vue.

René pense en lui-même : « C'est justement ça le problème, que tu défendes le même point de vue que le *Globe.* »

À ce moment, le sous-ministre Pierre Lenoir, qui annonce l'été avec costume beige et cravate verte, entre pour une séance d'information sur les travaux de l'Institut national de la recherche scientifique, en compagnie de Miguel, le coordonnateur de ces travaux pour le Secrétariat. Le patron écoute distraitement, il prend connaissance de divers documents pendant l'exposé de Miguel. À vrai dire, les débats économiques ne l'intéressent guère. Lorsque le sous-ministre signale la fin de la rencontre, ne cachant rien de l'ennui profond qu'il éprouve, Miguel sort. Frédéric ne peut s'empêcher de manifester son enthousiasme au sous-ministre étonné.

– Formidable, cette idée de scinder l'étude sur le dollar canadien. On examine la situation financière du Québec au moment du passage à la souveraineté et, dans une étude distincte, on cible les retombées juridiques de l'utilisation du dollar. De même, la recherche sur les échanges intra-industriels avec l'Ontario circonscrit la nature de l'association économique à la composante principale du marché commun canadien. Cela ouvre des avenues.

– Tout de même, quel emmerdeur, ce Cortès, un expert en chiures de mouches. Ce n'est jamais simple avec lui.

Soufflé de l'attitude frontale du sous-ministre à l'égard de Miguel, Frédéric ne réplique pas. Il comprend qu'il devra non seulement savoir qui fait quoi dans le complexe appareil bureaucratique, mais qui pense quoi. Miguel a son idée sur la question, il l'a fait savoir. Frédéric estime qu'il peut lui faire confiance.

Peu après, en quittant le bureau du sous-ministre, René sort son calepin d'adresses et se dirige vers son bureau dont il referme la porte. On comprend qu'il a acquis depuis des années l'habitude de réagir avec discrétion en situation d'urgence. Ce n'est pas une sinécure de surveiller le ministre et le sous-ministre pour le compte du bureau du premier ministre.

Puis René convoque le nouveau venu.

– Frédéric, nous avons besoin d'un plan de communication. C'est urgent ! Date de livraison : hier.

Il sourit. Il n'empêche que la pression se transpose *illico* sur les épaules de son interlocuteur.

– J'ai rédigé un plan préliminaire, demande-le à mon attachée de presse.

Le directeur de cabinet a l'habitude de surveiller le fort, beau temps, mauvais temps, à la brunante comme à l'aube ; dans ces occasions, il concocte un plan d'attaque en se promenant sur les remparts. Après réflexion il consent une petite semaine à Frédéric. Ouf !

CHAPITRE 2

Le nouveau port pour porte-conteneurs, *Le Parlementaire* et la tempête

À 17 h 30, le radio-journal confirme les attaques contre le deuxième budget Martin. Incrédules, les marchés financiers n'ont pas bougé d'un iota, constatant l'ampleur du déficit anticipé. Le reporter résume la journée : « Les bailleurs de fonds paraissent paralysés. »

Comme il s'engage sur le pont Jacques-Cartier pour se rendre à Québec, Miguel garde la voiture sur la voie de droite, ce qui permet à Frédéric d'observer les forts courants qui se croisent devant la tour de l'Horloge.

Ce pont de 1930 – dont on doit la courbe de l'accès, du côté montréalais, au refus par l'industriel Barsalou de déplacer son usine de savon – passe droit au-dessus du « Faubourg à m'lasse » et prend à nouveau solidement appui, huit cents mètres plus loin, sur l'île Sainte-Hélène. Sa lourde charpente métallique repose sur une série de brise-lames enfoncés dans l'eau.

Au départ de Montréal, le premier pilier s'agrippe au bord de la rue Sainte-Catherine et, sur la rive sud, trois kilomètres plus loin, le dernier pilier prend position sur les battures de l'ancienne seigneurie de Charles Le Moyne de Longueuil. Frédéric n'est

31

pas le seul à s'abandonner à la rêverie en surmontant le fleuve : du tablier on peut voir les remorqueurs amarrés à la jetée Victoria. Au-delà des quais, il aperçoit la madone tendant les bras sur le toit de l'église du Bon Secours, encadrée de deux anges de bois, vert et rose. Cette référence ultime au Régime français sur le bord du fleuve le fait sourire.

Passé le premier détroit, le pont surplombe le phare de l'île Sainte-Hélène, définitivement éteint, planté sur un rocher. Abandonné, il se dégrade. Des véhicules affectés à l'entretien obstruent le bord de l'eau, où la rive a disparu sous des roches jetées pour la protéger contre le reflux des vagues nées du passage des bateaux. Cependant, l'île reste boisée sur la colline même si on a empiété sur le fleuve pour aménager un parking. Depuis l'Expo 67, l'île Sainte-Hélène paraît trois fois sa taille d'auparavant.

Au loin, Frédéric aperçoit encore le quai Bickerdike qui referme le port sur un panorama des sept quais du Vieux-Montréal.

À l'avant du vieux bourg, un gratte-ciel noir surplombe l'Aldred, la banque face à la réplique sur vingt étages de l'Empire State Building, place d'Armes. L'Aldred, édifice des années Mickey Mouse, veille aux abords des deux tours de pierre de l'église Notre-Dame. Le square s'entoure d'immeubles de grès rouge et de pierre grise parmi des tons d'ocre et de noir.

La ligne d'horizon se profile dans le crépuscule violet, puis rose. Le timide soleil nordique s'étant estompé, le fleuve reste plutôt en retrait du côté de l'ombre. C'est près du pont qu'il retrouve sa sauvagerie. Miguel croirait un instant l'entendre se plaindre, tel un loup. Frédéric pense qu'aucun nageur n'atteint cette vitesse, ni ne saurait affronter ce courant, sept nœuds dans le détroit. Il songe à un ami qui s'est jeté du pont Jacques-Cartier, après le référendum de 1980, tombant à sa mort dans les flots noirs, avant de couler dans les remous. Un voile passe sur ses yeux.

Poussés à babord, puis à tribord par des courants qui s'entremêlent, deux bateaux luttent sous le pont pour remonter aux quais du Vieux-Montréal. Un moment, on dirait que le courant Sainte-Marie retient les navires près de l'ancienne prison, où on entrepose les bordeaux, et devant l'Entrepôt frigorifique au bout de la rue du général Amherst. Assailli par l'hiver, l'entrepôt de style Chicago, un bel immeuble des années vingt, se fissure à sa pleine hauteur.

À côté, la brasserie Molson dégage une odeur de levure sur tout l'est de Montréal, l'odeur du quai Papineau où persiste le souvenir tumultueux des assemblées de dockers. La brasserie touche à la Canadian Rubber devant laquelle, amarré au quai, un navire donne l'impression de glisser, tellement l'eau déferle sur sa coque noire. Par-delà les grands bâtiments, le quai Victoria se dresse sur cent mètres, amputé de son élévateur à blé. Des talus le remplacent et touchent maintenant à la jetée Jacques-Cartier dans un parc aménagé à même le port, avec un terre-plein et un bassin au-dessus des vieux quais de marchands, pourtant encore enfouis sept mètres sous terre.

À l'ouest du Vieux-Montréal, les gratte-ciel s'agglutinent par grappes, autour de la place de la Bourse, puis dans la côte du Beaver Hall, autour de l'édifice Lavalin, et enfin sur le plateau, autour de la place Ville-Marie. Des sièges sociaux ont pris le relais du négoce maritime du Vieux-Montréal et de l'industrie du canal, l'activité de prestige s'étant déplacée vers le nord et rapprochée résolument du mont Royal depuis quarante ans.

Quand le négoce a quitté le fleuve, pense Frédéric, le Vieux-Montréal a perdu ses ouvriers. Doucement, le bord de l'eau se refait une beauté, déserté de l'affluence de la besogne et de la misère. Quand tombe la nuit, plusieurs des rues du secteur sont désormais désertées. Les gratte-ciel ondulent dans le ciel qui devient mauve, l'espace d'un instant, alors qu'au pied de la place Jacques-Cartier, la glace lutte avec les rapides, sans qu'on sache qui, des deux, va gagner d'un jour sur l'autre, voire d'une heure sur l'autre.

Soudain, à cent mètres de la voiture, le fort de l'île Sainte-Hélène apparaît, immense. On a arasé les baraques des soldats près du fleuve ; il reste sur la butte les casernes ocre et, sous le glacis, on a transformé la poudrière en restaurant.

Frédéric raconte au petit-fils de républicain espagnol qu'en 1804, les officiers coloniaux britanniques avaient d'abord commandé les plans d'une citadelle à ériger sur le mont Royal, comme à Québec sur le cap Diamant, mais qu'en raison des coûts extrêmement élevés d'une telle construction dans le roc, ils s'étaient finalement rabattus sur un fort dans la petite île Sainte-Hélène, devant le quartier ouvrier de Montréal.

– L'ouvrage permettait de surveiller les ouvriers du faubourg Québec, à l'est du Vieux-Montréal. Le fort se dressait sur l'île devant le faubourg et la nouvelle prison, au lieu-dit Au-Pied-du-Courant. Ce fort anglais allait remplacer au bout de quelques décennies les fortifications françaises de Montréal et la citadelle du Régime français qu'on avait établie sur le point le plus élevé du Vieux-Montréal, à l'angle des rues Notre-Dame et Berri.

Frédéric, passionné d'histoire, sait qu'il fait mouche en racontant à celui qui, pendant son enfance, est arrivé ici tel un réfugié, cette histoire d'intimidation visant à étouffer dans l'œuf toute révolte des ouvriers français :

– Le gouverneur militaire, Sir John Coape Sherbrooke, ordonna donc, en 1816, la construction d'un fort sur l'île jadis concédée à la famille Le Moyne de Longueuil par le roi de France. Cette île, Sherbrooke l'avait obtenue d'un marchand anglais marié à une Le Moyne, en échange d'un terrain saisi par la couronne, la propriété des Récollets située à l'ouest du Vieux-Montréal, dans un quadrilatère sis entre la rue de Bleury et les fortifications – de nos jours la rue McGill. Du blockhaus de l'île Sainte-Hélène, les soldats pourraient suivre les allées et venues dans le faubourg Québec. Au quai militaire de la rue Amherst, d'autres soldats veillaient devant l'hôpital militaire et les baraques ; les soldats patrouillaient également au nord jusqu'à la rue Sherbrooke. Cela ne leur suffisait pas. Par conséquent, la ferme Logan fut affectée aux exercices militaires ; après le départ des Britanniques, à la fin du XIXe siècle, elle est devenue le parc Lafontaine.

Miguel sourit. Il imagine Franco, au lieu de Lord Sherbrooke, qui dirige ses troupes sous les érables du parc Lafontaine. « Almería et Montréal, même combat ! » pense-t-il. Alors qu'il dépasse un camion, son compagnon de voyage poursuit :

– Les établissements de l'armée britannique formaient un barrage de l'île Sainte-Hélène au sentier Rachel, de manière à casser le faubourg Québec sur toute sa hauteur ; l'armée était reliée à n'importe quel point du faubourg par la rue du général Amherst et par la rue du général Wolfe. L'ingénieur Durnford a dirigé les travaux du fort de l'île Sainte-Hélène, avant ceux de la Citadelle de Québec. Un autre ingénieur, Holloway, allait réexaminer le système défensif de Montréal, après l'insurrection de 1837, pour construire un second blockhaus sur l'île, au mont Boulé, nouveau poste d'observation. L'île représentait une chasse gardée inaccessible aux Montréalais jusqu'au départ des Britanniques en 1874. C'était Alcatraz dans le fleuve, qui a menacé les habitants français de Montréal, de Napoléon jusqu'aux premières années de la Confédération.

Passé l'île Sainte-Hélène, les deux rêveurs se taisent. Miguel se rend compte que l'essentiel de ce qu'il a retenu de l'Espagne relève de la mémoire de son père plutôt que de la sienne. Il y a plusieurs Franco : celui des dictionnaires et des manuels d'histoire, personnage déjà fané ; il y a celui de son père, brûlant comme une blessure ; et il y a le sien, celui des années noires, comme peut les ressentir un petit garçon né dans une famille républicaine, quand la lumière de l'espoir n'arrive plus à percer l'opacité de la répression, si bien qu'il faut prendre le chemin de l'exil. En fait, le Franco de Miguel est une créature complexe, une superposition. Mais si le caudillo est parfois encore vivant, s'il lui arrive de le ressentir dans sa chair, c'est grâce à l'expérience de son grand-père, comme si cela pouvait se transmettre en héritage à un enfant. Et voilà que son compagnon de route, en parlant des traces enfouies de Montréal comme un archéologue patient, avive en lui des perceptions essentielles, celles qui déterminent les actions qu'est prêt à entreprendre un homme.

Frédéric cherche le fleuve de son enfance. Autrefois, celui-ci s'étendait loin, du sud du restaurant *Hélène de Champlain* jusqu'aux maisons du Régime français construites sur la berge de Saint-Lambert. De nos jours, l'eau déferle seulement dans le chenal Le Moyne, un passage étroit avant la bande de terre où on a aménagé le bassin olympique de l'île Notre-Dame. Cette île de deux cent vingt-cinq acres, réunion d'anciens îlots, signale en effet l'entrée de la voie maritime. Au loin, à l'ouest, le passager voit le pont-levis du chemin de fer, aux abords du pont Victoria. Au bord de l'autoroute, de vieilles maisons du Régime français paraissent déboussolées par la voie d'eau enterrée devant.

À l'ouest, le pavillon de la France baisse les ailes au bord de l'eau vive. On a cru, pendant une décennie, qu'il allait s'envoler, ce bel oiseau légué par le général de Gaulle. Car la France s'installait sur une île du fleuve, lors de l'Expo 67. Frédéric ne voit plus qu'un oiseau qui s'est aventuré dans le ciel de Las Vegas pour ramener des machines à sous au casino, pattes brisées, ailes abîmées.

Bientôt, l'autoroute se faufile sous les derniers brise-lames du pont. Passé le « tournicotis », la voiture atteint les anciennes battures et s'enfuit vers l'est. Miguel aperçoit un moment la glace bleue qui se confond avec la rive sud, une glace lisse et dure.

Au quai de l'autre côté du fleuve, à Montréal, un cargo est amarré aux bites du hangar, au bout de la rue Iberville. Devant le faubourg Hochelaga, un navire rouge se blottit dans l'échancrure de la Vickers. Il vient de loin : il a remonté le Saint-Laurent sur seize cents kilomètres, depuis Port-aux-Basques, après avoir traversé la Baltique et l'Atlantique depuis Saint-Pétersbourg. L'hiver, les marins du Cronstadt séjournent à Hochelaga !

Dans le sillage des navires, le fleuve s'élance à sa pleine largeur, sans île artificielle, alors que les trains s'alignent à huit de large sur le quai, devant la cour de triage Hochelaga. Sous des reflets orange, les marins hument l'odeur de la mélasse et du sucre brut. À la fin du courant Sainte-Marie, les navires restent à quai à l'abri des glaces, par crainte des froids sibériens et nunavukiens, de quarante à soixante degrés sous zéro, quand souffle le nordet.

– Le nouveau port, glisse Miguel à son collègue, commence devant le stade Olympique. En 1976 la France s'est positionnée sur le meilleur site à l'est de Montréal.

Depuis que la Vickers a brûlé comme une torche, le dernier élévateur à blé de l'est s'avance seul dans le fleuve, déployant sa grand-voile qui se trouve à cacher des ruines sur deux cents mètres. On a vidé les quais de la ferraille, du charbon et de la vitre pour les replacer plus loin. Des dockers emplissent un hangar de tracteurs du Niagara, la monnaie d'échange contre les oranges de l'Afrique du Sud. À côté, l'usine de sucre de John Redpath, le développeur du Golden Square Mile, érigé à l'ouest de l'Université McGill, reçoit la canne à sucre de Cuba.

Le radoub de la Vickers avoisine des dizaines de milliers de conteneurs étalés sur cinq kilomètres, soit de la cité Maisonneuve jusqu'à la cité de Longue-Pointe. Près des voies ferrées, les grues portiques tissent les fils d'une toile en hissant et déposant des boîtes de fer gris et rouille. Dans le crépuscule, les fluos jettent une lumière crue sur les quais, conteneurs et machines.

En succession, les grutiers d'un deuxième terminal au sommet de toiles d'araignée orange tirent des conteneurs de la cale d'un navire pour les empiler. Voici le va-et-vient Montréal-Liverpool, un rendez-vous pour des milliers de fardiers de Montréal, la capitale du camion.

Les tentacules jaune et bleu de la compagnie Cast prennent la relève des grues de Canada Maritime, ils jouent aux lucioles alors que des trains de conteneurs quittent Longue-Pointe pour Chicago et que des camions partent pour New York. Au même moment s'engouffrent des centaines de semi-remorques dans le tunnel sous le fleuve ; d'autres grues portiques, vert et jaune, déchargent un navire de Tilbury, le grand port de la Tamise, qui pourrit à vingt-cinq milles en aval de Londres.

Miguel a, dans son champ de vision, trois ballets fluorescents :

– Le port de Montréal, c'est le terminus pour les conteneurs d'Europe en Amérique, mais il se trouve desservi par des compagnies britanniques dans une liaison qui favorise l'Angleterre aux dépens de la France et de l'Europe continentale. Pourtant, les marchandises de Chicago desservent tout le continent européen, pas juste une île posée devant l'Europe ! Montréal se situe d'ailleurs plus près du Havre que de n'importe quel port d'Europe et c'est l'Angleterre qu'on privilégie. Curieux ! Les liens anciens restent à rétablir à une grande échelle.

Frédéric se dit que Miguel n'en manque pas une. Cela ne lui déplaît pas. Il n'est pas seul à penser ainsi. Son collègue en rajoute :

– Montréal se trouve à mi-chemin entre la bouche du Saint-Laurent et Chicago, la capitale de l'industrie lourde de l'Amérique. Cela fait de Montréal l'avant-port du Midwest américain, où se concentre 60 % de l'industrie continentale. Mais, pour desservir l'Europe, les Britanniques affrètent une ligne maritime de l'embouchure de la Tamise plutôt qu'une compagnie à l'embouchure de la Seine ou de la Ruhr, Felixstowe plutôt que Dunkerque, Tilbury plutôt que Le Havre. Puis, ils envoient des milliers de camions de la Tamise à Dover, pour traverser à Dunkerque par *ferry*. C'est absurde pour la liaison la plus économique de l'Amérique à l'Europe. Pourquoi partir de cette île dans la Manche plutôt que d'un port du continent européen ? C'est nécessairement plus cher. Cela tient au trafic des mers que les Anglais cherchent encore à garder avec acharnement, leurs restes de l'Empire.

Miguel constate pour la deuxième journée consécutive que son collègue s'enflamme quand il parle des liens maritimes du Québec. Cela lui plaît d'envisager la renaissance des navires dans le grand fleuve du nord de l'Amérique. Et Frédéric de reprendre :

– Si la France accorde le statut de nation privilégiée au Québec pour le commerce avec l'Union européenne et qu'elle dote une grande ligne transatlantique de porte-conteneurs, la navigation sur le Saint-Laurent connaîtra son nouvel âge d'or vers les ports français. Montréal et Québec ont pour vocation d'entretenir des liens privilégiés avec Le Havre et Dunkerque, notamment, pour les échanges entre l'ALENA et l'Union européenne.

Un porte-conteneurs amarré, l'*OOCL Belgium*, ressemble à une frégate aux couleurs trop vives. Devant cette machine aux formes presque carrées qui va affronter l'océan, Miguel fait remarquer, en tutoyant déjà son collègue :

– Tu te rends compte, ce navire descend le fleuve et traverse l'Atlantique en cinq jours seulement. Il va droit à l'embouchure de la Tamise, puis à celles du Rhin et de la Seine, et revient chargé d'une nouvelle cargaison, accostant à Montréal trois semaines plus tard, malgré des glaces d'un mètre d'épaisseur dans le fleuve. En quarante-huit heures, les trains transportent ensuite ces conteneurs de Montréal à Chicago. Il y a trente ans, on ne croyait pas possible un tel voyage du Havre à Chicago en sept jours, surtout pas l'hiver. Mieux, les camions de conteneurs se rendent de Longue-Pointe à New York en douze heures seulement.

L'économiste s'emballe à la perspective de rétablir la liaison maritime avec Le Havre. Miguel refait la géographie de Montréal, hors du Canada. « La Confédération a été constituée pour un chemin de fer, lui a-t-on répété *ad nauseam*. Nous sommes perdants sur toute la ligne », constate-t-il.

Le bolide file sur la route blanche ; ses phares éclairent une plaque de glace noire. Comme c'est souvent le cas, après du temps neigeux, le vent a viré sec et le froid s'est emparé de la terre. À l'orée d'un bosquet, une balise de la garde côtière jette une lumière jaune sur les arbres, dans l'alignement de Longue-Pointe. En sens inverse, une Jeep projette une lumière bleue, trop vive. Aveuglé, Frédéric sort de sa rêverie :

– Le référendum se déroulera comme un film policier en noir et blanc, avec des flashs sur les bagarres. Dans les polars, les méchants tirent toujours les premiers. C'est exactement ce qui va se passer durant la campagne référendaire. Nous, on a pour tâche de repérer la position d'attaque des malfrats.

Attablé au restaurant *Le Parlementaire*, Daniel Johnson J^r, le chef de l'opposition, discute avec l'un de ses conseillers politiques. À la table voisine, Frédéric, remis de ses émotions des intenses premiers jours de sa nouvelle affectation, signale à Luc Labonté, secrétaire adjoint du Secrétariat, ce qui équivaut *grosso modo* au titre de sous-ministre adjoint, qu'il a tout intérêt à surveiller ses propos en raison de ce voisinage incongru. Le haut fonctionnaire, grand, mince, au cheveu gris et à l'allure austère, rigole à cette remarque :

– Tu peux parler sans inquiétude ! Le premier souci de l'architecte qui a restauré le dôme du *Parlementaire* était que personne n'entende les échanges des députés aux tables voisines. Les complots restent secrets. Confidentialité assurée ! Voilà. Les paroles s'envolent au-dessus des tables. Il faudrait s'installer au plafond pour entendre ce qui se dit !

Cela fait sourire les résidants de Québec d'entendre les néophytes débarquer au parlement.

Son supérieur hiérarchique, Pierre Lenoir, le secrétaire général associé, qui a rang de sous-ministre, se comporte en homme du monde, du moins selon les apparences. Il ressemble à une carte de mode à côté de Jean Tibert, le directeur des recherches sur les sujets financiers, à l'air débonnaire avec sa barbe, le col de chemise froissé et entrouvert, une ride au front en forme de point d'interrogation et de gros yeux bruns qui vous fixent. Le deuxième convive regarde le premier avec insistance, l'air de penser : « Cause toujours, mon lapin, je t'ai à l'œil ! »

En fait, le premier cherche à détendre l'atmosphère après la rencontre de tous ses directeurs de service, dont deux nouveaux. Bref, les sept collègues font connaissance à table. Le sous-ministre raconte ses déboires avec l'un des hommes du maire Jean Drapeau, à la fin des années soixante-dix. Chacun se demande s'il doit sourire à ce récit, jetant un coup d'œil furtif à son voisin. Les nouveaux venus semblent étonnés. Des réseaux se forment. À midi, chacun évite les questions de fond. On fait état de ses années de service, on montre qu'on a accès aux coulisses, on s'enquiert du voisin, sans plus.

Luc Labonté a expliqué au meeting de la matinée qu'on n'a pas trouvé l'argent prévu dans les chevauchements fédéraux-provinciaux pour l'exercice 1994-1995. À ce jour, son équipe a complété quatre mandats touchant à l'inventaire des ministères fédéraux. D'après cette estimation, les Québécois ont payé 26,5 milliards à Ottawa alors qu'ils ont reçu 30 milliards de services pour l'exercice qui s'achève. Mauvaise année ! Toutefois, la part d'endettement supplémentaire des Québécois atteint les 8 milliards ! Cette note vient avec le cadeau. On reçoit plus du gouvernement fédéral que ce qu'on lui paie, mais celui-ci s'assure de transmettre la facture. Au huitième mandat que doit remplir le Groupe sur la restructuration du gouvernement d'un Québec souverain, Luc considérera le régime minceur. Pour lui, cette opération est primordiale. On comprend qu'il n'a pas gagné la bataille qu'il mène à ce sujet et la discussion s'est échauffée. Les économistes ont fait valoir notamment que l'estimation des dépenses de l'armée, à 2,5 milliards au Québec, c'est de la haute fantaisie. Ces dépenses n'atteignent pas 1,5 milliard, a rétorqué Jean Tibert.

– Ce serait une grossière erreur de répartir ces dépenses au *prorata* de la population. Il en va de même des dépenses de la Gendarmerie royale du Canada, car celle-ci fait doublon avec la Sûreté du Québec. Notre situation diffère de celle des autres provinces. Il ne paraît pas approprié qu'on absorbe dans les calculs des dépenses réalisées autrement et ailleurs, en les imputant au Québec. Cet exercice de répartition ne suffit pas. On doit obtenir les dépenses réelles, pas une distribution des services fédéraux. Depuis trente ans, le Québec se retire de programmes fédéraux. Ne pas en tenir compte reviendrait à faire fi de toute la Révolution tranquille. Il faut reprendre l'exercice avec les dépenses réelles sur le territoire. Pas question d'une approximation !

Après ce débat houleux, le restaurant de l'Assemblée nationale représente un lieu d'accalmie.

Il en est de même pour les ministres, ils récupèrent des coups reçus dans l'enceinte de l'Assemblée nationale. Chacun arbore le sourire comme s'il ne s'était rien passé dans le Salon bleu. Pourtant, les membres de l'opposition cachent tous un couteau dans leur manche.

Tout au moins, la cuisine de Charlevoix, au menu ce midi-là, obtient-elle l'assentiment général. Bianca Raincourt, la rousse qui agit comme attachée d'administration, termine sa soupe de fruits en rigolant avec Luc. Pendant ce temps, Richard Leboulet, le septième larron, embauché pour les contrats extérieurs, s'entretient avec Miguel, qui affiche un air contrarié.

Frédéric découvre que la fonction publique manie aussi bien l'effet de diversion que le secret !

Avant de quitter les lieux, Pierre Lenoir sollicite la contribution de l'un et l'autre pour la facture, l'air de dire : « Attention, c'est moi, le patron ! »

*
* *

Le jeudi matin, Luc Labonté, le secrétaire adjoint, préside la réunion des délégués de vingt-deux ministères. Impressionné par le niveau de ces discussions, Frédéric, bien mis, une cravate bariolée ajustée à son col bleu ciel, se tient en retrait.

Dès la mise en situation de l'expert du ministère des Finances, Luc a sollicité la liste des études en cours. Tous se sont esclaffés. Sauf Luc. Il préside la réunion. Affichant le visage d'un joueur de poker, il a répondu qu'il n'était pas question de distribuer une liste « qui d'ailleurs n'existe pas ». Sous-entendu : « On sait que les libéraux cherchent à se la procurer et que c'est par toi qu'ils l'obtiendraient, si on te la donnait. » L'assemblée examine les diverses positions.

– Nous maintenons tous les services fournis par le gouvernement fédéral à la population, précise l'économiste Alain Simard, l'homme de confiance de Luc, un blond avec une mèche devant les yeux. Il ne s'agit pas de préparer un nouveau budget de l'an 1. Nous ne refaisons pas l'opération du référendum de 1980. La démarche diffère complètement. Nous avons des instructions à ce sujet : nous préparons la restructuration du gouvernement d'un Québec souverain ; nous restons à service égal, puis les hommes politiques valideront les dépenses d'intégration des services fédéraux, un à un. Votre tâche consiste à dresser le portrait initial, rigoureusement exact, de ce qu'est appelé à devenir le ministère que vous représentez. L'arbitrage du budget par les ministres surviendra après la validation initiale du budget de chacun des ministères.

Luc demande aux spécialistes du ministère de l'Agriculture de donner un exemple d'intégration d'une société fédérale. Après deux heures de discussion, des groupes clairsemés restent encore dans la salle. Frédéric constate que personne ne bloque délibérément le processus. Mais il y a un maillon faible. Luc parle de résistance des mandarins au nouveau pouvoir.

– Le ministre des Finances a négligé de changer ses hauts fonctionnaires. Par conséquent, les gens de l'ex-premier ministre Robert Bourassa, des libéraux, occupent encore des postes clés.

Luc prévoit la nécessaire intervention du secrétaire général du Conseil exécutif, l'homme qui dirige la machine administrative du gouvernement. Alors, il croise les doigts pour que le premier ministre Parizeau ne déclenche pas le référendum dès le mois de mai. Sinon sa mission paraît impossible avec tous les crocs-en-jambe donnés par les gens du ministère des Finances. Ailleurs, cela va rondement. Aux Terres et Forêts, les professionnels avancent vite. Luc discute du sort des sociétés de la couronne et il dirige les intervenants vers son assistante, qui complète le tableau des sociétés fédérales implantées au Québec.

– C'est un sacré boulot que vous faites ! Les gens ne se doutent pas que l'Opération restructuration a une telle envergure, dit Frédéric en prenant congé de son collègue.

– Tu trouves ? réplique le secrétaire général adjoint. Tu sais, pour nous, cela fait désormais partie du quotidien.

Luc reste humble malgré la tâche colossale qu'il doit accomplir. Fondre deux gouvernements en un, éliminer les zones de superposition inutile, harmoniser les officines qui pour le moment exécutent un travail quasi similaire dans une culture différente. En planifiant la restructuration des deux gouvernements en un, il justifie l'appellation de la mission de ce Secrétariat. Cette tâche relève de lui. Tout le reste vient en supplément pour les études conjoncturelles, supervisées plutôt sous l'autorité du secrétaire général associé, par l'intermédiaire de ses directeurs de service.

Toutefois, la mission de l'instance référendaire auprès des vingt ministères, c'est Luc qui la mène sous l'autorité directe du secrétaire général du Conseil exécutif. Voilà où se prépare la prise en charge des instances fédérales, au moment de la déclaration de la souveraineté.

*
* *

Il neige. Il n'arrête pas de neiger. À croire que la voûte du ciel s'effrite. Un début de tempête. Cela commence par des flocons qui voltigent dans l'air. Tout se passe comme si un nuage jetait d'abord un peu de lest. Quand le vent se lève, la conduite automobile change. Apparemment, les camionneurs ne s'en aperçoivent pas. Ils filent à cent trente sur la Transcanadienne. Les fardiers foncent de Halifax à Toronto, sans ralentir. À Laurier-Station, devant le poste de la Sûreté du Québec, les poids lourds doublent les voitures dans une courbe serrée comme si la route était dégagée. Un monstre monté sur dix-huit roues dépasse Frédéric sur la voie de gauche. Il distingue mal la chaussée, le pare-brise sali par les éclaboussures, obstrué par la neige et la buée. Au tour d'un train routier de le dépasser à pleine vitesse. En voilà un autre qui cherche à atteindre Montréal, avant qu'on ferme l'autoroute ! C'est la folie dans les champs de neige de Saint-Apollinaire, les soirs de tempête. Le vent enneige les véhicules à l'arrière et sur les côtés, il pousse les voitures dans la plaine.

Coincé entre le mastodonte et le fossé, l'automobiliste se crispe sur son volant, cerné dans son univers métallique. Il entend le moteur et le grincement de la radio, se disant que ce n'est pas la saison pour ce va-et-vient Québec-Montréal quand règne la formule du *just in time* qui ne tient compte ni du grésil ni de la neige.

Dans l'habitacle flotte une étrange rêverie à propos des camions qui refont la traversée de François Paradis dans le blizzard, quatre-vingts ans après la mort du héros dans la forêt. Comme le bûcheron qui se dépêchait de rejoindre sa belle, tête baissée dans les bois du Rapide-Plat, bientôt assailli par une meute de loups, le voyageur cherche son chemin sur l'autoroute, assailli par les fardiers. La gadoue éclabousse la voiture, la neige folle l'aveugle. François Paradis se perdait dans la forêt pour retrouver Maria Chapdelaine alors que Frédéric risque de perdre le contrôle de la voiture sur la glace noire à Defoy, écrasé sous les roues d'un poids lourd. Tel paraît ce pays : les gens se disent prudents à l'occasion d'un référendum, mais ne le sont pas sur l'autoroute, par temps de blizzard. En réalité, aucun homme des bois ni aucun homme des usines n'a été prudent dans ce pays depuis le tout premier navire qui a remonté le fleuve. Les hommes ont navigué sur la mer et sur ce fleuve dangereux, puis ils ont vécu dans la forêt inhospitalière. Ils n'ont pas été prudents de tout le Régime français, qui commença en 1534 pour se terminer brusquement, deux cent vingt-cinq ans après la venue de Jacques Cartier. Prudent, aucun homme de ce pays ne l'aurait été à l'appel de la Révolution française s'il avait eu l'occasion d'y participer ! Seule la malchance a fait rater la liberté à ces hommes des bois à cause d'un malheureux petit accident de l'histoire, le 13 septembre 1759 ! Qu'est-ce qui a bien pu se passer soudain pour que deux siècles et quart d'implantation française soient pour ainsi dire annihilés ?

L'automobiliste avance à tâtons dans la tempête et dans sa rêverie : nous sommes passés d'un roi à un autre, du roi des

Français à celui des Anglais, de Louis XV à George II, et nous restons sous le joug de la royauté britannique après avoir raté les deux révolutions du XVIIIᵉ siècle, la Révolution américaine, de si peu, et la Révolution française. Une génération après la guerre de Conquête, à la jonction des deux révolutions les plus significatives de l'histoire moderne, nous avons été empêchés de nous joindre à l'une et à l'autre par les militaires britanniques. L'Inde et le Pakistan se sont détachés de la couronne britannique, mais nous, les descendants des coureurs des bois, épris de liberté, deux cent dix-neuf ans après l'indépendance des États-Unis d'Amérique, deux cent six ans après la Révolution française, nous restons des sujets de la reine d'Angleterre ! Nos ancêtres ont bel et bien vu leurs voisins du Massachusetts, du New York et du Connecticut se libérer de la royauté d'Angleterre après le *Boston Tea Party* de décembre 1773, les révoltés gonflés à bloc, alors que les habitants de Québec restaient sous la très haute surveillance des hommes de George III. Ces militaires allaient même avoir le culot de combattre les insurgés américains à partir de Québec ! Comment imaginer que nos ancêtres, qui avaient fui dans les bois après la défaite de 1759, qui avaient combattu mousquet en main pendant des décennies, aient pu donner naissance à des gens prudents, après huit générations de malheur et de misère, à la veille d'un référendum pour la libération nationale ? Frédéric se dit que les hommes de l'hiver ne croient pas pareille chose assurément, ni les descendants des coureurs des bois, ni les habitants des campagnes, ni les ouvriers des villes, dans un pays où les hommes ont eu comme seule liberté, justement depuis deux cents ans, de se réfugier dans la forêt ou sur le fleuve, des lieux éminemment dangereux. Le danger côtoie les habitants du Saint-Laurent depuis le tout premier établissement de ce pays, alors qu'au moment de la campagne référendaire le NON jouera sur un tout petit risque qu'on nous dira qu'il ne faut pas prendre pour créer un pays, pour ne plus être en pays conquis ! Que cela paraît étrange de parler d'un risque pour le

OUI alors que les camions du blizzard foncent comme des fous dans la tempête ! On conseillera aux vieux, aux malades, aux religieux et aux femmes au foyer de ne prendre aucun risque ! Lorsque la campagne référendaire commencera, le Secrétariat à la restructuration aura achevé sa tâche, et il sera trop tard pour un débat sur l'avenir des Français venus de toutes les côtes atlantiques de France pour établir le Québec maritime. Il fera un ciel bleu, on aura oublié l'hiver, se dit Frédéric. On devrait plutôt tenir le référendum dans la tempête pour éviter que tous les frileux et les peureux viennent aux bureaux de scrutin, voire pour empêcher cette folie de bureaux de scrutin installés près de chaque lit d'hôpital, dans chaque hospice, près de chaque avion en partance pour la Floride !

Le prisonnier de la ferraille résiste ! Une fois la souveraineté politique recouvrée, va-t-on le priver des camions en provenance du Nouveau-Brunswick ? Soudain, il se réveille de sa rêverie dans le sillage d'un chasse-neige surgi de nulle part.

Pour Frédéric, la campagne préréférendaire ressemble à ce dépassement de trains routiers qui foncent dans la tempête, comme une meute de loups sur François Paradis au temps où Louis Hémon écrivait que « rien ne change au pays du Québec ». Les hommes sont encore attirés par les bois, l'hiver venu, comme de 1759 à 1919, pour trouver la liberté dans ce pays conquis. Comme Louis Hémon, le bel aventurier marchant de Montréal à Roberval, en passant par la Haute-Mauricie, avec son baluchon, avant d'écrire son livre, pour être sûr de bien connaître les gens des bois. Et les Québécois seraient prudents avant tout ?

*
* *

À 17 h, le vendredi, René La Fayette s'amène dans le bureau de Frédéric Chevalier et lui remet la version préliminaire d'un rapport en disant, avec le sourire, qu'il prévoit son lancement au début de la semaine suivante.

– C'est confidentiel, secret ! N'en parle à personne ! Pas question d'une fuite ! Pour couper à tout danger, on lancera cette étude en quatrième vitesse.

René sollicite le communiqué pour lundi matin.

– Tu as tout le week-end, mon vieux !

Frédéric lit sur le document la date d'arrivée par télécopieur, cinq jours plus tôt, en provenance de New York. Il entend :

– C'est un coup fumant. On commence tout de suite dans les ligues majeures, sans prévenir l'adversaire. Ces juristes ont travaillé avec Achille Leblanc dans le passé. C'est une firme de Park Avenue, un des plus prestigieux bureaux de juristes de Manhattan. Le premier ministre n'en revient pas qu'on ait obtenu une telle caution. On frappe fort pour la rentrée parlementaire. Les libéraux s'attendent à une étude de chercheurs montréalais, fin prêts à les étiqueter de « séparatistes », peu importe le sujet. Ils ne se doutent pas que nous allons lancer le débat avec des Américains, diplômés de Harvard de surcroît, et qui établissent le principe de la continuité du commerce entre le Québec et les États-Unis, lors de la déclaration de souveraineté. Les auteurs ont approché le State Department. Ça va faire boum, ce lancement ! Pour cela, la confidentialité reste essentielle ! Pas question d'en distribuer un seul exemplaire d'avance à un chercheur. Le *bunker* tient au secret absolu. Je compte sur toi. S'il y a une fuite, cela viendra de toi forcément !

« La confiance règne », se dit Frédéric.

Le titre de l'étude paraît long mais il fait très officiel : *Advisory Memorandum Regarding the Effects of Independance of Quebec upon Treaties and Agreements with the United States of America.*

Les avocats utilisent peut-être le jargon juridique, mais ils couchent sur papier des formules percutantes. Il sera difficile de traduire ce texte en lui conservant tout son impact... Alors que le traducteur complète son travail, il s'agit de préparer le communiqué en tirant les citations du texte original.

Après avoir pris connaissance du document, le ministre des Affaires internationales du Québec fait savoir qu'il souhaite participer au lancement. Toutefois, René se montre réticent à l'idée de mettre de l'avant deux ministres.

– Cela ferait ombrage aux Américains. Il s'agit plutôt de présenter David Bernstein et William Silverman en les mettant sous les feux de la rampe.

Le mémoire examine la pratique du gouvernement des États-Unis en matière d'adhésion aux traités et accords conclus par voie de succession, en l'occurrence l'Accord de libre-échange, le Pacte de l'automobile, l'adhésion au traité du GATT, le Traité fiscal et l'Accord de NORAD. Il n'est pas simple de vulgariser tout cela, bien sûr.

– Les conclusions stimuleront nos gens, insiste René, les États-Unis ayant pour politique de respecter les accords des États prédécesseurs jusqu'à ce que ceux-ci soient remplacés par de nouveaux accords avec les États successeurs. Le Canada se déchaînera en entendant l'avis des New-Yorkais. Car, ils imposent une nouvelle perspective. Nous scindons la problématique actuelle pour d'abord examiner l'intégration du Québec au continent nord-américain dans l'axe nord-sud, avant de considérer les échanges au sein de l'espace du Canada, dans une étude subséquente. Toronto hurlera !

Le directeur de cabinet se frotte les mains d'aise. Frédéric bascule dans sa chaise et acquiesce :

– Bien joué ! Une bataille entre Américains et Anglais, cela ravive de vieilles alliances. Avec les Américains dans notre camp, la partie se présente bien ! Les Québécois choisissent naturellement leurs voisins du Sud comme alliés plutôt que les Anglais du Canada.

Décidément, ça va vite quand on dépend du Conseil exécutif du gouvernement. Frédéric trouve René très efficace. C'est le chien de garde du premier ministre pour tout ce qui se passe au sein de cette instance du OUI, constate-t-il.

Après le départ de René, Marie-Chantal vient dans le bureau de Frédéric pour lui offrir ses services lors des prochains lancements. Elle raconte, en croisant et décroisant les jambes qu'elle a fort longues, puis en avançant le buste légèrement au-dessus du bureau, qu'elle s'est occupée dans le passé de la publicité d'une compagnie de savon. C'est son domaine de prédilection, les relations publiques. On peut compter sur elle. Troublé, Frédéric n'a aucune espèce d'objection, il se réjouit de ce renfort imprévu ; basculant dans sa chaise, il passe sa main dans les vagues de ses cheveux.

– Très bonne idée, Marie-Chantal. À mon retour de Québec, on envisagera un lancement à l'Institut national de la recherche scientifique. Si tu veux, on déjeunera ensemble pour en discuter.

Là-dessus, il lui serre la main qu'elle a charnue et brûlante.

CHAPITRE 3

Le quai King Edward, l'inventaire des études sur la souveraineté et Radio-Canada

Une jeune femme s'appuie au bras de Miguel dans l'air froid du matin. Béatrice Kervouen, une Malouine, vient tout juste de débarquer pour étudier aux HEC. Miguel la parraine. Il l'a emmenée sur le quai King Edward et a immobilisé la voiture dans un hangar à l'étage où la tôle est relevée. Du quai surélevé, l'horizon s'ouvre devant eux. Elle considère la tour de l'Horloge devant elle, symbole du début XXe siècle du Montréal maritime, lieu d'arrivée des immigrants il y a quelques générations. L'économiste jette un œil aux quais flottants des bateaux de plaisance, tout de bois, posés sur l'eau et tordus par les glaces, dans le bassin Jacques-Cartier. Il allume une gauloise en plissant les lèvres, une main contre le vent pour protéger la flamme vacillante, puis il pose le regard à tribord sur l'immense sculpture d'Alexander Calder, agrippée à l'île Sainte-Hélène :

– On dirait un aigle de fer qui relève ses ailes au dernier moment, avant de se poser, glisse-t-il en lançant une volute de fumée dans le ciel gris souris.

Frédéric ne tarde pas à les rejoindre. Il se réjouit de la venue de cette femme de Saint-Malo. Il considère à son tour les quais flottants écrabouillés qui lui rappellent les estacades de la Saint-Maurice, ces trottoirs de bois déposés sur les eaux pour permettre aux derniers draveurs de trier les « pitounes » et de les acheminer à l'une ou l'autre des papetières de Trois-Rivières. Dans son enfance, un condisciple trifluvien l'avait invité à séjourner en Mauricie. Le spectacle était frappant : de chaque côté les berges plongeaient dans la rivière, mais on apercevait à peine l'eau, tellement il y avait de billes de bois.

Frédéric se surprend à entretenir l'amitié de Miguel, cet écorché vif, tête de Turc du sous-ministre. Il a tout de suite aimé son engagement, sa façon résolue de voir les choses. Cet indépendantiste de longue date lui semble être de ceux que les fédéralistes qualifient de « purs et durs ». Miguel et lui partagent un goût pour le passé, même si leur vie professionnelle les a conduits tous deux à exercer un métier en marge de l'histoire. L'impétueux Miguel y a gagné la rigueur, la profondeur qui font parfois défaut à ceux qui n'envisagent les phénomènes économiques que dans l'immédiateté ; quant à Frédéric, s'il est maintenant chargé du plan de communication du Secrétariat après avoir pratiqué le journalisme, un livre d'histoire se trouve toujours sur sa table de chevet.

La jeune femme blonde replace ses longs cheveux sur son pull blanc, contemplant le panorama, coudes appuyés à la barre de fer. Elle domine la timonerie du lacquier amarré en bas, à son poste à quai.

– C'est le site de prédilection pour appareiller vers Saint-Malo, lui confie Frédéric, qui aime voir la réaction de Français, habitant sur la Manche, face au lieu d'arrivée de leurs ancêtres en Amérique.

Frédéric se considère lui-même comme un descendant de ces extraordinaires marins. Après tout, il est Français de sang, depuis onze générations, un Français sans passeport, comme le sont les Québécois, un Français qui a été dans son adolescence titulaire d'un passeport le disant sujet britannique.

Du trottoir surélevé, les visiteurs surplombent le pont du navire, d'où s'élève une cheminée qui fume. On y lit Patterson & Co. Les grands quais du port s'élèvent dix mètres au-dessus de l'eau, « une protection contre les glaces de la débâcle », explique Miguel à la jeune femme.

Ils ont devant eux le front de mer des maisons du négoce maritime. Au loin, la madone ouvre les bras, encadrée de ses deux anges, l'un vert, l'autre rose. Frédéric s'adonne à son passe-temps favori de guide de la ville française disparue, la ville difficile à retrouver :

– La chapelle du Bon Secours a servi de poste d'observation pour les bateaux qui sont arrivés à Montréal depuis 1674, elle se trouve au bord de ce qui s'est longtemps appelé le Quay des Canots et Bateaux du Roy, près de la Canoterie du Roy de France, le premier chantier naval de Montréal.

Miguel ramène, lui, le contexte politique :

– On n'a rien conservé des bâtiments du Régime français à Montréal. Le siècle français a été rayé de la carte. C'est inouï de constater une telle destruction, massive et systématique. Depuis trente ans, je n'en reviens pas de découvrir cette réalité brutale. On a voulu changer les racines de Montréal, comme si son histoire commençait avec l'époque anglaise.

La jeune femme s'étonne. Dès lors, Frédéric renchérit sur les propos de son nouvel ami :

– À côté de l'église, il y avait une série de bâtiments institutionnels français, le hangar du Roy, la résidence de l'intendant, M. de Longueuil, le château du gouverneur, M. de Vaudreuil, les portes de la ville, les postes de garde ; tout a disparu, même la citadelle du Régime français, établie sur le point le plus haut du coteau. Il n'y a que cette église près de l'eau. Dans son sous-sol, les archéologues ont mis au jour les fondations de la première église de pierre construite à Montréal, au plus près du fleuve à l'époque. Elle a servi de premier poste d'observation pour les navires qui arrivaient de France.

Miguel replace ses lunettes et montre le bâtiment colossal du XIXe siècle à proximité, le marché Bonsecours, qui remplace la maison de l'intendant du Régime français. Plus haut, sur le coteau Saint-Louis, on voit le balcon de l'hôtel de ville.

Béatrice sourit à la vue de l'édifice de style Napoléon III, un baume pour les Montréalais depuis la venue du général de Gaulle. Miguel pointe encore la maison française devant l'hôtel de ville, la gentilhommière de M. de Ramezay.

– C'est le dernier vestige picard. À côté, on a détruit la maison du lieutenant de marine, M. de Muy. Et le manoir, que Rigaud de Vaudreuil avait construit en 1724, a disparu même s'il s'agissait du principal lieu de pouvoir français de Montréal ; le Saint-Amable le remplace à l'angle de la rue Saint-Paul.

La jeune femme lui demande qui était ce Vaudreuil. Frédéric lui parle du mousquetaire de Louis XIII, le premier Vaudreuil venu en Amérique française pour positionner Montréal comme château fort imprenable avant les rapides sur le fleuve :

– Le gouverneur avait érigé son château au sud-ouest de ce qui est maintenant la place Jacques-Cartier. C'est son jardin qui occupait la place. Ce lieu du pouvoir français a disparu dans l'incendie de 1803, juste après l'ordonnance de destruction des fortifications françaises. Du château il ne reste que les fondations, sous terre ; même chose pour la porte du Bord-de-l'Eau et pour la porte du Corps-de-Garde. Les Anglais ont poussé l'audace jusqu'à élever une colonne en hommage à l'amiral Nelson, tout en haut du jardin de Vaudreuil. On y a monté sur un socle la statue du vainqueur de Napoléon, trois ans après sa victoire à Trafalgar, près de la côte espagnole, un rappel de la puissance de la Navy, pour le cas où il serait venu à l'esprit des Français de Montréal de se manifester comme bonapartistes, voire comme partisans de la Révolution française.

La Malouine découvre la conjoncture très particulière de Montréal. Bien sûr, les Français en ont entendu d'autres sur la civilité des Anglais à leur endroit, même récemment. Pour la faire réagir, Frédéric évoque le découvreur du Canada honoré sur la place où se trouve la statue du sanguinaire Nelson :

– Des historiens avancent l'idée que Jacques Cartier a débarqué sur la grève où se trouve l'église du Bon Secours, car il y coulait un ruisseau. Il aurait été arrêté par la force du courant Sainte-Marie. En remontant le sentier des Indiens au bord du ruisseau, il aurait atteint le village d'Hochelaga, sur le plateau du mont Royal, entre deux montagnes. D'autres disent que Cartier a mis le pied à terre au ruisseau Hochelaga, à l'autre bout du courant Sainte-Marie, aujourd'hui la rue Frontenac. Enfin, une troisième école, la plus vieille, estime plutôt que Cartier a remonté le courant jusqu'à la pointe à Callière, par une habile manœuvre, comme Champlain et Maisonneuve après lui. La chose n'a pas été éclaircie à ce jour. Et ce ne sont pas toutes les constructions récentes de béton sur le site même de la Canoterie du Roy qui aideront à clarifier l'énigme. On en est réduit à des hypothèses dépourvues d'appuis archéologiques, ce qui ne viendra plus. Tout reste pourtant à découvrir sur le parcours exact de l'explorateur malouin.

Miguel emmène le trio vers la descente de l'escalier de fer tout au bout du hangar. De là, on domine le rectangle du Vieux-Montréal. Pour la jeune femme, il décrit les limites de la première ville marchande :

– Les fortifications du Vieux-Montréal entouraient le bourg, un rectangle de deux kilomètres sur un ; le bourg a été complété en 1744, ce qui a donné son statut de ville fortifiée à Montréal. Mais la métropole a perdu complètement son allure de château fort français : on y a enterré à peu près toutes les pierres du Régime français sous un mètre de glaise.

Sur un mur de pierre à l'angle du boulevard Saint-Laurent, la jeune Malouine lit à haute voix : « J. René Ouimet grossiste » en lettres blanches délavées par les intempéries. Ainsi, elle trouve des traces de la présence française récente. Après s'être dirigée vers un immeuble gris-bleu, muni de centaines de vitres à carreaux, elle s'arrête au passage de la rue Saint-Dizier, puis elle bifurque vers les numéros 61, 63 et 65, peints en noir, sur les portes de la maison Greenshield, Hodgson, Racine, qui présente la mention « Expéditions à la campagne » sur une porte basse, percée pour le passage des charrettes.

Frédéric songe à son père qui faisait le transport des marchandises dans cette maison au début des années vingt, il se souvient de confidences à ce sujet, mais il n'en dit rien. L'hôte évoque plutôt les milliers de voyages des habitants de la Loire, débarqués là aux XVIIe et XVIIIe siècles, sur la grève :

– Des mousquetaires de Richelieu mettaient pied à terre à cet endroit, le Quay des Barques. Les navigateurs hissaient leur embarcation sur la grève, après avoir laissé leur vaisseau à Pointe-du-Lac, étant donné que, l'été venu, il ne restait pas deux mètres d'eau dans le fleuve à la hauteur du lac Saint-Pierre.

La jeune femme se délecte de cette visite dans les lieux qu'exploraient ses ancêtres, une tournée montréalaise à même les vestiges d'une époque dissimulée sous le XIXe siècle britannique.

– On marche dans la ville anglaise, mais sous les pavés se cache l'ancienne ville française, résume Miguel. Nulle part, dans aucun musée de Montréal, on ne focalise l'attention sur l'histoire du Régime français. Tout est toujours revu et corrigé par le Régime anglais. Même au musée le plus récent, le Musée d'archéologie et d'histoire de Montréal.

Pour faire contrepoids à l'oubli, Frédéric s'acharne à retrouver des pistes du parcours français.

– Montréal est devenu place forte un siècle après sa fondation, conformément aux plans du disciple de Vauban, Chaussegros de Léry, l'ingénieur des fortifications.

Le trio suit la configuration des maisons érigées sur l'ancienne courbe de la muraille, la ligne française du bord de l'eau, recouverte de maisons londoniennes.

Devant l'intérêt de la Malouine, Frédéric raconte la vie de ce site qui prit le nom de la Commune, un rivage appartenant à tous :

– Au XVIIe siècle, la pointe à Callière abritait le fort de Maisonneuve ; devant, on a aménagé la place du marché et le corps de garde. Puis, on a dressé les fortifications sur la rive gauche de la Petite Rivière. La pointe à Callière restait en dehors de ces murs car elle paraissait menacée par les glaces et la venue éventuelle des Iroquois.

Ce chemin des Français à Montréal fait sourire Miguel : Frédéric sait retrouver la trace de la Nouvelle-France même dans la glaise bleue où on l'a cachée. Il reste en lui quelque chose du paysan.

– Ce Frédéric, c'est un sacré fouineur !

– Ne nous le changez pas ! Je suis chanceuse : non seulement j'ai droit à une visite personnelle du Montréal ancien, mais vous poussez la délicatesse jusqu'à me montrer la ville qu'on ne voit pas.

S'il ne reste rien du Montréal construit avec les petits métiers du Loir et de la Braye, du Montréal des ouvriers venus de l'Isle-Verte, presque tous embarqués au port de La Rochelle, pour fonder ce bourg, la mémoire du Loir reste présente sous l'ancienne commune du Vieux-Montréal. La Malouine longe la série de portes couleur sang de bœuf, à hauteur de charrette, et bientôt les visiteurs arrivent devant le petit bâtiment de la douane, un édifice au fronton triangulaire érigé pour le négoce des Britanniques. Béatrice y lit l'affiche rouge et or, apposée au mur par la Commission des monuments historiques : « Champlain vint en 1611 et nomma ce lieu Place Royale. Il fit ériger un mur de bois. »

La jeune femme à l'écharpe bleue monte la dizaine de marches qui mènent à l'entrée de l'ancienne douane pour considérer le puits de lumière plastifié posé au-dessus de ce qui fut la Petite Rivière, une rivière canalisée dans un égout ; « drôle d'idée », fait-elle remarquer, ce qui semble s'appliquer autant au puits de lumière qu'à la rivière canalisée. Puis, elle redescend de l'autre côté de la place, devant l'autre plaque qui se lit comme suit : « Pierre Chomedey de Maisonneuve établit la fondation de Montréal en cet endroit le 18 mai 1642. Il y construisit en 1645 un fort de 320 pieds de côté. »

Devant le site d'origine des fortifications de Montréal, elle ne peut s'empêcher de signaler, non sans timidité : « Je m'attendais à une référence à Saint-Malo. »

Le trio observe le musée d'archéologie et d'histoire de Montréal alors que Frédéric fait remarquer :

– Cet édifice s'inspire de l'architecture d'un immeuble victorien, le Royal Insurance Building, érigé en 1860, au lieu de s'articuler dans le prolongement du fort de Maisonneuve de 1642. L'immeuble n'a même pas d'ouverture extérieure qui permette de voir les vieilles pierres des fortifications dessous. En outre, les pierres du corps de garde et des fortifications se confondent dans le sous-sol avec les pierres du square de 1870 en hommage à la reine Victoria ! Ici aussi le XIXe siècle triomphant piétine l'histoire française du XVIIe siècle.

– On n'y privilégie pas le moment fondateur ! s'exclame Béatrice. Au risque de paraître chauvine, je trouve cela triste...

– Vous savez, c'est un peu à l'image de notre histoire, ce que vous voyez, réplique Frédéric : à côté de ce qui est écrit, il faut savoir lire ce qu'on a effacé. Mais venez plutôt par ici : à l'entrée de la Petite Rivière, les bateaux français se réfugiaient dans les parages de l'îlot Normant. Très tôt, Champlain a signalé qu'il y avait peu d'eau à cet endroit. Sur la pointe à Callière était venu Jacques Cartier en 1535 et en 1541, puis avaient débarqué Champlain et Maisonneuve.

Curieux de ses origines, comme tous les Québécois, Frédéric cherche à transmettre à la jeune femme sa vision passionnée du passé de Montréal. Il se rend dans la boutique du musée où il prend un exemplaire de l'*Histoire du Montréal* rédigée par Dollier de Casson en 1672 et y lit un passage sur le militaire Maisonneuve qui y avait établi un « poste enfermé entre le fleuve et une petite rivière qui s'y décharge, laquelle était bordée d'une prairie fort agréable, qu'aujourd'hui on appelle la Commune et que de l'autre côté où le fleuve ni la rivière ne passent pas, il y avait une terre marécageuse et inaccessible que depuis on a desséchée et dont on a fait le domaine des Seigneurs ».

Le Montréal du XVIIe siècle vient de cette Commune voisine du Montréal militaire.

Cela plaît bien à Miguel, cette vision des choses. Pour suppléer au parcours ignoré du musée, Frédéric lit un autre extrait de Dollier de Casson, sur le Montréal de 1672 :

« C'est dommage que ce fort soit si près du fleuve Saint-Laurent, d'autant qu'il lui est un ennemi si fâcheux, lequel ne laisse pas sa demeure assurée, surtout en certains temps que des montagnes de glaces le viennent menacer d'un soudain bouleversement. Ce qui fait que l'on soigne moins cet ancien berceau du Montréal. »

– C'est curieux tout de même, curieux et formidable pour une femme de l'Ancien Monde comme moi, de trouver ici du français ancien. Chez nous, on se fait une idée très moderne de Montréal, qui est d'ailleurs exacte, mais je suis touchée que vous ayez pris le temps de me faire connaître la part cachée de votre ville. Vous m'excuserez, je dois filer à l'université. J'espère que là-bas on y sera aussi intéressant que vous deux !

*
* *

La jeune fille a décliné l'offre de Miguel : elle retrouvera sans peine le métro de la place d'Armes, assure-t-elle.

– Après ce que vous m'avez raconté, laissez-moi le plaisir de descendre sous la rue ! Pour ce qui est de retourner à l'université, il faut que je commence à me débrouiller.

Bientôt, les deux amis atteignent le restaurant tout en haut du Musée d'archéologie et d'histoire de Pointe-à-Callière. Frédéric y a donné rendez-vous à un ami financier qu'il souhaite présenter à Miguel. Il ne déteste pas mêler les gens du Secrétariat à des invités de l'extérieur. Vice-président d'une institution financière montréalaise, Michel aime jeter du piquant dans la conversation. Au gré des circonstances, il ne dédaigne pas de glisser de la diplomatie au populisme. La réflexion prend ainsi des voies imprévues. Prévoir l'imprévisible, ce sera leur quadrature du cercle ! Dès le début la discussion sur la situation politique prend une tournure animée.

L'homme à la barbiche noire estime la situation plus favorable qu'elle ne l'était trente ans auparavant.

– Mais elle pourrait être tout de suite deux fois meilleure si le Québec devenait indépendant : la marge de manœuvre que dégagerait la souveraineté permettrait de faire venir de nouveaux bureaux de représentation européens et américains.

L'histoire serait ainsi corrigée : les compagnies anglo-saxonnes ont transféré leurs sièges sociaux à Toronto des années cinquante aux années soixante-dix.

– Les sociétés collectives québécoises ont pris le relais et ce sont elles qui donnent dorénavant sa couleur à Montréal. Notre particularité en Amérique repose assurément sur les institutions de la Révolution tranquille, celles qu'a créées Jean Lesage. Il a su profiter des conseils de Charles de Gaulle sur ce qui était déjà implanté en France. On peut faire beaucoup plus si le Québec devient indépendant et qu'on s'allie enfin, en qualité de partenaire international à part entière, aux grandes sociétés françaises intéressées à se développer en Amérique, au lieu d'attendre les initiatives des institutions bancaires canadiennes qui dominent actuellement les marchés financiers à Toronto.

Michel sonde Miguel sur la ligne qui sera sans doute suivie en ce qui concerne le débat économique référendaire :

– Celui qui sait prévoir ce que l'autre s'apprête à faire se place en position de gagnant, dit-il. En fait, les réponses aux études du NON importent autant que le lancement des études du OUI. Or, pour débattre des études de l'adversaire, il importe qu'on en fasse la critique du strict point de vue de la performance des unes et des autres. Cela devra venir de gens extérieurs au débat politique et capables d'évaluer les arguments sur une base économique. Il y a, je dirais, nécessité de constituer un comité d'experts pour examiner la réception des études menées par le NON autant que des études menées par le OUI.

Dos au fleuve, Frédéric ne dit mot. Il écoute son ami qui propose de réunir sur une base régulière à la fois des experts de la finance et des réalisateurs de la télévision.

– Un comité de dix spécialistes au maximum.

Miguel n'intervient pas. Ce domaine, les communications, reste la chasse gardée de Frédéric. Le financier se gratte la barbiche et s'interroge sur la performance du ministre responsable des études référendaires.

– C'est sûr que le principal économiste pour le NON en 1980, Marcel Côté, va intervenir de nouveau dans cette campagne, avec toute la démagogie qu'il a utilisée dans le passé. Pour le neutraliser, on a intérêt à le confronter à un chercheur qui crève l'écran. Car un combat Côté-Leblanc n'augure rien de bon, il n'offre pas de victoire assurée au ministre, même si celui-ci se pense meilleur. N'oubliez pas qu'Achille Leblanc n'est pas économiste. Or, la tactique préférée de l'autre consiste à jeter le doute sur la viabilité économique d'un Québec indépendant. Il évoque la catastrophe. En cas de doute, les gens votent non, a-t-il récemment déclaré. Quand un changement se profile à l'horizon, il ne s'agit pas tant, pour ceux qui s'y opposent, d'étayer leur point de vue que d'inquiéter. La situation est claire : nous avons la tâche de présenter des arguments positifs dans une campagne que la partie adverse va mener de façon négative. C'est nettement plus difficile.

Miguel en convient. Il aimerait qu'on fasse son affaire à cet économiste. Le vice-président aux Finances rappelle que l'Institut C. D. Howe, de Toronto, a publié cinq recherches à ce jour qui brossent un avenir terrible pour un Québec souverain. L'Institut Fraser de Vancouver en rajoute. Pourtant, on n'assiste qu'au début de l'offensive adverse. La semaine dernière, l'ex-directeur de cabinet de Brian Mulroney, Stanley Hart, a rendu publique une recherche sur la double citoyenneté. Cet avocat a prétendu qu'elle sera refusée aux citoyens d'un Québec souverain.

– Ce n'est pas tout, ponctue Miguel. Un diplômé de l'Université McGill affirme que l'Accord de libre-échange nord-américain exclura le Québec souverain. À Vancouver, un autre chercheur annonce un partage caricatural de la dette. Finalement, l'Institut de recherche en politiques publiques, dirigé par la femme d'un ancien ministre libéral, va en remettre, c'est sûr, sans compter les études commandées par le Conseil privé de la Reine, à Ottawa.

Michel acquiesce :

– Toutes les semaines, une étude tombe loin des caméras de la télévision ; cela permet assurément aux auteurs d'éviter les questions embêtantes. Ce serait une erreur que le OUI ne réagisse pas. Il faut riposter à l'annonce de ces catastrophes. Tout est dans la manière : évaluer l'impact des études du NON d'une façon indépendante, puis présenter les réactions appropriées au public.

De toute évidence, le référendum de 1980 fournit les prémices du combat à venir. Miguel estime que le directeur de la recherche au ministère des Affaires intergouvernementales canadiennes en 1980, Bernard Bonin, serait le candidat idéal pour diriger un tel groupe d'évaluation. Il s'était interrogé voilà quinze ans sur les différentes formes d'association économique possibles, avant le premier référendum. Mais, il lui serait impossible d'accepter une telle tâche, étant donné qu'il agit à titre de numéro deux de la Banque du Canada.

– C'est sûr qu'il ne peut pas participer à un comité mis sur pied par le camp du OUI. On peut toutefois contacter ses collègues de l'époque.

Ainsi, l'amorce d'un comité de réflexion sur les études référendaires prend forme. Frédéric sent sa tâche se préciser : proposer une stratégie de communication capable de résister aux études du NON. Miguel entrevoit de nouvelles perspectives à ses études.

En rentrant à la maison, Frédéric entend sur son répondeur Michèle se plaindre qu'il ne donne plus de nouvelles. Trois semaines sans la voir. Frédéric se dit qu'il ne va pas y arriver. Il vient pour composer le numéro de son amie, mais il repose le combiné : il doit se remettre à la rédaction du projet de communiqué demandé par René La Fayette pour le lancement prévu incessamment.

$$* \\ * \ *$$

En dressant l'inventaire des recherches pour le référendum de 1980, Miguel constate que le livre blanc sur les recherches menées de 1977 à 1979 a disparu des officines gouvernementales. Ne reste plus que le texte signé par René Lévesque, *La souveraineté-association du Québec avec le Canada anglais.* Autrement dit, les recherches et la volumineuse synthèse qui ont précédé le premier référendum sont introuvables. Cela ne laisse pas de surprendre. Quelques coups de téléphone bien placés lui redonnent le sourire. Aussi peut-il revenir auprès de Frédéric en lui parlant de sa rencontre avec un ancien conseiller du premier ministre Lévesque :

– Il s'est souvenu que l'Association des économistes avait demandé des réponses à dix questions sur la souveraineté-association. Le livre blanc de 1979 a peu circulé à l'époque.

Quinze ans plus tard la chose a emprunté une voie obscure. Claude Morin, le responsable de la stratégie référendaire « étapiste », ne tenait pas à ce que des documents traînent dans le décor. Une fois les recommandations formulées, le texte d'origine lui importait peu, il a disparu. Mon contact suggère d'aller voir les auteurs du document bien qu'il prévienne qu'ils n'ont pas nécessairement les mêmes opinions qu'à l'époque. Quinze ans ont passé. D'ailleurs, personne ne tient à déterrer pour un nouveau débat l'option qui a connu une cuisante défaite.

Miguel a les sourcils en bataille. Manifestement, il n'apprécie pas le ministre Leblanc, d'autant plus qu'il joue le rôle tenu par Claude Morin la première fois. L'étapisme a conduit à l'échec. Échec pour échec, il préfère les engagements nets comme celui de son père et des républicains espagnols.

– Tu exhumes le Montréal souterrain avec brio, Frédéric ; mais je préférerais l'avoir sous les yeux. Les disparitions, les dissimulations, les zones d'ombre, très peu pour moi.

Un exemplaire du document clé de 1980 surgit de façon inopinée sur le bureau de Miguel. Volumineux, cinq cent quarante-six pages, couverture gris-vert, il s'intitule : *À propos de l'association économique Canada-Québec*. L'avant-propos est daté de février 1979 et l'ouvrage porte les signatures de Bernard Bonin et de Mario Polèse, avec la collaboration de Jean-K. Samson, mais la page de couverture indique plutôt janvier 1980 comme période de publication, avec le sigle de l'École nationale d'administration publique, liée au réseau de l'Université du Québec.

Dans l'avant-propos, Miguel lit : « Ce document représente un effort de synthèse des études [...] faites par et pour notre groupe de travail. » On y précise en outre que « quatre ateliers sur la monnaie, la politique commerciale, les transports et l'agriculture auront aussi permis à une cinquantaine de personnes venant des universités, du secteur privé et de la fonction publique de participer à l'élaboration de notre plan de travail ».

Après un examen des « données du problème » sur deux cents pages, on traite des « formes possibles d'association économique ». Les auteurs présentent ainsi la problématique : « Dans le domaine international, la souveraineté implique l'indépendance. On entend par là qu'aucun autre État ne peut exercer son autorité sur ce même territoire. L'État souverain ou indépendant est alors en contact direct avec les autres États et l'ordre international en général. Le droit a développé la notion d'égalité juridique des États entre eux. La non-ingérence dans les affaires d'un autre État devient alors un principe fondamental entre États souverains. »

Frédéric lui fait remarquer que l'approche paraît rafraîchissante après tout ce qu'on a entendu depuis quinze ans sur l'interdépendance des pays et la soi-disant non-nécessité de la souveraineté politique. Ces économistes ont contribué à définir la doctrine Lévesque pour le référendum de 1980 : « Les États reconnaissent aujourd'hui la nécessité de créer des liens, entre autres par voie d'accords internationaux. [...] Mais tant et aussi longtemps que ces liens sont librement consentis et, par conséquent, négociables ou renégociables, un État n'abandonne pas sa souveraineté pour autant. L'indépendance ne fait défaut que le jour où un État peut juridiquement imposer son autorité sur le territoire d'un autre État sans son accord. »

Le document passe en revue les options de 1980, soit la zone de libre-échange, l'union douanière, le marché commun et l'union monétaire. « Avec la troisième option, la libre circulation des personnes et des capitaux ne serait pas nécessairement assurée entre le Québec et le Canada », a fait remarquer celui qui a prêté à Miguel son document, en demandant à rester dans l'ombre. Il confie que la quatrième option retenait surtout l'attention du petit groupe après une revue « des expériences étrangères d'intégration économique ».

Le document relève les différences entre la Communauté économique européenne et l'Association européenne de libre-échange et note que les partenariats récents comportent, à l'exception de l'Union économique belgo-luxembourgeoise, au moins trois partenaires (Bénélux) et, au plus, seize membres. Il s'arrête sur les expériences de la fin des années soixante-dix.

Chacun envisage plutôt un réexamen complet de la question de 1980 dans le nouveau contexte du libre-échange.

Dix ans après le référendum de 1980, la Commission Bélanger-Campeau sur l'avenir constitutionnel du Québec détermina une nouvelle série de sujets à examiner par une équipe dirigée cette fois-ci par l'économiste Henri-Paul Rousseau. Miguel signale *L'Union monétaire et la monnaie canadienne*. L'auteur y met en relief les intégrations économiques qui s'amplifient depuis quinze ans.

Miguel considère que les études de la Commission Bélanger-Campeau doivent constituer le point de départ des études de 1995. Cela paraît plus pertinent que l'étude de 1980, en raison de la perspective imposée par l'Accord de libre-échange avec les États-Unis, l'ALE, entré en vigueur le 1er janvier 1989, et par l'accord élargi au Mexique, le 1er janvier 1994, l'ALENA. Par conséquent, le directeur des études économiques a demandé à des membres de l'équipe Bélanger-Campeau de mettre à jour leur contribution pour les nouvelles recherches de 1995.

Le débroussaillage des recherches de 1990 a été poursuivi en 1992 par l'équipe de la Commission sur les questions afférentes à la souveraineté, la Commission 150, créée par le premier ministre Bourassa, avant que celui-ci donne son adhésion à l'Entente de Charlottetown, qui n'aura eu d'entente que le nom puisqu'elle fut finalement rejetée par référendum au Québec et au Canada, pour des raisons opposées, en octobre 1992.

Miguel ne peut s'empêcher d'échapper une saillie :

– Dans les ententes à la canadienne, il n'y a que des mécontents.

Miguel a esquissé un panorama de la recherche gouvernementale sur la souveraineté du Québec depuis vingt ans. Mais des pièces manquent encore au puzzle, le tableau n'est pas complet. Il faut faire le lien entre les quatre recherches menées depuis 1977 par autant d'équipes distinctes à différents moments.

– Beau boulot, lui lance Frédéric. C'est plus diffus que je n'aurais cru. Il y a des points de vue où les perspectives divergent. L'intégration ne se fera pas en criant ciseau...

Peu après, René La Fayette acquiesce à la formation du comité de sages que préconise Frédéric. Il comprend que sa tâche en sera d'autant allégée.

– Forme-le vite, ce comité, ajoute-t-il avant de demander qui en fera partie.

René veut évidemment en être. Frédéric lui parle de la nécessité de rencontres fréquentes entre des gens de la finance et des spécialistes de la télévision non seulement pour dégager une nouvelle approche et fournir un avis éclairé, mais aussi pour anticiper les coups d'estoc des adversaires.

– Si tu juges nécessaire la présence du ministre sur une question spécifique, on l'invitera exceptionnellement. Normalement il doit rester au-dessus de la mêlée.

René ne rétorque rien, il s'éloigne ; il réfléchit et part en consultation pour la suite des choses.

*
* *

Sur le coup de midi, Frédéric sort de la place Mercantile, descend l'avenue McGill College, le long du siège de la BNP, un gratte-ciel aux multiples parois noires encavées, dont les images se reflètent les unes dans les autres. Son amitié avec Miguel lui ouvre les portes d'initiés du référendum de 1980. Même si quinze ans ont passé et que le monde a changé, l'expérience de ceux qui ont vécu l'aventure n'a pas de prix. Il se sent excité à l'idée de rechercher de nouvelles informations.

À l'angle du boulevard de Maisonneuve, il bifurque et passe devant la statue d'un cerf de Virginie posée à l'encoignure de l'immeuble où loge une compagnie d'assurances. Il se hâte de traverser du côté de *Ben's Smoke Meat*, où la photographie de Jacques Chirac se distingue parmi celles d'autres vedettes dans la vitrine. Les mains dans les poches, toujours d'un bon pas, il tourne au coin de l'ancien hôtel Sheraton Mount Royal, rue Peel. Il éprouve l'impression d'être engagé dans une course contre la montre. Dix mètres devant il entre *Chez Alexandre*.

Passé les chaises de rotin, qui laissent croire l'espace d'une seconde que vous êtes à Paris, l'homme s'avance au fond de la brasserie où on lui assigne la banquette en coin. Dans l'attente, il contemple un vase de glaïeuls rouges près duquel est assise une femme au tailleur bleu et blanc. À l'arrivée du convive attendu, il se lève pour le recevoir.

Bourru, Léon cache son menton sous une barbichette. On le croirait austère s'il n'éclatait de rire fréquemment. Il allume une cigarette avant de considérer la carte du restaurant. Sans détour, Frédéric aborde la question de la télévision d'État. Il a eu vent d'une rumeur :

– Léon, juste avant le référendum de 1980, un dirigeant de Radio-Canada a rencontré quelqu'un parmi les instances du NON au siège de Montréal. Sais-tu quelque chose à ce propos ?

Son interlocuteur lève les bras au ciel. C'est sur le piquet de grève des journalistes de Radio-Canada, au début de 1981, qu'il en a entendu parler pour la première fois. La chose était restée une affaire strictement interne chez les journalistes, elle n'avait pas dépassé le stade du bouche à oreille. Pourtant, il y avait là une bombe. Mais on jugea au syndicat que la révélation du grenouillage entre les dirigeants du réseau français et le camp du NON serait interprétée à Ottawa comme une nouvelle marque d'insubordination des journalistes de la boîte.

– Rappelle-toi l'affaissement, je dirais même la dépression qui a suivi le référendum... En plus, avec une grève sur les bras, les témoins hésitaient à se mettre la tête sur le billot lorsque la campagne préréférendaire a été achevée.

Un journaliste du service des nouvelles avait pourtant raconté qu'en entrant dans la salle de réunion du deuxième sous-sol, pour fumer, lui et un rédacteur s'étaient soudain trouvés en présence du directeur de l'information à la télévision, Pierre O'Neil, en plein meeting avec le directeur des communications du Parti libéral du Canada et trois consultants. Il avait eu le temps de voir que ceux-ci disposaient de documents avec le sigle du PLC. Léon avait fait part à l'exécutif syndical, au sein duquel il siégeait à l'époque, de ce qu'il considérait comme un conflit d'intérêt.

– Réunir à Radio-Canada même des dirigeants et des conseillers du Parti libéral, pour définir la stratégie du NON à la télévision ! Belle démonstration d'impartialité ! Imagine si au théâtre on demandait aux acteurs de faire la critique de la pièce dans laquelle ils jouent !

Le syndicat avait décidé de ne pas tirer à boulets rouges sur le directeur de l'information, par crainte d'une nouvelle attaque du premier ministre Trudeau, déjà très agressif à l'endroit des journalistes de Radio-Canada. Le directeur de l'information avait auparavant été directeur des relations de presse de Trudeau. Puis il avait accédé au poste de directeur de l'information télévisée, après l'élection du Parti québécois en 1976. Trudeau avait d'abord déclaré qu'il allait « mettre la clé dans la porte » de Radio-Canada, puis il s'était ravisé : dorénavant la télévision publique serait sous haute surveillance.

– Le chef de l'information de la télé française a tout le loisir de placer ses hommes aux postes clés. Tout le monde sait que Radio-Canada est surveillé de plus près encore qu'en 1980 et que nous avons vécu des compressions budgétaires à répétition depuis quinze ans. La télévision publique a été maltraitée avant le premier référendum. Malgré cela, Marc Thibault, le premier patron de Pierre O'Neil, se portait garant de l'indépendance de la télévision d'État. Il avait même mis sur pied un bureau qui compilait tout ce qui était diffusé sur le Parti libéral et le Parti québécois, le minutage exact des reportages. Il tenait dur comme fer à une couverture équilibrée, sur le modèle de la BBC, disait-il.

Léon se rappelle qu'après la défaite du OUI, Marc Thibault avait pris une retraite anticipée. La place était libre, il ne restait qu'à nommer un président complaisant à l'égard des libéraux. Jean Chrétien s'en est chargé dès qu'il a pris le pouvoir en 1993, après huit ans d'intermède conservateur. Parfois il semble à Léon qu'Ottawa procède avec Radio-Canada comme avec une officine de propagande. Frédéric n'insiste pas, il en vient au but de sa visite et demande ce que va faire la télévision pour la campagne référendaire de 1995.

Le journaliste à barbichette presse un citron dans son Perrier, avant de répondre :

– Les dirigeants de Radio-Canada répétaient, durant les années soixante-dix, qu'ils voulaient préserver la télévision de toute intervention politique, prétextant redouter la pratique de l'Office de la radio-télévision française. À cette époque, ils ont refusé pour la section française le nom d'Office de la radio-télévision canadienne, évitant de s'inspirer de la France. Mais ce qui se passe en 1995 n'a plus rien à voir avec les normes de l'autre modèle, la BBC. L'écart s'accroît entre le réseau français et le réseau anglais, Radio-Canada devient inféodé au bureau du PM. Le fonctionnement n'est pas le même à la CBC. Il ne s'y trouve pas un « dispositif anti-séparatiste de surveillance » comme à Radio-Canada.

En entamant sa salade aux noix de Grenoble, Léon poursuit :

– La couverture référendaire de 1995 a pour cadre de référence la nouvelle loi de Radio-Canada, basée sur la diversité culturelle plutôt que sur l'unité nationale, depuis le règne des conservateurs ; ce biais en faveur du « communautarisme » reste une grossièreté du point de vue journalistique. Mais, étant donné que l'unité nationale est remise en cause par les souverainistes, dit-on à Ottawa, Radio-Canada fait à nouveau son lit de sa mission de l'époque Trudeau en cherchant à refléter la réalité des dix provinces, le Québec n'étant considéré que comme l'une d'entre elles. On peut dire que l'information du réseau français suit par conséquent des directives contraires à l'impartialité d'un débat politique : dans un scrutin au Québec, la télévision soutient la position de couverture du Canada.

Il arrête son regard sur les glaïeuls avant de reprendre :

– En clair, les directives sont interprétées par le pouvoir exécutif, c'est-à-dire par le bureau du premier ministre à Ottawa, sans entente avec les bloquistes, pourtant élus par les Québécois à une très nette majorité. Seule la volonté exprimée par le prince compte, même si celui-ci a été battu à plate couture par les électeurs du Québec. Cinquante pour cent de la population québécoise a voté pour le Bloc Québécois et seulement 25 % pour le Parti libéral du Canada ! Le Parti libéral détermine la couverture de l'information du service français de Radio-Canada au Québec et ne choisit que des dirigeants antisouverainistes pour diriger la société. Le nerf de la guerre, je ne te l'apprendrai pas, c'est l'information. Finalement, ce qui change par rapport à 1980, c'est l'encadrement plus restrictif qui a été mis en place.

Frédéric délaisse sa côtelette de veau aux morilles :

– Tout le monde sait qu'il y a un glissement de l'information à Radio-Canada. Aucune émission n'y diffuse le point de vue des Gaspésiens, bien qu'ils soient 200 000 ; par contre, on fait état tous les jours, pendant deux heures, de tout ce qui se passe chez les Acadiens, à partir de Moncton, une ville aux deux tiers anglaise, même s'il n'y a plus que 200 000 Acadiens au Nouveau-Brunswick ; rien n'est donc diffusé de Gaspé sur la Gaspésie au réseau national, même si les Gaspésiens sont aussi nombreux que les Acadiens du Nouveau-Brunswick. D'ailleurs, le cas n'est pas unique pour une région québécoise.

En entamant son steak frites, Léon sourit en pensant que son ami n'a pas changé depuis la première fois qu'il l'a rencontré.

– Évidemment, le préjugé qui consiste à ne pas couvrir les régions du Québec au profit des populations françaises minoritaires des provinces anglaises, cela tient du discours imposé. On noie les Québécois dans un flot d'information en provenance du reste du Canada. On relativise ce qui se passe au Québec. Cela a des conséquences. Le phénomène s'amplifie. Les normes de Radio-Canada ne conviennent pas à la réalité du Québec. Le tout bouffe la partie !

Comme s'il répondait par le geste à la dernière phrase de son interlocuteur, Frédéric repousse son assiette. Il évoque la timide tentative de redressement par le gouvernement conservateur, entre 1985 et 1993 :

– Au moins, il y a eu un changement de direction.

– On a jugé qu'O'Neil avait commis une erreur justifiant son limogeage à la fin du règne des conservateurs, juste avant que Jean Chrétien ne reprenne le pouvoir pour les libéraux. Te souviens-tu de l'autoportrait de Pierre Elliott Trudeau diffusé par la télévision d'État ?

– Bien sûr, rétorque Frédéric. On le voyait en canot qui descendait la rivière du Diable, dans le parc du Mont-Tremblant. Le premier ministre Mulroney a été avisé que Radio-Canada finançait ce panégyrique ; alors, son ministre des Communications a demandé des comptes à Pierre O'Neil. À cause du ton partisan de cette biographie filmée, il a été limogé.

Léon porte à sa bouche la dernière de ses pommes allumettes avec ses doigts.

– Jean Chrétien s'est empressé de modifier la loi et d'entourer son successeur d'une équipe de son clan au conseil de Radio-Canada. C'est la dernière étape dans la mise en place de la propagande pour l'unité nationale à la télévision montréalaise. Nommée par Jean Chrétien, sans consultation avec le groupe parlementaire élu par les Québécois, Guylaine Saucier préside ce conseil depuis l'automne 1993. Elle a en poche une feuille de route impressionnante pour le Parti libéral. Elle a pour mission de surveiller le réseau français. Elle fait pression sur Claude Saint-Laurent, le vice-président à l'information, l'ancien bras droit d'O'Neil, un homme recruté par lui et qui le remplace. Le gars rêvé dans les circonstances.

Le journaliste dépose fourchette et couteau dans son assiette tandis que Frédéric lui demande :

– Réussit-elle à changer le fonctionnement de Radio-Canada ?

– Elle a ses appuis au Sénat. Tu sais comment ça fonctionne dans la Chambre haute : le premier ministre en désigne les membres. En ce qui concerne les nominations québécoises récentes, tu penses bien qu'il n'a pas consulté le Bloc. Tu ne t'étonneras pas que le point de vue soutenu par Radio-Canada soit mis au service de l'unité nationale par la sénatrice qui siège au conseil, Céline Hervieux-Payette, et que la manière d'y parvenir soit une couverture fragmentée par régions au nom de la diversité culturelle.

Frédéric a l'impression d'être à nouveau l'étudiant qui découvrait les principes politiques derrière les événements. L'histoire se fait, mais Frédéric n'a plus de professeur ou de manuel pour lui en expliquer les tenants et aboutissants. C'est devant lui que tout se déroule dorénavant. À lui de comprendre. L'histoire du Bas-Canada, puis du Québec, est celle de l'impuissance devant des institutions, une constitution, des lois promulguées par des instances extérieures. À une époque, les partis politiques s'exprimaient par le biais de journaux. Arrive la télévision. Elle joue un rôle crucial dans la diffusion de l'information au moment où la presse est en crise. Les journaux survivants ont du mal à faire le plein de lecteurs devant l'attrait qu'exerce le petit écran. Au milieu du paysage, il y a Radio-Canada. Sa priorité va à la couverture du Canada plutôt qu'à la couverture objective de la campagne préréférendaire se déroulant strictement au Québec. Et rien pour lui faire contrepoids.

Il observe les rides autour des yeux de Léon et lui fait remarquer :

– On le voit à la télévision française : la parole est donnée aux Acadiens dans les débats sur l'avenir du Québec, ce qui en soi n'a rien de répréhensible. Mais, depuis la déportation, les Acadiens sont devenus très minoritaires dans les Maritimes. Sinon, il y aurait deux millions d'Acadiens au Nouveau-Brunswick et en Nouvelle-Écosse, qui ne s'appelleraient pas ainsi d'ailleurs. L'Acadie n'existe plus, elle a été remplacée par le Nouveau-Brunswick, elle n'a plus de présence sauf dans les villages de pêche situés près du Québec et qui en ont d'ailleurs fait partie pendant plusieurs décennies, après la Conquête militaire anglaise. Les Acadiens ne peuvent plus prendre le pouvoir en Acadie. C'est fini. Dans ce contexte, ils discutent comme si les Québécois étaient sujets à devenir eux aussi minoritaires.

La coupe déborde pour les artisans de Radio-Canada. Léon décrit la réalité :

– Le rédacteur en chef du *Point*, la principale émission d'affaires publiques à la télévision, Jean Pelletier, provient de l'entourage de Trudeau. Son père, Gérard Pelletier, a été ministre des Communications dans le premier gouvernement Trudeau et il a siégé au Conseil privé de la Reine sur les questions de sécurité, il a même été chargé d'approuver les arrestations pendant la crise d'Octobre en 1970. Attends-toi à entendre des interviewers francophones venant des autres provinces sur le réseau français. Les Français hors Québec ont la cote avec lui. Tu n'entendras pas d'Abitibiens en interview. On présente seulement un tour d'horizon d'une demi-heure des seize régions du Québec, à 23 h, quand tout le monde est couché. Comme si le référendum n'avait pas lieu au Québec...

Léon fait une courte pause, contemple la mousse au chocolat que le garçon vient de déposer devant lui.

– Au deuxième étage, tout le monde en parle : le siège social n'arrête pas de vérifier ce qui se passe à Montréal. Le service de l'information doit répondre chaque jour aux appels du bureau du premier ministre ainsi qu'à la présidente du conseil d'administration. Personne ne dénonce la situation d'une manière officielle, mais à l'interne tout le monde s'en plaint.

Frédéric l'interrompt :

– En somme, la situation est encore pire qu'en 1980... Quand un reportage ne va pas dans le sens escompté, on s'active dans les hautes sphères. Le nationalisme québécois, ça leur donne des boutons à ces gens-là.

Léon en remet une couche :

– Quand tu établis toi-même les règles du jeu, facile de faire passer pour objectivité la mise en veilleuse d'une des options. Ajoute du cassage de bras au tableau et tu auras une bonne idée de l'atmosphère qui règne dans la maison. Claude Saint-Laurent ressemble à Chrétien. C'est pourquoi ce gars-là a été maintenu à la direction de l'information depuis vingt ans.

Léon achève son café, avant de conclure :

– Autrefois Marc Thibault défendait parfois les journalistes ; maintenant c'est Ottawa qui arrête tous les paramètres de l'information. Alors, les souverainistes partent perdants dans la couverture qui leur sera accordée.

– Tu situes ça dans quelle proportion ? demande Frédéric.

La réponse tombe sans hésitation.

– Si tu tiens compte de toutes les émissions diffusées à la télévision, en provenance de partout au Canada, sois assuré que Radio-Canada diffusera le point de vue du NON deux fois plus que celui du OUI.

CHAPITRE 4

Le sondeur, le train Montréal-Québec et le Conseil privé de la Reine

La deuxième semaine s'amorce dans la confusion. Un conseiller en gestion s'annonce au bureau de Frédéric pour soumettre le résultat de trois mois de travail. Il propose « une segmentation de l'opinion » pour la présentation de la série d'études. Incrédule, Frédéric se gratte le front. Il a l'impression que l'autre perçoit le Secrétariat comme une officine de propagande.

Le consultant a élaboré quatre options : une campagne préréférendaire avec un budget de 750 000 $; une option B de 2 millions si la campagne se poursuit pendant 60 jours ; une option C de 3,4 millions pour une campagne de quatre mois ; et l'option D, pour un scénario de six mois, se chiffre à 6 millions. Cela fait partie d'un plan de dépenses totalisant 15 millions de dollars. Les capsules pour la radio le préoccupent grandement. Frédéric n'en croit pas ses oreilles. « Voici l'offensive marketing. Si on annonce le savon de telle manière, on gagnera. Autrement, on perdra. Peut-être qu'on travaille comme ça au sein du camp du NON. »

Le petit homme trapu a de l'enthousiasme. Il prédit un brillant avenir aux messages diffusés à grande échelle, donnant pour exemple Tourisme Canada qui s'affiche en bleu au bord des routes, pourtant la couleur du gouvernement du Québec. Cela suggère le NON sous couleurs souverainistes. Le clan adverse dispose d'une enveloppe de 50 millions pour ce seul message, baptisé « Découverte Canada » par le Bureau du Tourisme du Canada.

Frédéric ne dit mot. Il se tient raide. Décidément, on s'éloigne des recherches de nature économique visant à informer le public sur l'avenir du Québec souverain.

Le consultant commente un fatras de chiffres liés à sa façon de répartir les indécis. Frédéric s'interroge sur les orientations que s'est données le Secrétariat à la restructuration au moment de sa création. Toutefois, il s'abstient de dire : « Vos services ne sont plus requis par le Secrétariat. » À ce moment justement, l'autre se présente comme un ami du ministre. « Bonne tactique », pense Frédéric. L'autre reste disponible pour la rédaction de ce qu'il appelle le livre blanc et le condensé des recherches. En ce qui concerne l'impression et la distribution d'une synthèse des recherches, il prévoit un montant de 1,2 million de dollars à dépenser dans les quotidiens.

– Nous avons le fardeau de la preuve, conclut-il. Les gens attendent de nous un document témoin.

L'espace d'un moment, Frédéric se croit transporté dans une agence fédérale à Ottawa. Dès le départ il s'est dit qu'il faudrait parfois se mettre dans la peau de l'adversaire, a souhaité parvenir à penser comme lui afin de prévoir son jeu. Il est servi...

*
* *

Avec son sourire désarmant, Marie-Chantal tire son collègue de cette mauvaise passe en faisant savoir que le sondeur Jean-Marc Léger les attend pour un *briefing*. Le consultant et Frédéric se dirigent aussitôt vers le lieu de la réunion, guidés par la jeune femme. Frédéric a hâte de connaître l'interprétation qui sera faite d'un récent sondage.

L'expert connaît toutes les subtilités de l'opinion publique. Il vient vers Frédéric et le salue tout en se disant rassuré qu'un professionnel assume cette tâche maintenant au sein du Secrétariat. Il salue les deux membres du personnel politique, René, le directeur de cabinet, et Marlène, l'attachée de presse, ainsi que le sous-ministre Pierre Lenoir. Le ministre ne viendra pas à la réunion. Il a choisi de ne pas discuter de stratégie avec des consultants. Autrement dit, René est chargé de filtrer les questions économiques et politiques pour le ministre. Même le directeur adjoint du cabinet vaque à d'autres occupations. Le ministre et son homme de confiance préfèrent rester au-dessus de la mêlée.

– Cela concerne votre ministre au premier chef, dit Jean-Marc Léger, déçu. On a entendu la moitié de la discussion préréférendaire à ce jour. Or, l'économie est au cœur du débat. C'est un domaine où les gens veulent une preuve écrite. La campagne de 1980 a débuté dans l'enthousiasme pour s'achever dans les chiffres. Cette fois, le débat économique a lieu en premier. Il touche la clientèle du milieu, qui totalise 15 % de l'électorat : elle est préoccupée par les effets économiques de la souveraineté.

Le sondeur évoque la perception qu'en ont les groupes cibles étudiés :

– Les ministres n'ont pas de crédibilité sur les sujets économiques. Cela signifie qu'avant l'intervention d'un ministre, il y a lieu de préparer l'opinion ; à cet égard, les chercheurs doivent intervenir au maximum et les ministres leur laisser l'avant-scène.

René a des plis au front. Il se rend compte de la tâche délicate qui lui échoit. Comment convaincre le ministre de se tenir en retrait, en meneur de jeu plutôt qu'en expert ? C'est l'inverse qui se prépare. Le ministre se tient loin des spécialistes bien qu'il s'apprête à prendre d'assaut les micros. Il a un gros ego.

Jean-Marc Léger poursuit :

– Le peuple a connu une révolution tranquille, il souhaite la souveraineté tranquille.

Marlène aime la formule ; elle imagine déjà « la Catherine » tapissée de grandes affiches portant ce slogan.

– Les enquêtes avec des groupes cibles établissent clairement que beaucoup de gens s'apprêtent à voter NON par manque de preuve de la validité de l'option du OUI. Il en ressort qu'au terme de trois ans, la souveraineté deviendrait rentable dans leur esprit. À court terme, ils restent réticents. Le défi consiste donc à raccourcir la période de flottement pour ces gens.

L'aplomb du sondeur fascine son auditoire. Frédéric se dit qu'il a sûrement ses entrées auprès de l'équipe de choc du premier ministre.

– Beaucoup de gens se demandent comment la souveraineté réglera le problème du déficit. Je le répète : ils souhaitent entendre des experts à ce sujet, tout en refusant de s'en remettre à l'opinion des politiciens du OUI et du NON. Dans ce contexte, il serait souhaitable que les lancements d'études se fassent, pour la plupart, sans le ministre.

Il y a une marge entre privilégier la présence des experts et recommander l'absence de ministres aux tribunes. On comprend pourquoi le sondeur souhaitait que le ministre l'entende donner son avis. René jette un œil à la ronde et répète d'une voix calme :

– Montrer le ministre le moins possible et les chercheurs au maximum, je veux bien. Mais ceux-ci ne sont pas tous télégéniques, c'est le moins qu'on puisse dire.

Jean-Marc Léger n'en a pas fini :

– Un facteur avantage le camp du OUI, c'est la crédibilité de ses leaders : tous dominent les leaders du NON. Le taux d'appréciation favorable à Lucien Bouchard atteint 65 %, par rapport à 54 % pour Mario Dumont, et à 51 % pour Jacques Parizeau ; en revanche, dans le camp du NON, Michel Bélanger se situe à 23 %. Les femmes prêtent à Mario Dumont une image positive, ce qui aide les souverainistes auprès d'une part du public qui lui résiste. Jacques Parizeau a une présence nécessaire bien que jugée insuffisante pour gagner le référendum. Bref, si les chercheurs donnent de la force aux arguments économiques, les leaders politiques n'auront qu'à prendre le relais.

D'abord s'assurer de maîtriser le terrain. À l'entendre, la ligne à suivre devient claire. Les groupes cibles indiquent les faiblesses du camp du OUI. Marlène demande au sondeur ce qu'il pense du sondage de la firme rivale, CROP, rendu public cette fin de semaine. Présenté à une émission spéciale de Radio-Canada, il fait état d'un recul du OUI à 40 %, c'est-à-dire le niveau de 1980. Autrement dit, il n'y aurait pas eu de progression en quinze ans. Jean-Marc Léger n'a pas été convaincu :

– La question de CROP était mauvaise : « Êtes-vous en faveur du projet de loi adopté par l'Assemblée nationale ? » Or, le projet de loi n'a pas été adopté et il n'est même pas proposé qu'il soit adopté par l'Assemblée nationale avant le référendum. Cela fait toute la différence, une différence de 700 000 NON. C'est pourquoi on ne compte alors que 40 % d'avis favorables. Trois semaines avant, on avait pourtant dénombré 46 % de sondés en faveur du OUI. Pour ma part, j'évalue plutôt à 44 % le creux du taux d'assentiment. Il reste que le taux de Radio-Canada décourage les troupes du OUI.

Néanmoins, le directeur de cabinet demande pourquoi le OUI a continué à baisser depuis quelques mois.

– L'adhésion de Michel Bélanger au NON en décembre 1994 a eu de l'impact, étant donné qu'il coprésidait la Commission sur l'avenir constitutionnel du Québec. Il a fait chuter le OUI de 49 % à 44 % en trois mois. Mais on touche le creux à un niveau fort différent de celui annoncé par Radio-Canada. C'est cela le phénomène nouveau.

– Quelles clientèles y a-t-il lieu de viser de façon prioritaire pour le OUI ? demande Frédéric.

– Les jeunes favorisent le OUI à 60 %, mais ils ne votent qu'à 70 %, alors que les vieux favorisent le NON à 60 % mais votent à 90 %. Cela fait la différence entre une victoire et une défaite. Inversons ce vote et le OUI gagne. Autrement dit, le vote des jeunes constitue le premier réservoir du OUI. Le principal problème des souverainistes reste les jeunes de moins de vingt-cinq ans qui ne se déplacent pas pour voter. Par conséquent, la date du vote et l'inscription des jeunes sur les listes électorales vont s'avérer des facteurs déterminants.

Chacun paraît suspendu aux lèvres du sondeur :

– En deuxième lieu, les femmes offrent un fort potentiel pour le OUI, à condition qu'on distingue deux approches, l'une pour les ménagères, souvent indécises et craintives, l'autre pour les femmes au travail, davantage prêtes à l'autonomie. Le vote féminin n'est pas tranché comme celui des hommes. Les hommes de langue française soutiennent le OUI à hauteur de 72 % ! Dans l'électorat masculin, les ouvriers présentent le bassin de votes le plus fort : la plupart appuient déjà l'option du pays français enfin maître de ses politiques.

Géographiquement, la région du Centre-du-Québec présente des perspectives intéressantes, dans le triangle qui va de Trois-Rivières à Victoriaville et à Sherbrooke, soit le prolongement du territoire favorable de la Montérégie.

En l'écoutant, Frédéric concocte une série de conférences de presse à Québec, à Montréal et en région. « Pourquoi pas une trentaine de lancements ? » se dit-il. On pourra marquer des points pendant l'été. La bataille économique se gagnera avant la campagne référendaire. René sait que le Bloc Québécois recrute des orateurs populaires chez les jeunes, Pierre Falardeau, Gaston Miron, Michel Chartrand. Ces trois-là remplissent les auditoriums des collèges et des universités. Il se prépare à se servir de l'argument du sondeur au bureau du premier ministre : il n'y a pas lieu de tenir une conférence de presse avec deux ministres sur la continuité de l'accord de libre-échange.

Cet après-midi-là, **René** se dit que le ministre délégué à la Restructuration devrait superviser le processus et rassurer le public quant à l'indépendance des chercheurs. Ce sera le meilleur moyen de garantir la validité de la démarche référendaire et d'influencer une opinion publique mouvante, constituée d'un grand nombre d'indécis.

Le directeur de cabinet se dirige vers le *bunker* après le *briefing*. Il s'en va résumer en haut lieu l'avis du sondeur : « Nous avons besoin de l'opinion d'experts. Car les indécis craignent le moment d'incertitude après le vote. »

*
* *

Le train quitte la gare centrale de Montréal à 17 h précises. Il s'étire comme un serpent sur le viaduc entre la tour de la Bourse et la brasserie O'Keefe, pour obliquer à la hauteur de la minoterie Five Roses, vers le pont de la rue Wellington. Enfin, il s'engage sur le pont Victoria pour la traversée du fleuve, à la ligne de partage des eaux vives et des remous.

Au-delà de la banlieue de Lemoyne, il fréquente les champs agricoles un moment. Vingt kilomètres plus loin, le train glisse sur le pont du Richelieu, en un lieu où la rivière coule tout doucement. Au-delà, il disparaît derrière les grands arbres au pied du mont Saint-Hilaire, puis s'enfuit dans la campagne.

À Saint-Hyacinthe, arrêt de dix minutes entre le palais de justice et l'usine de chaudières Volcano, transformée en immeuble d'habitation en copropriété, près d'une autre usine abandonnée, la E. T. Corset, barricadée. Bientôt, la locomotive redémarre et longe l'ancien terrain de jeu de la société Saint-Vincent-de-Paul, avant de rouler sur le pont de fer de la rue Girouard, à deux pas du Séminaire, pour la traversée de la rivière Yamaska, brune de boue en amont, vers la remontée au barrage, blanche de neige en aval.

Cinq minutes plus tard, le train s'immobilise de nouveau, cette fois sur la voie de service de Sainte-Rosalie, dans la cour de triage de la Coopérative fédérée, grossiste offrant des grains de provende et des pesticides aux cultivateurs de la grande plaine. L'attente se prolonge car le convoi de marchandises du CN a priorité sur le train de voyageurs. Nouvel arrêt de quinze minutes dans l'impatience générale.

– C'est un désastre, ce train ! s'exclame le voisin de Miguel, un rouquin, les bras au ciel.

Il habite Québec, à quelques rues de la gare, mince avantage si le train est toujours arrêté.

– Parcourir deux cent cinquante kilomètres en trois heures trente : nous roulons à soixante-dix kilomètres à l'heure, précise Miguel. Phénoménal ! Formidable ! Pour le train qu'on annonçait au début du XXe siècle comme le plus rapide d'Amérique !

Miguel prend le train à l'occasion, pendant l'hiver, surtout aux annonces de tempêtes de neige, mais comment savoir à quelle heure on arrivera ?

Tout près, le contrôleur garde le sourire malgré toutes ces années auprès de voyageurs insatisfaits. Il s'avance et lance aux deux passagers qu'avec le TGV, on se rendrait à Québec en une heure six minutes, trois fois plus vite :

– Évidemment, on peut toujours rêver que le Québec fait partie de la France !

Puis, il s'éloigne, assez fier de son effet. Miguel parle du paysage au voisin pour faire diversion :

– Les champs de neige, on les voit mieux en train, tout de même... Et on circule dans des quartiers qu'autrement on ne connaîtrait pas.

Le voisin fait mine d'entrer dans le jeu. Il faut bien tuer le temps :

– Sans compter qu'aux deux bouts du trajet la traversée du fleuve est plus agréable. N'empêche que le trajet Montréal-Québec prend aujourd'hui plus de temps que dans les années trente. Quand on pense que la Confédération est née du train et qu'on a construit l'Intercontinental sur des terres confisquées pour les barons du chemin de fer... De nos jours, il faut attendre sur une voie de garage à Sainte-Rosalie que les conteneurs d'Halifax passent !

Le contrôleur, qui redescend l'allée, ajoute son grain de sel :

– Avec une seconde voie assignée aux trains de passagers, notre locomotive relierait Montréal à Québec en une heure trente. Le train comme tel n'est pas en cause, c'est plutôt l'usage de la voie ferrée qui remet notre rapidité en question. Cela n'a pas de sens, cette compétition entre Via Rail et le CN.

À vrai dire, les contrôleurs en ont soupé de l'avatar de société de la couronne qu'Ottawa s'apprête à privatiser, une décennie après l'avoir fait pour le CN. Pourtant, la Compagnie des chemins de fer nationaux a traversé tout le XXe siècle avec des milliards de dollars en subvention de l'État. Alors, la révolte gronde chez les conducteurs, car on les prend à partie. Certains s'apprêtent à devenir retraités, à s'éloigner de cette absurdité.

Le voisin de Miguel a l'air d'en connaître un bout sur la question :

– L'Intercolonial a englouti des montants astronomiques depuis 1851, déboursés à 50 % par les citoyens du Bas-Canada. Pourtant, un siècle et demi plus tard, on offre un tortillard pour la route ferroviaire originelle, la route Montréal-Québec. Lorsque l'Intercolonial a été nationalisé en 1917, Ottawa a également acheté le Canadien Nord, la ligne qui reliait Québec à Vancouver, par le nord, pour former les Chemins de fer nationaux. Cela a éreinté les contribuables, mais c'était l'époque de la guerre. Dès 1919, on a remis ça. Cette fois, le Grand Tronc Pacifique s'est ajouté au consortium. Puis, la maison mère du Grand Tronc. C'est ce groupe qui a donné naissance au CNR, le Canadian National Railway, en 1923. Une mise de fonds énorme pour les contribuables québécois qui représentaient alors près de 40 % de la population ! Or, voilà qu'Ottawa annonce en 1995 la dénationalisation de ces compagnies. On privatise tout après avoir soutiré aux Québécois au-delà de 10 milliards de dollars durant ces cent cinquante ans pour payer le chemin de fer et les compagnies ferroviaires ! Imaginez combien cela ferait avec les intérêts !

Miguel ne se laisse pas prier, il attise le feu :

– Le Canada a été constitué de quatre provinces en 1864, à la condition énoncée par Halifax qu'un chemin de fer joigne Halifax à Montréal, une facture que devaient acquitter le Bas-Canada et le Haut-Canada. Plus de la moitié de ce chemin de fer a donc été payé par les Québécois de 1864 à 1880. Pourtant, on a encore une ligne tiers-mondiste pour relier les deux plus grandes villes sur ce territoire, Montréal et Québec. Pas étonnant que les trains de passagers laissent la place aux autocars. On aurait mieux fait de se payer dix voies ferrées rapides Montréal-Québec, ainsi que des trains à très grande vitesse Montréal-New York et Québec-Boston, plutôt que de payer la note pour des locomotives qui font teuf-teuf !

Le rouquin ajoute :

– Vous savez, les Prairies disposent souvent de trois voies ferrées pour desservir des gares céréalières de campagne, même dans l'arrière-pays de Regina. Bien sûr, les trains de céréales sont subventionnés par la Commission canadienne du blé. Alors, on trouve davantage de voies ferrées en Saskatchewan, où il y a un million de personnes, qu'au Québec, sept fois plus peuplé et la plus vaste de toutes les provinces. À l'époque où nos ancêtres payaient la note du Transcontinental, il n'y avait personne dans l'Ouest. Après avoir déboursé pour la construction du chemin de fer, nous avons dû assumer les frais de nationalisation des compagnies en faillite ! Et voilà qu'il est en voie d'être privatisé pour des clopinettes !

– Ottawa n'a plus la tête au train : il vient d'investir 6 milliards de dollars pour une plate-forme pétrolière, près des Grands Bancs de Terre-Neuve, à trois cents kilomètres des côtes ; et voilà qu'on parle d'une deuxième plate-forme à Terra-Nova ! Le Canada n'aura pas réussi à se doter d'un train qui traverse son territoire à la vitesse de l'automobile, c'est tout...

Le contrôleur s'arrête de nouveau. Ces deux-là lui font un bon public. Ils entretiennent le spleen du chemin de fer...

– Ce train fait des pointes à cent soixante mais ralentit à vingt-cinq kilomètres à l'heure plusieurs fois pendant son trajet. Et, dans un an, cela se détériorera encore. Après les trains de conteneurs d'Halifax, le CN prévoit accroître la fréquence des trains de marchandises.

Voilà pourquoi les passagers délaissent le train. Au troisième arrêt prolongé, Miguel se lance :

– Vous avez déjà vu cette affiche célèbre qui affirmait dans les années vingt : *Trans Canada Limited, The Fastest Train Across America, Canadian Pacific* ? Les Anglais se vantaient de battre les Américains avec leur nouvelle technologie. Eh bien, on a maintenant le train le plus lent du continent, pire encore que le Transsibérien ! Si le TGV était britannique, vous pouvez être sûrs que les fédéraux l'auraient adopté depuis dix ans. Mais le capital britannique reste allergique à la technologie française ; et à Ottawa, c'est pareil. Alors, le Canada demande qu'on passe par Bombardier pour un train rapide de pacotille avec plein de subventions à l'avenant pour les copains. On ne fait affaire ni avec Alsthom, qui a pourtant acheté l'usine de Pointe-Saint-Charles, ni avec la SNCF, ni avec l'Eurostar. Pas question d'un TGV sur notre territoire. On préfère en rester au train à vapeur en achetant des wagons d'occasion en provenance d'Angleterre.

*
* *

Le taxi franchit la rue de l'Ancien Chantier des Vaisseaux du Roy pour bifurquer au square Parent, où il emprunte la ruelle Légaré. Aussitôt, il s'arrête à l'amorce de la côte Saint-Vallier.

Miguel entre en coup de vent à l'hôtel Belley pour prendre une enveloppe laissée par un collègue avant de poursuivre sa route vers l'édifice H, communément appelé le *Calorifère*, un immeuble de béton au début de la Grande Allée. Quand il sort du taxi, ordinateur portable en bandoulière et porte-document à la main, on dirait un avocat veillant sur un secret. À la réception, une hôtesse au regard perçant garde l'entrée, à deux pas du *bunker* du premier ministre. Elle fait signer le registre à Miguel. Après lui avoir montré patte blanche et donné les dernières nouvelles, celui-ci se dirige résolument vers l'ascenseur.

Au deuxième étage, le garde du corps, de faction devant la porte du ministre, lit un roman Harlequin, veste tombée, le revolver dépassant de l'étui glissé sous l'aisselle. Dans le bureau derrière, Frédéric Chevalier discute avec son assistant, Guy Renaud, un athlète à la mèche rebelle, portant invariablement chemise blanche et cravate. Près de la guérite du garde du corps, cet attaché aux communications se tient droit derrière son bureau, attentif.

Cravate bleue, grand sourire, le gaillard d'un mètre quatre-vingt-dix s'anime tout en gardant à ses pieds en permanence un sac de vêtements sport. Le midi, Guy sort de son triste bureau sans fenêtre évacuer le trop-plein d'énergie au gymnase des parlementaires. Ce matin-là, il fait le point sur les organismes fédéraux qui font double emploi avec les bureaux québécois, une commande de René La Fayette, le directeur de cabinet.

Le garde fait penser à ces justiciers qui empêchent le malheur de franchir le seuil. Pour l'heure il est plongé dans son Harlequin, « la littérature canadienne à l'état pur », comme dit Guy. Il ne lève pas les yeux au passage de Miguel qui salue à la hâte ses collègues et prend connaissance des dernières trouvailles sur les dépenses d'Ottawa. Il aperçoit le gaillard se balançant sur sa chaise devant une affiche de vins français épinglée au mur. Près de la guérite, une petite table disparaît sous des piles de dossiers.

Tel un détective privé inspectant les labyrinthes fédéraux, Guy cherche des pistes inédites, prêt à visiter des bouges, à aller chez les malfrats, si la cause l'exige. Il prépare un dossier complet car on s'attend à ce que les dépenses du Secrétariat à la restructuration soient contestées lors de la période des questions à l'Assemblée nationale.

– J'attire votre attention sur le Conseil privé de la Reine, The Queen's Privy Council for Canada, selon le nom officiel, explique l'athlète. Cette instance a le pouvoir d'ordonner des études confidentielles et des enquêtes discrétionnaires auprès des services secrets. Attaché au Bureau du premier ministre, le PCO, pour Privy Council Office, jouit d'un budget fortement en hausse depuis la prise du pouvoir par le Parti libéral ; et il n'a pas de comptes à rendre à la Chambre des communes. Le PCO ne publie rien et en dit le moins possible sur son personnel et les contrats qu'il accorde. On ne sait pour ainsi dire rien de ce qui se passe entre les murs de l'édifice Langevin à Ottawa. L'activité du Conseil privé de la Reine est un secret d'État, comme l'espionnage du ministère de la Défense.

À l'évocation de l'édifice aux pierres rousses, Miguel cligne des yeux. Il sait que le Conseil privé dispose d'un personnel dix fois plus important que celui du Secrétariat à la restructuration, de quoi le rendre envieux. Les budgets de recherche dont il dispose pour l'INRS restent microscopiques, une fraction minime de ceux du PCO.

Guy Renaud passe sa main dans ses cheveux noirs, qu'il a très lisses et courts près des tempes. Il fait remarquer que le gouvernement du Québec ne dispose pas d'un organisme comparable. Il s'agit d'une institution royale implantée à Ottawa, discrétionnaire vous pensez bien, répondant au bon vouloir du premier ministre. Le Conseil privé a tout le loisir de se réfugier dans le secret de son mandat royal. En l'absence de sources, les journalistes ne font pas de reportages sur cette instance royale, d'ailleurs créée à l'origine pour l'agrément du roi d'Angleterre.

L'agent d'information expose la situation de cette instance de droit divin à quatre mètres du garde du corps du ministre, qui ne bronche pas, tout à son édifiante lecture.

– Le Conseil privé de la Reine compte trois cents membres, nommés par le premier ministre. Il garde tous ses privilèges royaux, aujourd'hui comme en 1864 ; on ne l'a pas aboli, pas davantage que le Conseil législatif à Ottawa, autrefois la Chambre des Lords. Ses recours et ses ressources sont intacts. Le Conseil privé disposait déjà de 35 millions de dollars en 1992, sous les tories, un montant fort respectable – sept fois le budget du Secrétariat à la restructuration, soit dit en passant. À l'arrivée de Jean Chrétien, ce budget a doublé dans les six premiers mois. On ne regarde pas à la dépense quand il s'agit de combattre les indépendantistes ! La rumeur dit qu'il vient même de franchir le cap des 100 millions, mais le premier ministre du Canada refuse de dévoiler quoi que ce soit avant le référendum ; après, il sera bien sûr trop tard pour ouvrir un débat. Le mal sera fait. Il peut disposer de ce budget comme s'il s'agissait de son argent de poche, sans avoir de comptes à rendre.

Miguel enrage :

– On peut imaginer quelle hauteur il atteindra pour l'année référendaire... Aucun journaliste d'Ottawa n'écrit quoi que ce soit à ce propos. Rien ne transpire des officines d'Ottawa alors que les journalistes de Toronto nous poursuivent tous les jours à Québec avec leurs demandes de renseignement.

– M. Lévesque, poursuit Guy, était trop puriste pour autoriser la naissance d'un tel organisme de renseignements au Québec.

Frédéric apprécie le culot de Guy. Celui-ci a beau être un fonctionnaire de carrière, il fouille les sujets difficiles et il va au-devant des questions. « J'ai dégoté un idéaliste comme adjoint, un Philip Marlowe prêt à poursuivre ses recherches jusqu'en enfer. »

Le gaillard lance un nouveau sujet de révolte générale :

– La Défense vient d'accaparer l'ancien siège social de Radio-Canada. Mais le gouvernement du Canada ne donne pas d'information à ce propos. Comme cela concerne les activités de sécurité du Conseil privé et du Centre de sécurité des télécommunications, les deux instances responsables de l'espionnage électronique du ministère de la Défense, ne comptez sur aucune information à ce propos. Les documents du NON sont estampillés du sceau *Top Secret*.

Tout se trame dans l'ombre.

– On n'en est pas à une disproportion près. Vous vous rappelez la Commission Spicer, qu'on avait chargée de mener une consultation afin de réformer la Constitution canadienne, après le rejet de l'Accord du lac Meech, en 1990 ? À elle seule, elle a dépensé 22 millions de dollars, de novembre 1990 à juin 1991, comparés aux 5 millions alloués aux commissions sur l'avenir du Québec.

Guy a également relevé que le budget du Programme de l'identité canadienne atteint 7 millions de dollars. De même, le budget de l'Opération Unité, créée par le Conseil privé, dépasse les 10 millions de dollars.

– Ce budget n'est pas voté par le Parlement d'Ottawa, mais octroyé, vous l'aurez deviné, par le Bureau du Conseil privé de la Reine. À l'inverse, à Québec, le Bureau du premier ministre a ramené le budget du Secrétariat à la restructuration de 15 à 10 millions de dollars, et l'enveloppe va bientôt fondre de moitié.

– Pourtant, s'insurge Miguel, le débat ne porte que sur les dépenses de Québec dans les journaux alors que ces montagnes de dépenses restent cachées au Bureau du premier ministre du Canada.

– La première partie de mon enquête est terminée. Je me suis en quelque sorte livré à une répétition devant vous avant de présenter mon rapport préliminaire au directeur de cabinet.

Miguel lui fait remarquer que les journalistes américains qui ont découvert le scandale du Watergate ont dû commencer leur travail à la manière de Guy.

– Ils devraient venir fouiller à Ottawa, lui rétorque aussitôt Guy, ravi du compliment.

– N'attendons pas de la presse anglophone qu'elle fouine dans les officines secrètes des institutions britanniques, conclut Miguel. Pour elle, cela relève du droit divin, le droit de la reine.

Frédéric conclut en reprenant le constat de Miguel :

– Quant aux médias français, ils ne font pas de journalisme d'enquête à Ottawa.

*
* *

Margot Laviolette, la secrétaire du ministre Achille Leblanc à Québec, sort de son bureau alors que Guy achève de décrire le haut vol des oiseaux de proie d'Ottawa. Elle vient dire deux mots de son cru à l'homme au revolver. Margot porte le cheveu décoloré et crêpé. De son regard bleu acier, elle fixe son interlocuteur droit dans les yeux. Elle sait ce qu'elle veut, cette jeune femme au profil volontaire. De l'avis de Frédéric, elle fait mauvais genre. Elle n'a pas le charme déroutant de Marie-Chantal, la secrétaire de direction du sous-ministre à Montréal. Cela fait bien rire Miguel :

– « Mauvais genre », dis donc... Je te croyais moins vieux jeu !

L'inséparable amie de Margot, Élisa, s'amène elle aussi devant le garde du corps. Elle soigne son image de secrétaire de direction du sous-ministre en se donnant des airs de vamp. L'équilibre de la composition est précaire. Elle fraye dans l'officine du pouvoir. De l'extérieur, la fonction publique offre les apparences d'un monde inerte ; la réalité est tout autre quand on en atteint les strates supérieures. Les luttes pour l'avancement, les craintes d'empiètement d'un ministère sur le territoire d'un autre, les rivalités au sein d'une même unité de travail, les différends idéologiques meublent le quotidien des employés de l'État. On n'entre pas dans le bureau d'un ministre sans avoir fait antichambre ou montré patte blanche. Élisa et Margot règnent sur l'agenda et la correspondance du ministre et de son sous-ministre.

Bianca, la comptable, une rouquine qui a elle aussi du caractère à revendre, rejoint peu après ses collègues dans le bureau de Guy.

– Il se prépare quelque chose, les gars, lance-t-elle, en prenant bien soin de refermer la porte devant ses rivales. Le sous-ministre m'a apporté des piles d'autorisation de dépenses à faire approuver. Il ne procède pas comme ça d'habitude. C'est sûr, il prépare un coup.

Ni Guy, ni Miguel, ni Frédéric ne relève le propos. Chacun attend. Bianca met son monde à l'affût.

– Regardez Margot et Élisa, elles s'affairent dans toutes les directions et ne vous perdent pas de vue. Ça tripatouille !

*
* *

Peu après, le meeting des cinq chefs de la recherche s'ouvre sur l'état des dépenses fédérales. Miguel met la table sans détour.

– Si on prend l'exercice financier 1990-1991 comme référence, on arrive à des conclusions tout à fait différentes de ce que ce serait avec l'exercice 1993-1994.

L'une des études utilise les premières données ; elle mène à des conclusions aux antipodes de l'étude du Groupe de restructuration. Miguel dit que chaque ministère doit fournir dans les meilleurs délais le relevé de ses dépenses réelles. Pour sa part, Jean, le directeur des études de nature strictement financière, soutient que c'est l'exercice 1995-1996, débutant le 1er avril, qui doit être pris en considération. Toutefois, Luc rappelle que seules les dépenses réalisées sont prises en compte par son groupe. Il ne travaille pas avec des prévisions mais sur la foi de chiffres réels.

– Ce n'est pas facile à obtenir, un tel tableau sur la base territoriale du Québec, pour le prochain exercice, glisse Luc. Tu sais, nous n'envoyons pas de demande officielle à Ottawa pour obtenir des statistiques de dépenses par ministère au Québec, ça ne marche pas du tout comme ça. Les hauts fonctionnaires d'Ottawa ne nous donnent pas les chiffres au fur et à mesure.

Chacun constate qu'Élisa, la secrétaire du sous-ministre, ne prend de notes que sur un signe de Pierre Lenoir. Autrement dit, elle ne retient aux fins du procès-verbal que les sujets sélectionnés par le patron. Son rôle n'est pas négligeable : tous les documents lui passent entre les mains. Élisa entend tout et constate l'état d'avancement des travaux ; elle a accès à tous les documents et prend les notes.

Après le *meeting,* elle s'en va droit dans le bureau de Margot, la secrétaire personnelle du ministre Leblanc.

*
* *

La basse ville de Québec offre son lot de surprises, y compris à qui la fréquente assidûment. Frédéric s'y promène le soir en se reposant de la ruche qu'est devenu le Secrétariat à la restructuration. Pour s'y rendre, il emprunte d'abord le sentier qui prend naissance à l'arrière du monument pour les combattants de la guerre des Boers, à deux pas de la porte Saint-Louis. Au-delà des érables, la rue d'Auteuil semble monter la garde, à courte vue des remparts.

À la hauteur de la ruelle des Ursulines se dresse la grande maison de l'archevêque anglican. Entre les érables, une série de maisons londoniennes de 1815 se déploie, toutes érigées à cinquante mètres à l'intérieur des fortifications. Frédéric descend la pente abrupte de la rue d'Auteuil vers l'Arsenal, désormais un entrepôt pour les vieux canons. L'îlot de l'Arsenal apparaît à une encablure de l'hôtel Capitole, jumelé à un théâtre appuyé contre la porte Saint-Jean.

Au bas de la pente, l'Arsenal débouche sur la redoute Dauphine, bastion du Régime français, à cheval entre basse et haute ville, qui surplombe la vallée de la rivière Saint-Charles et les faubourgs ouvriers de Québec.

En dévalant la pente, Frédéric frôle la redoute de 1690 que Parcs Canada a préféré reconstruire en caserne du Régime anglais pour une moitié. Le promeneur pose le pas sur les marches enneigées menant aux Nouvelles Casernes du Régime français, un ensemble étroit à même les fortifications, sur deux cents mètres de long, bel ensemble fortifié qui domine le quartier Saint-Roch. Frédéric admire les casernes de 1752, ce petit chef-d'œuvre de Chaussegros de Léry, l'architecte de la ville fortifiée. Près du palais de l'intendant de la Nouvelle-France, conservé dans sa partie souterraine, les Nouvelles Casernes paraissent sur le point de s'effondrer. On a dû y apposer des poutres en contrefort, là où la côte du Palais rejoint la côte Saint-Vallier.

À vrai dire, les fortifications disparaissent sous la côte du Palais, pour émerger de nouveau de l'autre côté en haut de la côte Saint-Vallier, bordure de l'Hôtel-Dieu. Frédéric accède ainsi au sommet de la colline puis il longe la côte Dinan en contrechamp de l'aile rose de l'Hôtel-Dieu, reflet de l'architecture kitsch des années cinquante. Le promeneur se retourne un instant pour considérer l'aile rose et turquoise juxtaposée à l'hôpital de pierre, le plastique pastel remplaçant le pavillon de pierre de la duchesse d'Aiguillon, avant de poursuivre sa descente vers l'hôtel Belley qui, tel un poste de garde érigé au pied de la falaise, tient l'angle des côtes de la Canoterie, Dinan et Saint-Vallier. C'est là que se fait la jonction de la ville *intra muros* avec le quartier du port et la place du Vieux-Marché. Lorsqu'il vient à Québec, Frédéric descend volontiers dans ce dernier refuge avant le bassin Louise. Autrefois, la rue était bordée de petits hôtels et de tavernes où les marins, venus du port tout proche, prenaient un coup.

Dans la descente abrupte, Frédéric évalue l'épaisseur de la glace, au pied des remparts, à soixante centimètres. On devine la proximité du fleuve, la banquise figée à l'étale et soumise à l'impulsion des marées. Au temps fort de l'hiver, le mur de glaces indique l'état de la menace. Quand le nordet souffle derrière l'hôtel Belley, on sent les rafales de Natashquan.

Les charpentiers navals de la côte de la Canoterie venaient s'échouer là, à deux pas de la brasserie qu'avait construite l'intendant Jean Talon. Il n'y avait jamais assez de tonneaux de bière ou de cruches de « jamaïque » pour étancher la soif de ceux qu'amenait la marée des débardeurs au XIXe siècle. Un hameau de maisons de briques s'y est formé. Tracée sur la berge renflouée à compter de 1812, la rue Saint-Paul commence à l'hôtel Belley, l'aboutissement du port. La rivière Saint-Charles, ayant jadis des allures de delta, s'enflait des eaux du fleuve, en hausse de six mètres aux grandes marées. On redoute encore celles de mars. Pas étonnant que la rue ait gardé des airs de l'ancien chemin du bord de l'eau, avec un bar mal famé, un commerce de « batteries » d'automobiles, comme il s'affiche, des antiquaires et des commerces maritimes.

Frédéric fait un crochet pour monter la côte Dambourgès. Tout de suite, à trois mètres de l'escalade, il pénètre dans la rue Sous-le-Cap, au plus près de la falaise, plutôt que de grimper jusqu'à la rue des Remparts. Quand la rivière venait jusque-là, la petite rue derrière les maisons servait de passage à pied sec. Elle a emprunté le site du premier sentier, collée à la falaise. Déjà, du temps de Champlain, cette voie étroite servait de lien du petit faubourg Saint-Nicolas à la place Royale. Elle n'a pas été domptée, la rue Sous-le-Cap, à la différence du delta de la rivière réduite à l'ombre d'elle-même. Frédéric y éprouve chaque fois une secrète nostalgie.

De gros cailloux ont déboulé de la falaise à la fonte des neiges, comme si la falaise se vengeait des empiètements. Frédéric mesure la différence entre le Vieux-Montréal, privé de ses maisons françaises et de ses fortifications, et ce Vieux-Québec qui n'a pas tout perdu de son passé maritime.

Le marcheur silencieux emprunte le passage des Navigateurs, qui mène à la rue Saint-Paul, puis il longe les devantures des antiquaires avant d'entrer à *L'Ardoise*, un bistrot au parfum de boîte à chanson des années cinquante.

Frédéric aime bien ces photos de Jacques Brel collées au mur et les chansons de Mouloudji qu'on y fait jouer. Malgré la vitre givrée, il aperçoit, de l'autre côté de la rue, un vieil édifice percé de fenêtres à arcades, la quincaillerie Renaud Cie, maison lézardée où venaient les marins des goélettes. Le mur de l'immeuble voisin se gonfle à plusieurs endroits et menace de se défaire alors que, dans la ruelle, le maçon a déjà pointé des briques.

Le ventre arrondi par une grossesse presque à terme, la patronne s'active, tout sourire, entre la cuisine de son mari et les clients. Il fait sombre dans son troquet, comme aux endroits où il fait bon se raconter des histoires. Frédéric reste là un bon moment, il s'y sustente en retrait du quartier Saint-Roch, près du port, à même les anciennes battures de la rivière, avec Limoilou, la ville ouvrière, éclairée, sur l'autre versant.

La rue Saint-Paul devient son refuge, la nuit tombée. Frédéric s'y échappe, au fil de l'eau, des secrets de la Grande Allée et du *bunker* du Conseil exécutif. C'est dans le détour du fleuve, à courte distance de la falaise, tout près des glaces charriées par le ressac de la marée, entre la côte Dinar, la côte de la Canoterie et le bassin Louise, juste en bas du cap de Québec.

CHAPITRE 5

L'offensive des Américains à Québec

Par une froide journée du mois de mars, les taxis jaunes attendent alignés devant le Two Hundred Park Avenue, voisin du PanAm Building, la splendeur de Manhattan. Le Two Hundred monte en flèche vers le ciel alors que les limousines déroulent un fin ruban le long de 46th Street. Au 52e étage, deux hommes considèrent les documents posés sur le sol, au pied de la fenêtre donnant sur Grand Central Station et le Chrysler Building, l'édifice à la cime argentée dont la lance pointe le ciel.

William Silverman pose un regard admiratif sur le siège du New York Central Railroad, sis à deux pas du PanAm Building, comme il insiste pour l'appeler même s'il est maintenant devenu la propriété de la MetLife. Il arrive de l'Algonquin Hotel, au lendemain de sa dernière ronde de discussion sur des subtilités juridiques. À son côté, David Bernstein donne ses consignes au porteur afin qu'il n'oublie rien. Puis les deux juristes gagnent le rez-de-chaussée par l'ascenseur à haute vitesse. Le porteur dépose les caisses de documents dans le coffre arrière de la limousine. Apparemment tout y est.

Des klaxons en saccades percent l'air froid de Manhattan alors qu'une fumée blanche monte des bouches d'aération du

101

métro. William Silverman, cheveux lisses, lunettes collées au crâne, monte dans la limousine et déboutonne son manteau marine. En cette saison il faut se méfier de la température new-yorkaise. David Bernstein, engoncé dans un paletot gris, procède à une dernière vérification :

– Bill, as-tu apporté le magnétophone de poche ?

L'autre fait signe que oui de la tête. Aussitôt, le Noir à la casquette fait démarrer la voiture qui quitte le bord du trottoir avant que la foule ne se précipite pour franchir la rue au changement du feu de circulation. La voiture file sur 46th Street vers l'East River, bientôt elle contourne les Nations Unies et se rend à l'autoroute Franklin Delano Roosevelt.

Mais à 7 h 30, quelque dix rues plus loin, la cohue des véhicules ralentit la limousine ; le chauffeur sait que cela ne va pas durer, que l'autoroute apparaîtra incessamment. Silverman ne tarde pas à constater que le chauffeur est un authentique New-Yorkais. Sa façon de conduire montre qu'il aborde son métier à la manière d'un joueur d'échecs, toujours en avance d'une manœuvre. À l'époque où le chauffeur travaillait dans un *taxicab* jaune, il s'était fait une spécialité d'amener de La Guardia à l'aéroport JFK les passagers dont un retard dans un vol avait compromis la correspondance et qu'on avait aiguillés vers l'aéroport voisin, un nouveau plan de vol en poche. Ce matin, ses passagers affichent assurance et gravité : ils considèrent distraitement les HLM en brique brune à l'allure de gâteaux de noces, qui s'élèvent en bordure de la voie rapide. Puis surgissent les eaux noires de l'East River pendant que la limousine rejoint la voie surélevée.

Sur l'autoroute, bordée par les gratte-ciel d'un côté et la rivière de l'autre, la voiture file vers Queensborough Bridge par lequel l'île de Manhattan semble ancrée devant le quartier Queen's. Le chauffeur rattrape bientôt l'autre rive de l'East River, puis le vaste bras de mer du nord, en empruntant l'autoroute qui le conduit jusqu'à l'aéroport La Guardia, en face du Bronx, à vol d'oiseau.

Bill repasse les préparatifs dans sa tête. Il a fait toutes les vérifications à Washington, avant de venir à New York. Son dossier a été préparé après une série de discussions avec des hauts fonctionnaires, dans les bâtiments près du Capitole. Puis, il s'est entendu sur la formulation finale avec David Bernstein, le spécialiste des dossiers juridiques et des causes délicates des multinationales ayant leur siège social à Manhattan, dans Park Avenue.

Bernstein va s'adresser à la presse tout à l'heure. Il a été convenu que William Silverman ne prendra la parole que sur des questions spécifiques, par exemple à propos de la procédure suivie à Washington auprès du US Representative of Commerce. Évidemment, à Washington, on a demandé à ne pas être cité : William Silverman n'ira pas faire de déclaration publique devant les caméras de télévision sur la position anticipée du Département d'État, après un vote référendaire. Les confidences de procureurs de la commission, il ne peut les dévoiler, non plus que la provenance de ses sources. Cela va de soi. Il s'agit d'une question de diplomatie internationale et des affaires internes d'un pays voisin.

David Bernstein a pris contact avec le conseiller économique du ministre, Éric Boulanger, à Montréal, et avec les avocats de sa maison spécialisée dans les dossiers internationaux à Paris, à Londres, à Berlin et à Los Angeles.

Hier soir, David Bernstein s'est couché tôt ; il paraît frais et dispos. Avant la tempête, il parle peu. À bord de l'avion, il se repose car il sait que la journée va s'accélérer tout à l'heure. Le soleil perce les nuages au-dessus de Queen's, on dirait une fusée éclaboussant le ciel de sa flamme. Puis l'appareil d'Eastern Airlines tourne à l'est, survole la baie du Connecticut et cherche la rivière du même nom, le premier chemin de jonction de New York à Québec, un chemin suivi en canot du temps des Hollandais, puis des Britanniques, à l'époque des luttes guerrières avec la colonie française du nord de l'Amérique. Du haut des airs, ils empruntent la même voie, la Connecticut.

Ils en ont pour une petite heure avant d'atterrir à l'aéroport de Québec.

*
* *

Achille Leblanc a procédé la veille à la simulation de sa conférence de presse. Avant même d'enlever son manteau et sans écouter les réponses à ses salutations, le ministre s'est montré irascible et a soumis son entourage à un déluge de questions. L'homme est tendu, il s'apprête à affronter le feu nourri des journalistes, qui ne lui ont pas fait de cadeau jusqu'ici. Comme les Américains ne parlent qu'anglais, cela ne saurait suffire pour la télévision française. Alors le ministre se demande si, pour une fois, il aura droit à une réception positive de la part de la presse. On le surveille, on cherche la bévue. Au-delà du messager, c'est la crédibilité et l'argumentation des souverainistes qu'on vise.

Prudent, le directeur de cabinet a prévu des conférences de presse distinctes pour éviter toute divergence de point de vue entre le ministre et les avocats américains. Il a acheminé la convocation de la conférence de presse à la dernière minute, le dimanche soir, sur fil de presse et sans en mentionner le sujet.

En réalité, les juristes s'attendent à une rencontre limitée à vingt minutes en présence des caméras de télévision, mais ils consentent à parler par la suite, sans caméras, dans une autre salle. Le nom des auteurs n'est pas mentionné sur le fil de presse. Pas question d'informer l'opposition à l'avance, de lui donner des munitions.

Pour la simulation, le ministre Leblanc a invité non seulement l'attachée de presse mais tout le cabinet. Une rangée de spectatrices a pris place sur les deux canapés. Cela fait sourire René, son directeur de cabinet, ces invitations distribuées à la ronde, mais il considère que c'est pour rassurer le ministre sur sa performance.

Le ministre Leblanc tient à préciser que le document présente une « opinion légale » et non pas un avis juridique. Le titre français a été raccourci : *Avis sur les conséquences de l'indépendance en ce qui a trait aux traités et accords conclus avec les États-Unis d'Amérique.*

Cinq accords et traités conclus avec les États-Unis y sont examinés. Frédéric suggère au ministre de parcourir d'abord le document avec les journalistes en insistant sur certains passages :

– Vous avez tout à gagner à lire les passages clés, tels celui sur les ententes bilatérales et l'autre qui donne l'argumentation sur la conduite des États-Unis vis-à-vis de l'Accord de libre-échange.

Le ministre tourne les pages une à une et découvre les annotations. Frédéric ajoute les conclusions sur le Pacte de l'automobile, ainsi que celles sur l'adhésion à l'Organisation mondiale du commerce et sur le Traité fiscal canado-américain.

– Il importe, pour la suite des choses, de définir une position ferme. Un autre extrait, souligné dans votre exemplaire, indique la position des États-Unis sur la continuité de NORAD, l'Accord militaire de l'Atlantique Nord ; il y est question de l'espace aérien au-dessus du territoire québécois.

Le chef de cabinet paraît satisfait. Il propose au ministre de s'en tenir à dix minutes en français, puis à cinq minutes en anglais.

– Achille, tu termineras avec la formule consacrée – et le sourire : « Pour les questions techniques, les experts seront disponibles tout à l'heure. »

René rappelle que l'objectif de la conférence de presse consiste à faire ressortir le fait que le Québec n'aura pas de problème avec le gouvernement américain au moment de la déclaration d'indépendance. Il insiste auprès du ministre : pour éviter toute contradiction avec les experts, il faudra répondre qu'il serait préférable de poser la question aux juristes américains.

– Nous nous adressons aux nationalistes mous, insiste Frédéric. C'est eux qu'il s'agit de convaincre, monsieur le ministre. Pour cela, ils s'attendent à entendre des experts.

René a prévenu ses collègues : « Lorsque Achille se sent coincé, il fonce comme un taureau ; à ce moment-là, il fait des gaffes. »

Enfin, la simulation de la conférence de presse commence. Éric pose les premières questions.

À la fin, René paraît soulagé. En se levant, il glisse en aparté :

– Achille, es-tu satisfait ? À l'avenir, on préparera plutôt les conférences de presse à quatre, Éric, Frédéric, toi et moi.

*
* *

Pour ce premier lancement d'une étude sur la souveraineté, la plupart des membres de la tribune de presse arrivent en avance. Chacun prend connaissance des communiqués. Plusieurs sourient à la vue du titre : *L'avis adressé au gouvernement par la firme de l'ex-procureur général des États-Unis, William Rogers, est formel : le gouvernement américain applique la présomption de succession aux ententes internationales durant les périodes transitoires.*

Quelques-uns anticipent la nouvelle qui va faire boum ! Un journaliste dit à son voisin que le 13 mars marque l'entrée du débat référendaire dans les ligues majeures. L'autre lui répond sur le même ton :

– On verra bien si Leblanc résiste sans faire de gaffe.

Et il éclate de rire.

En trente minutes la salle est bondée. Quarante-neuf journalistes et cameramen se serrent les coudes dans la pièce surchauffée. Frédéric se rappelle ses années de journalisme : c'est le plus beau métier au monde pour qui sait se nourrir de la tension magique qui règne dans ce type d'occasion. Les caméras de télévision, posées sur trépied, forment une rangée serrée à l'arrière. On croirait voir une ligne de tir. Un journaliste salue Frédéric et s'étonne de la présence de son ancien collègue parmi le personnel politique.

– Que fais-tu avec Leblanc ?... J'oubliais, tu es responsable du lancement des études économiques ! Tu vas trouver que ça joue dur ! Attention ! Les coups fuseront de tous les côtés !

Arrivés les premiers, les journalistes anglais appellent leurs salles de nouvelles par téléphone portable, histoire d'annoncer l'affrontement. Ils ne veulent rien manquer du spectacle. Les pupitreurs commandent les coups de pique à distance. Ralph Noseworthy, le frappeur solitaire de la télévision anglaise, fait valoir à son voisin du *Journal de Montréal* qu'il s'agit d'un document qui coûte cher :

– Ils ont commandé ça aux Américains, ils les paient en dollars US. Tu as vu ? C'est du papier de luxe.

Guy anticipe la question incontournable sur le cachet payé aux auteurs.

– Chez les Anglais, tout commence par le coût, échappe-t-il, résigné.

– Normal, toute dépense au Québec, pour eux, c'est du gaspillage, chuchote un collègue.

Le journaliste du réseau CTV annonce à son chef de pupitre, en attente à l'autre bout du fil, la présentation d'un Avis juridique par des Américains. Guy a l'impression d'entendre sortir du portable des grincements de dents dans la salle des nouvelles de Toronto.

Quant au journaliste de la *Gazette,* il signale à son voisin que son pupitreur est outré qu'on n'ait pas commandé cet avis à des juristes montréalais.

« Bien sûr, de préférence à des avocats de l'université McGill », pense Frédéric.

Le ministre arrive en costume rayé, impeccable, bien préparé mais inquiet. Il salue Frédéric et Guy à l'arrière, l'air de dire : « Ça va bien aller ! » L'équipe féminine du ministre se tient droite, debout à l'arrière. Margot retient son souffle pour son chef, les bras croisés, volontaire. Quant au sous-ministre, il n'a pas été invité, vu le nombre limité de places.

Enfin, l'air décontracté, le directeur de cabinet s'avance et, appuyé au rebord du pupitre, il rappelle les règles du jeu aux journalistes. Puis, il cède la parole au ministre.

Achille Leblanc lit les passages retenus en les ponctuant de pauses aux mauvais endroits et ne regarde pratiquement pas les caméras. Aucun des extraits sélectionnés ne passera en onde. En revanche, il répond de manière impeccable aux questions. Aucune erreur de parcours. Il connaît bien le contenu de l'étude. À midi, il déjeunait avec les Américains dans l'un des salons attenant au *Parlementaire* et discutait des subtilités de leur « opinion légale ». Ce domaine, le droit, l'intéresse manifestement ; de surcroît, il ne s'avance pas trop dans ses déclarations.

Aux aguets dans l'ancienne salle du conseil des ministres, en face, les juristes entendent questions et réponses. Un interprète les accompagne de même qu'Éric, le conseiller économique chargé de veiller au grain. Le ministre leur laissera la vedette plus tard. Pour l'heure, il fait face à une presse anglaise déchaînée.

Le journaliste de Broadcast News ouvre le feu :

– Combien a coûté l'étude ?

La réponse passera sur les ondes des radios et télévisions anglaises. Le montant de 25 000 $US scandalise les puritains, comme tout ce que font les souverainistes. Chaque dépense de Québec paraît extraordinaire.

*
* *

À l'arrivée des Américains, les choses se corsent. La tension monte dans la salle. Gilles Morin, le correspondant du *Téléjournal*, qui en a vu d'autres pendant ses vingt ans passés à Québec, ouvre cette partie de la séance :

– Est-il exact que votre étude conclut que le Congrès américain aura le dernier mot sur l'adhésion du Québec à l'ALENA ?

David Bernstein nuance :

– Je pense que la Commission du libre-échange aura le dernier mot au sujet de l'adhésion à l'ALENA. Une loi du Congrès sera probablement nécessaire en bout de ligne pour rendre cette adhésion définitive et exécutoire aux États-Unis. Mais, c'est une formalité et, si le Québec était admis comme partie à l'ALENA, je ne pense pas que la question de l'approbation par le Congrès retarderait ou changerait considérablement les choses.

La correspondante du *Radio Journal*, Suzanne Ouellet, enchaîne :

– D'après ce que vous dites, ce sera une ratification. Mais y aura-t-il des négociations avec le Québec au sujet de son adhésion à l'ALENA ?

David Bernstein réplique :

– Il serait étonnant que l'on tente de modifier sérieusement l'ALENA pour la simple raison que le Québec est devenu souverain.

Tom Kennedy, de CBC, la télévision anglaise, demande ce qu'il adviendra si le reste du Canada s'oppose à la souveraineté du Québec. Selon Bernstein la bataille se livrera dans le contexte de l'application des traités dont les États-Unis sont partie prenante. Au tour de Bernard Plante, du réseau TVA : il s'enquiert de ce que cela signifie que le Québec soit considéré comme

État successeur en matière de relations commerciales. David Bernstein précise que le gouvernement des États-Unis a déployé beaucoup d'efforts pour conclure des ententes bilatérales avec ses partenaires commerciaux.

Bref, le débat s'engage sur des bases limpides. Bientôt, le fond de l'air se réchauffe. Peter Ray insiste sur ce qu'il considère comme une contradiction entre l'opinion des juristes de New York et celle de l'ambassadeur des États-Unis à Ottawa :

– James Blanchard a déclaré, il y a quelques mois, que l'adhésion d'un Québec souverain à l'ALENA ne serait pas automatique. D'après ce que vous avez expliqué, ce serait le *statu quo* pendant quelques mois. Cela signifie-t-il que l'adhésion ne surviendra pas automatiquement en dépit du droit de succession ?

David Bernstein n'hésite pas :

– Nous avons parlé d'une théorie selon laquelle la succession pourrait être automatique. Cependant, dans l'hypothèse où la succession ne devait pas être automatique, nous avons conclu que, s'il y a une période de discussion, et peut-être de négociations, jusqu'à ce que celles-ci soient terminées, la politique des États-Unis serait, si l'on en juge par l'attitude américaine passée, de continuer à traiter le Québec comme partie visée par l'ALENA. Cela reste vrai jusqu'à ce qu'on décide, pour une raison ou une autre, que le Québec est dans une situation différente. Toute la question resterait en suspens jusqu'à ce qu'une nouvelle décision soit prise au sujet du Québec.

À l'évidence, l'avocat a l'habitude des questions internationales. Il affiche une belle contenance.

Le correspondant du *Toronto Star*, Robert McKenzie, prend le relais hors de toute subtilité juridique :

– Avez-vous rendu compte du fait que le Canada, sans le Québec, est un pays dont la langue et la culture sont semblables à celles des États-Unis et que les Américains auront tendance à écouter le point de vue canadien plutôt que celui du Québec ?

En d'autres termes, avez-vous évalué le degré d'hostilité du Canada ? Pourquoi M. Bernstein, vous, un Américain, prenez-vous position dans un débat émotionnel entre Québécois et Canadiens ?

Le journaliste torontois paraît au bord de la crise d'apoplexie ; il incite David Bernstein à confirmer l'impossibilité de prédire la réaction du Canada à la souveraineté et l'incertitude de l'adoption de la clause d'État successeur, jusqu'à ce moment-là favorisée par les États-Unis.

David Bernstein apporte de nouvelles nuances :

– Je pense que vous posez deux questions distinctes. D'abord, je ne crois pas que les États-Unis choisiraient un camp en fonction de la langue. Dans notre pays, nous avons au moins deux langues importantes. Mais ce ne sont pas deux langues officielles. À mon avis, cette question ne nous concerne pas. Nous avons mené notre étude en présumant que le Québec deviendrait souverain, ce qui suppose une certaine reconnaissance de la part du Canada. Nous n'avons pas examiné ce qu'il adviendrait si le Canada refusait de reconnaître le Québec souverain. Il s'agit là d'un problème qui se situe au-delà des relations commerciales avec les États-Unis.

– L'opposition du Canada sera féroce, intervient Richard Kalb. Si le Canada refuse de reconnaître le Québec, même sans hostilités ouvertes, il y aura des hostilités politiques ; dans ce cas, la conclusion de votre étude est-elle remise en cause ?

Bernstein hésite un instant devant la virulence de l'attaque ; prudent, il finit par répondre :

– C'est possible.

Kalb revient aussitôt à la charge :

– Comment ces hostilités toucheraient-elles le Québec si le Canada refusait de reconnaître l'existence d'un Québec souverain ?

– Je l'ai déjà dit deux fois : je n'en ai pas la moindre idée. À mon avis, cette question ne serait pas débattue dans le contexte des relations commerciales avec les États-Unis. Ce serait un problème de taille si le Canada refusait d'admettre la souveraineté du Québec, celui-ci insistant pour se faire reconnaître comme État souverain. Je ne peux pas prédire ce que le gouvernement des États-Unis ferait à ce moment-là.

À l'arrière de la salle, Éric se promène de long en large. Il fume sans arrêt. Il a raison de s'inquiéter. Voilà tout ce qu'on entendra de David Bernstein à la télévision ce soir-là : un échange de huit secondes sur une conférence de presse de vingt minutes. Qu'il n'ait pas anticipé de problème entre le Québec et le gouvernement des États-Unis, les correspondants du Canada anglais ne voulaient pas l'entendre ; ils ont cherché et réussi à illustrer le contraire du propos principal du juriste. Ils dramatisent une réponse nuancée comme s'il s'agissait du propos central de la conférence de presse des Américains. Le reste de la conférence de presse tombera dans les poubelles des salles de montage.

Désabusé, Guy glisse à son voisin Éric :

– Ce n'est pas la BBC qui est venue à Québec pour entendre David Bernstein. On a plutôt eu droit aux disciples des journaux à sensation de Fleet Street, les tenants du *London Sun* de Rupert Murdoch. Les journaux anglais ont tous montré une attitude très hostile au lancement de l'étude des Américains.

*
* *

Les journalistes de la presse écrite traversent peu après le corridor pour s'installer dans l'ancienne salle du conseil des ministres ; une rencontre informelle, sans caméra ni magnétophone, va s'y tenir avec les juristes américains. Après les protestations d'usage par des reporters qui n'ont pas l'intention d'aller à ce *briefing* dépourvus de leurs appareils d'enregistrement, une dizaine de correspondants se prévalent de l'invitation et pénètrent dans l'enceinte des débats de la Révolution tranquille.

L'endroit garde une allure solennelle. On y commémore les années soixante. Guy, curieux, examine les photographies en noir et blanc : Jean Lesage au moment de la nationalisation de l'électricité, ses ministres à la cérémonie de fondation de la Caisse de dépôt et placement, à la création du ministère de l'Éducation, puis de la Culture. L'histoire faisait un bond en ces années de Révolution tranquille. À tout considérer, il ne détesterait pas qu'elle se remette en marche.

Chacun prend place à la grande table ovale en merisier clair alors que le service des transcriptions s'apprête à capter les propos des invités. René fait signe de laisser la pratique habituelle suivre son cours. Ce sont les caméras qui rendaient difficile un débat qui aurait pu être serein. Maintenant qu'il les a éloignées, l'atmosphère paraît plus détendue. Les correspondants de la radio anglaise ont disparu, et cela produit son effet. Pour eux, c'est fini, ils ont enregistré l'extrait sonore du jour. Le reste n'a pas d'importance.

William Silverman, le juriste de Washington, resté coi jusqu'à maintenant, révèle alors qu'il a contacté les gens chargés, au State Department, d'assurer la continuité des relations entre les États de même qu'au ministère du Trésor et auprès du Représentant au commerce extérieur, sollicitant leur définition de la politique appelée à être suivie par le gouvernement américain si le scrutin penche en faveur de la souveraineté.

Rhéal Séguin, correspondant du *Globe and Mail*, un Franco-Ontarien, mène l'interrogatoire. Ce ne sont ni les conclusions ni la validité de l'analyse qui l'intéressent, mais la faille. Son jeu tient du match de foot, feintes comprises. Néanmoins les juristes tiennent bon, ils ne se dévoilent qu'au moment opportun.

David Bernstein se montre particulièrement habile. Diplômé de la Faculté de droit de l'Université Harvard, avec la mention fort rare *magna cum laude,* il ne va plus être mis en difficulté. Cela n'a été qu'un moment d'hésitation tout à l'heure à propos de la manière d'appréhender l'humeur du Canada anglais. Pour sa part, William Silverman, diplômé des universités de Chicago et de Philadelphie, apporte des précisions sur ce qu'il appelle la « doctrine de succession » ; aucun reporter ne reprendra ce concept.

Les questions fusent :

– Ne pensez-vous pas que les États-Unis pourraient profiter de la souveraineté du Québec non pour exclure le Québec, mais pour renégocier des aspects qui rendent le Congrès américain insatisfait, par exemple l'exception culturelle ?

William Silverman répond :

– Je pense que tout ce qui a trait aux accords accessoires peut faire l'objet de discussions. Mais je ne prévois pas qu'un accord distinct soit envisagé. L'accord principal continuera à être appliqué conformément à la doctrine de succession. Si d'autres questions méritent d'être examinées, elles le seront dans le contexte d'accords accessoires et non pas dans le contexte de la renégociation du document de base.

– Si certains intérêts américains désirent ouvrir des discussions à propos de l'exception culturelle, lance le correspondant de la *Gazette,* Québec devra y participer, n'est-ce pas ?

William Silverman, penché sur la table, répond :

– Je pense qu'il est dans l'intérêt du gouvernement des États-Unis de maintenir des relations stables. Les négociations avec le Congrès se tiennent entre le gouvernement américain et le Congrès ; mais, il reste du mandat du gouvernement de négocier les Affaires étrangères. S'il y a des obstacles, ils feront l'objet d'une discussion en vue d'ententes accessoires. La doctrine de succession soutiendra le maintien des relations. Si vous considérez les pays qui ont dû faire face à des problèmes consécutifs à la souveraineté, vous verrez que le gouvernement des États-Unis a tenté d'assurer la continuité des relations. Notre mémorandum cite des cas.

La conférence de presse pourrait s'arrêter là. De nombreux éléments de discussion ont été clarifiés quant à l'attitude des États-Unis sur l'avenir des relations commerciales entre un Québec souverain et les États-Unis. Il y a de la matière nouvelle sur le fait que l'Accord de libre-échange, élargi au Mexique le 1er janvier 1994, n'est pas remis en question en cas de souveraineté.

Toutefois, certains journalistes reprennent le sentier de la guerre. Ils veulent savoir où les juristes ont mené leur consultation.

– Les gens à qui vous avez parlé au sein du gouvernement américain pensent-ils la même chose ?

– Nous utilisons comme référence le texte d'une allocution prononcée par le principal conseiller du Département d'État, répond William Silverman. Cette allocution d'un porte-parole officiel décrit la politique suivie...

– Pourriez-vous nous donner son nom ? l'interrompt un journaliste.

– J'ai son nom dans mes dossiers, réplique Silverman. Il s'agit d'un document public. Je peux le trouver.

Rhéal Séguin revient à la charge :

– Je voudrais éclaircir un point. Vous avez posé la question et on vous a dit que, à moins d'un cas extraordinaire, la politique de succession s'applique. Avez-vous demandé si la non-reconnaissance d'un Québec souverain par le Canada serait un cas où la doctrine de succession pourrait ne pas s'appliquer ?

– Non, réplique William Silverman.

– Pourquoi ? La question me semble pertinente.

– Eh bien, je ne croyais pas qu'elle l'était. Nous avions suffisamment d'exemples pour estimer que le principe était suivi.

– Si le premier ministre d'un pays déclare qu'à son avis le processus référendaire n'est peut-être ni légal ni légitime, il me semble qu'à ce stade, cette question devient naturelle, non ? insiste un journaliste de Toronto.

Cette fois, David Bernstein prend le micro :

– Au sens juridique, nous n'avons pas posé la question, mais du point de vue d'un juriste, je peux vous dire que si le Canada niait la souveraineté du Québec, il ferait valoir que tous les traités et accords conclus entre le Canada et les États-Unis s'appliquent au Québec, étant donné qu'il ne reconnaîtrait pas ladite souveraineté. Il me semble que, logiquement, l'on arrive à la même conclusion dans l'un ou l'autre cas.

Un silence suit l'intervention. Aucun journaliste ne la rapportera.

Au bout d'un moment, un reporter reprend :

– Donc vous n'avez pas tenu compte des objections éventuelles du Canada, ni du fait que certains congressistes républicains voudront discuter de ces questions ?

– C'est une question complexe, corrige Silverman. Nous avons tenu compte du fait que, dans d'autres cas où la question de présomption de succession s'est posée, des questions particulières ont pu être soulevées. Si vous jetez un coup d'œil sur la liste des pays dont nous avons examiné la situation, vous constaterez que des questions ont été posées sur ceux-ci. Néanmoins, la présomption de succession a prévalu et il s'agit de pays dans lesquels nous avons moins d'investissements, où par conséquent le dommage des relations commerciales aurait été à peine notable, si nous n'y avions pas donné suite. Dans le cas qui nous occupe, nous avons des milliards de dollars en jeu. Nous étions sûrs, à la lumière des décisions prises et du discours du conseiller juridique du Département d'État, qu'il s'agissait d'une conclusion fondée.

Cela non plus ne sera pas rapporté. Mais Philip Authier de la *Gazette* demande encore des précisions :

– Quoi qu'il en soit, on ne vous a pas répondu. Vous devancez les événements ?

– Je ne suis pas sûr de bien comprendre, signale William Silverman.

Un autre journaliste précise :

– Lorsque vous avez contacté vos interlocuteurs, vous avez évoqué la possibilité que le Québec devienne souverain...

Quelqu'un réplique :

– Il n'a pas fait mention du Québec lors de ses appels.

– C'est exact, confirme Silverman.

Une voix :

– Mais le Québec est clairement sous-entendu.

– Le Québec n'est jamais nommé. Le client n'est pas identifié, précise William Silverman. Nous voulions connaître la politique des États-Unis à l'égard d'une situation telle que la souveraineté du Québec. Nous avons été en mesure d'étudier l'orientation des décisions prises par le gouvernement des États-Unis dans de nombreux cas, chaque cas étant unique, mais une tendance se dégage, confirmée par les propos tenus publiquement par le conseiller juridique.

Un journaliste le pousse dans ses derniers retranchements :

– Soyons clairs ! Je croyais que vous n'aviez pas dit que votre client était le gouvernement du Québec, mais que vous aviez fait comprendre que vous parliez du Québec.

Silverman est interrompu alors qu'il tente de répondre.

– Vous a-t-on demandé de procéder de cette manière ou avez-vous opté vous-même pour cette façon de faire ? demande une voix.

– C'est nous qui avons choisi cette démarche, précise William Silverman.

– Le Département d'État n'a aucune idée qu'il s'agit du Québec ? entend-on.

William Silverman :

– C'est exact.

À ce moment-là, un journaliste de langue française ressent le besoin d'intervenir à la place des juristes :

– Si l'on parle de l'ALENA, à moins qu'on fasse allusion au Chiapas ou à la Colombie, le cas dont on parle ne devient-il pas évident dès la deuxième question ?

– Nous savons que le gouvernement des États-Unis n'est pas disposé à adopter une position sur le Québec en ce moment, répond David Bernstein. Si c'était le cas, je ne crois pas que le ministre aurait été obligé de solliciter notre aide. Ce qu'on nous a demandé, c'est une consultation sur la politique des États-Unis à l'égard de la partition et de la succession des traités aux accords multilatéraux dans des cas de partition.

– C'est une approche générale que vous avez faite ? demande un journaliste.

– Non, nous avons examiné les lois et traités pour voir ce qu'ils disent et en quels termes, précise David Bernstein. Nous avions notre analyse juridique de la question ; nous avons examiné les déclarations du Département d'État et avons constaté qu'elles confortent notre analyse juridique. Nous nous sommes penchés sur ce qui avait été fait dans d'autres situations. Toutefois, si vous croyez que le Département d'État est prêt à vous donner un avis consultatif, exécutoire ou non, je crois que vous devriez le lui demander mais, à ma connaissance, il ne se prête pas à ce genre d'exercice.

Tout le monde comprend que la recherche d'une opinion juridique dans les dédales de Washington est un art qui ne s'acquiert qu'au prix de longues fréquentations.

– Cette approche signifie que le facteur politique au Canada n'a pas été évalué ? insiste une voix au fond de la salle.

– Cet exercice ne repose pas sur de la sympathie, insiste Silverman. Notre jugement s'appuie sur le contenu des lois, traités et documents publics. Notre démarche considère le droit et la pratique, pas des sympathies.

Tous les points abordés lors de cette rencontre resteront dans l'ombre. Aucun journal ni aucune radio ne va faire écho à cette seconde séance menée dans l'ancienne salle du Conseil des ministres. Cependant, on écrira que le nom du Québec n'a pas été mentionné, ce qui paraîtra suspect à certains éditorialistes qui accuseront dès lors les juristes de malhonnêteté !

De toute évidence, les journalistes de langue française se tiennent à l'écart des polémiques. Le procès qu'on fait subir aux deux Américains est injuste, mais chacun retient son souffle : la campagne préréférendaire ne fait que commencer.

Avant de sortir, Guy fait savoir à Frédéric la surprise que lui cause la tournure des événements :

– Les journalistes de l'Assemblée nationale paraissent estomaqués de voir les Américains prendre position en faveur de Québec. C'est une carte maîtresse pour le gouvernement du Québec que nous venons de jouer, mais les Anglais ne l'acceptent pas. Pas étonnant dans ces conditions que l'interrogatoire ait tenu à la fois de l'étonnement et de la franche opposition.

Prudence et souci de rester hors de la mêlée ? La presse française ne fera pas écho à cet échange.

Frédéric tape sur l'épaule de René :

– La démarche auprès de Washington par William Silverman restera dans l'ombre.

René répond tranquillement, en s'appuyant au mur :

– Impossible qu'un débat sur l'idée de la souveraineté du Québec ne se fasse que dans les nuances, Frédéric. Cela suscite la passion.

Frédéric ne répond pas. Optimiste, le chef de cabinet met l'accent sur le sensationnalisme :

– Tu as vu les Anglais monter aux barricades. Ça crève les yeux qu'ils ne sont pas objectifs quand ils voient l'évolution des événements dans la capitale québécoise. Nous menons un combat de libération nationale, Frédéric ! Alors, les Anglais perdent toute apparence de neutralité. Et cela ne va pas s'arranger à mesure que nous nous rapprocherons de la date du référendum !

*
* *

À la télévision, les nouvelles sortent dru. Dès le bulletin principal de RDI à 17 h, tous constatent que le OUI marque des points. La caution des Américains sur l'ALENA saisit l'opinion publique. En outre, tout le monde s'attendait à voir Achille Leblanc trébucher, mais cela n'est pas arrivé.

Le critique de l'opposition officielle, Jean-Marc Fournier, tente d'expliquer en conférence de presse que rien n'est garanti, mais le point de vue des Américains prévaut sur le sien. À la fin de l'après-midi, les juristes reprennent l'avion, après s'être dits disponibles pour une nouvelle intervention à Québec, ou au choix, à Montréal, à Toronto ou à New York.

Lors d'une entrevue télévisée accordée à Jean Bédard, de RDI, le ministre Leblanc s'en tire très bien. Au réseau News World, l'information continue de la télévision anglaise, en début de soirée, il tient le haut du pavé face à l'interviewer qui le questionne de Calgary en duplex, puis il réalise une belle performance à Toronto, pour le réseau privé CTV.

Quel que soit l'angle par lequel on l'aborde, l'avis juridique de Mes Bernstein et Silverman fait l'effet d'une bombe à la télévision, bien que l'extrait sélectionné dans l'intervention des juristes américains mette l'accent sur la réaction incertaine du Canada.

Le ministre sourit de l'impact obtenu et Éric se passe la main dans les cheveux, rassuré. Alors, Achille Leblanc invite ses collaborateurs à son restaurant préféré, le *Michelangelo*, à proximité du pont de Québec. Les cinq collaborateurs immédiats montent à bord de la limousine, Marlène sur les genoux d'Éric.

Le chauffeur rigole, il n'y a pas eu autant de monde dans sa voiture depuis belle lurette ! Il file droit au chemin Saint-Louis, puis longe le cimetière, à Sillery. « Le ministre va regarder le hockey à la télé », pense le patron du restaurant, quand Achille Leblanc lui demande un salon privé. Radio-Canada retarde la diffusion du *Téléjournal* à cause de la partie de hockey. Parmi les convives, seul Éric semble inquiet de la petite hésitation de David Bernstein à propos de la réaction du Canada, avant qu'il ne se ressaisisse. On a déjà vu cet extrait aux informations de 18 h.

Marlène se fait rassurante :

– Finalement, ce n'était pas désastreux, Éric.

Pour Frédéric, le passage malheureux ne constitue qu'une brève intervention nuancée.

– Cela ne cause pas un très grand tort. Par contre, le fait que Québec n'ait pas été mentionné dans les approches auprès du Département d'État prête le flanc aux attaques dans les journaux.

Le ministre lève les bras au ciel :

– C'est la pratique habituelle, tous les avocats le savent. Si les journalistes ne l'ont pas saisi, c'est qu'ils ne connaissent pas la pratique juridique.

Marlène avoue avoir été dérangée par l'agressivité des journalistes anglais présents à la conférence de presse.

– C'est ce qui a déstabilisé David Bernstein ! Plusieurs journalistes avaient l'air de militants pour l'unité nationale. On était en plein débat contradictoire.

René ne s'en offusque pas :

– Les journalistes anglais sont émotifs sur la question du Québec. Et la télévision dramatise les déclarations.

En souriant, Achille fait remarquer :

– Comme ça, nous aurons la manchette. En fin de compte, la prise de position des Américains rassurera les Québécois.

Les langues se délient. Frédéric prend des paris sur le fait que la conférence de presse obtiendra la manchette dans les journaux.

– Ce soir, c'est difficile à la télévision en raison de l'ouverture de la session à Québec demain et des déclarations survenues à Ottawa, sans parler de la rumeur de vente des Nordiques, le club de hockey de la capitale.

Lorsque le ministre goûte au vin blanc du Piémont, il arbore un grand sourire et se cale dans son fauteuil. Le dur moment passé, les liens se resserrent. Achille Leblanc regarde chaque membre de son équipe à tour de rôle. Pour une fois, le patron a l'air content.

– Goûtez ce vin, Frédéric !

Il a raison, c'est le pied, pense Frédéric. À son tour, Marlène fait une sortie :

– La préparation de la conférence de presse a frôlé la catastrophe. On changeait encore des virgules dans la traduction, à 11 h, ce matin. C'est insensé. Et en fin d'après-midi, les demandes d'entrevue tenaient de la course à obstacles. À l'avenir, on se donnera le temps pour bien faire les choses.

Le ministre réplique en riant :

– Ca, c'est le métier qui rentre, Marlène.

Pour faire diversion, Frédéric lance :

– C'est quand même étonnant qu'aucune radio ni aucune télévision n'ait sollicité d'interview de l'un des deux juristes venus de New York ! Vous comprenez ça, vous ?

René confie qu'il a négocié le matin même, sans succès, avec la principale émission d'affaires publiques de la télévision de Radio-Canada :

– Ils voulaient savoir d'avance les sujets de nos conférences de presse pour organiser des débats contradictoires. C'est du délire ! On ne va quand même pas leur donner la liste des lancements à venir pour que ça s'en aille directement dans les officines des libéraux à Ottawa. Ils voudraient peut-être qu'on l'envoie à l'opposition, avec le plan d'attaque ?

Frédéric en remet une couche :

– Il est incroyable, le rédacteur en chef du *Point*. Il se montre tellement favorable à Ottawa qu'il enlève toute apparence d'objectivité à l'émission. Il a même dit à ses troupes, lors d'un meeting, que les séparatistes vont se démasquer eux-mêmes. Ça tient du détournement de la mission d'une télévision publique.

Tout le monde jauge son voisin durant ce *post mortem*. Finalement, le retour de la limousine a lieu avant le début du *Télé-journal*. Le chauffeur dépose quelques convives place d'Armes. Puis, Frédéric rentre à pied avec Éric au Château Frontenac. En haut des marches, inopinément, les deux croisent le leader de l'opposition officielle à l'Assemblée nationale. Le député Pierre Paradis porte un manteau de chat sauvage et des bottes noires en caoutchouc qui lui servent à affronter une tempête imprévue, se dit Frédéric. À l'évidence, il arrive d'un meeting sur le lancement de l'étude des Américains. Il se prépare à la rentrée parlementaire. Les deux compères font mine de rien alors que l'autre les regarde, l'air de dire : « Attendez qu'on vous fasse votre affaire ! »

Éric s'avance nue tête, défiant le froid. Il invite Frédéric à venir prendre un whisky, le temps de regarder le journal télévisé. Rien de tel pour combattre le froid. Dans la chambre, Éric zappe pour suivre les manchettes :

– Dis donc, se moque-t-il, on passe deux nouvelles avant la nôtre à Radio-Canada, mais la conférence de presse fait la manchette à Télé-Métropole. Apparemment, le sujet est trop technique pour la télévision d'État, mais pas pour la télévision privée. C'est le monde à l'envers...

Néanmoins, Frédéric trouve que, dans les deux cas, la déclaration des Américains sort comme une bombe. Rassuré, Éric laisse enfin tomber ses réserves :

– Même sur les réseaux anglais CBC et CTV, c'est impeccable. Nous avons un gros succès à la télévision !

Il souffle fort avant de prendre une rasade de whisky et de sourire à pleines dents.

– Je pensais que la petite bavure nous ferait davantage de tort, reconnaît-il. Il n'y a que les reporters des stations régionales de la télé anglaise qui ont eu des reportages mesquins pour nous. Mais il s'agit de reportages spécifiquement destinés au West Island de Montréal.

L'homme de confiance du ministre s'arrête pour se verser un autre whisky, puis il ajoute :

– Du petit Mark Kelley et du dinosaure Ralph Noseworthy, ce n'était pas la peine d'attendre autre chose ! On savait d'avance qu'ils allaient tous les deux nous faire une petite merde, quoi que les Américains disent ! Ça n'a pas d'importance en autant que les réseaux nationaux expliquent le point de vue des Américains et les mettent en vedette.

Et, là-dessus, il vide son verre d'un trait.

CHAPITRE 6

Le blocage des journaux
et l'interpellation du ministre
à l'Assemblée nationale

Frédéric ouvre l'œil dès 6 h 15. Le soleil scintille sur les lanterneaux du Séminaire de Québec, puis se reflète dans les vitres de l'immeuble ocre et olive faisant face à l'hôtel Belley. Sur la gauche, des arbres s'agrippent à la falaise, recroquevillés. Dans le ciel bleu, la fumée blanche monte en ligne droite du monastère de l'Hôtel-Dieu. Il aperçoit les meurtrières vides qui se détachent du bastion des Augustines, rue des Remparts.

« Journée froide », se dit Frédéric, après une courte nuit marquée par la fébrilité de la veille. Une demi-heure plus tard, il s'installe à la fenêtre de la salle commune de l'hôtel, qui donne sur le square Parent, avec un jeu de pétanque à l'avant-plan. La papetière, que les Québécois continuent d'appeler de son nom d'origine, l'Anglo Pulp and Paper, crache de la suie qui se dissipe au-dessus de l'estuaire de la rivière Saint-Charles. La cheminée se détache de la montagne de « pitounes » entassées tout près de l'autoroute, aux abords de Limoilou.

– Très froid, confirme le gardien de l'hôtel : moins vingt-cinq degrés.

– Un jus de pamplemousse, du pain brun grillé, du miel et un café au lait avec beaucoup de mousse, dans un grand bol, commande Frédéric en s'asseyant et jetant un coup d'œil à la rangée de silos qui s'aligne sur la jetée.

Puis, il accapare les journaux de l'hôtel, un peu inquiet.

La *Gazette* et le *Globe and Mail* font de la conférence de presse des Américains leur manchette, ce qui paraît normal en regard de la position défendue par les avocats de New York mais, à son grand étonnement, un seul journal de langue française en fait sa une, *Le Soleil* !

Avec une prudence suspecte, *La Presse* relègue la nouvelle à la première page de la deuxième section alors que *Le Devoir* la repousse en page quatre, ce qui sous-entend : il ne s'agit que d'une étude du OUI, un document de propagande. « Voilà un avant-goût de la pondération qu'on donnera aux arguments économiques du OUI pendant la campagne référendaire », pense Frédéric.

Il en déduit que le *Globe and Mail* fournira une meilleure couverture des études sur la souveraineté, une couverture plus complète que les journaux français, étant donné que « le quotidien national du Canada » tient à informer les leaders d'opinion anglais pour que ceux-ci réagissent en connaissance de cause. « Il y a un sacré boulot à faire pour forcer ce barrage », se dit Frédéric, sonné de ce « deux poids deux mesures ».

Le quotidien de Toronto titre : « Les États-Unis garderaient leurs liens avec Québec. Les traités sur le commerce et la défense seraient renforcés après un OUI ». Quant à la *Gazette*, en titre de rappel, elle annonce : « On compte sur les études pour construire l'appui à la souveraineté ».

Frédéric se tourne vers la table voisine, située de l'autre côté du porche vitré. On y réagit à l'article du *Soleil*. Une jeune avocate se réjouit auprès d'un commerçant bourru que les Américains n'aient pas peur de donner une opinion qui tranche sur les échanges habituels à propos de l'après-souveraineté. Frédéric sourit de l'effet obtenu. Dans le chapeau de l'article, le correspondant Donald Charette indique : « Un Québec indépendant pourrait continuer de profiter de cinq accords internationaux, et notamment du libre-échange, conclut une étude commandée à des juristes américains, étude qui souligne cependant que cette adhésion n'est pas automatique. »

Le lecteur se dit tout de même que cela fait deux conditionnels dans la présentation. Après avoir revêtu son manteau et son chapeau de fourrure, prêt à affronter le froid, Frédéric ouvre la porte arrière de l'hôtel, puis emprunte la côte de la Canoterie, où il n'y a ni canot ni rivière de nos jours, mais une pente abrupte. En longeant les portes basses de teintes pastel, il lit les annonces anciennes sur les murs, « Marchand d'armes Browning » et « Talbot Machinerie d'équipement », peintes en blanc sur la brique de la quincaillerie. Tout près, des ouvriers tapent du marteau avec régularité dans un immeuble de dix étages. Leur austère musique s'élance dans le ciel à la conquête des remparts.

Frédéric s'attarde à une plaque vermoulue de la Commission des monuments historiques, apposée sur une maison : « Le lieutenant-colonel américain Arnold Benedict fut blessé en cet endroit le 31 décembre 1775, après avoir pris d'assaut la première barricade gardant l'entrée du Sault-au-Matelot de la Basse-Ville. »

Ce rappel fait sourire le promeneur, fasciné par les lieux et leur histoire. Le commandant des insurgés américains fut blessé par les Britanniques dans un combat livré d'abord au bas de la côte de la Canoterie, alors qu'il menait ses troupes à l'assaut des remparts.

Au croisement de la côte du colonel Dambourgès, l'officier qui a lutté contre le Yankee, il prend l'escalier de bois qui monte à la rue des Remparts. Le promeneur apprécie l'exercice matinal qu'impose le Vieux-Québec. Il accède à l'intérieur des remparts au point le plus bas de la haute ville.

En haut de l'escalier, il se retourne pour admirer le bassin Louise, blanc, gelé, et les voiliers hissés sur le quai, devant les silos à grain de la compagnie Bunge. Puis, il se dirige vers le 49, rue des Remparts, où il aperçoit une annonce d'appartement à louer, apposée sur la maison de Montcalm, encore revêtue de sa maçonnerie de 1725 mais rehaussée d'un étage, tout en ayant conservé ses voûtes et cheminées d'antan.

Devant la maison, les remparts ont été abaissés à la hauteur d'un mètre après le départ des Britanniques. Arnold Benedict, l'Américain, s'était buté, lui, à des fortifications de sept mètres en 1775, un mur érigé en hâte par les militaires britanniques. Les abords des murailles étaient sombres et humides. Dans la ville fortifiée, les dernières maisons du Régime français debout dans le quartier latin se blottissent contre le Séminaire.

Frédéric emprunte la rue bloquée d'un côté par le mur du cloître des Augustines. Au bout du mur, la rue du jésuite Charlevoix mène à la propriété des Sœurs hospitalières et assure l'accès à la chapelle des Augustines. Le promeneur poursuit jusqu'à une maison rose, d'où il emprunte la petite rue Couillard qui coule, tel un ruisseau, avant de déboucher dans la rue Saint-Jean, l'artère commerciale du Vieux-Québec, qui se gonfle soudain de tous ses affluents, près de la côte de la Fabrique.

À l'angle, la maison Livernois a conservé l'allure d'une maison londonienne alors qu'à l'angle de la rue Garneau, plus haut sur la côte, l'ancienne Trésorerie des Jésuites garde le carrefour de la Fabrique. Le marcheur repart en direction inverse, vers les fortifications qui s'élèvent à l'avant du parlement. En chemin, il croise l'ancienne rue des Pauvres, qui se faufile devant l'Hôtel-Dieu, et poursuit sur Saint-Jean pour pénétrer dans la Maison de la presse.

Après avoir laissé la chaleur l'envahir, il achète les journaux qu'il apportera au bureau. Le renvoi en page intérieure de la nouvelle qui fait événement lui paraît tout aussi incroyable que la première fois.

Peu après, il reprend l'escalade, rue Sainte-Ursule. C'est abrupt, cette côte, davantage que la côte de la Canoterie. *Le Petit Coin Latin* l'attire, il ne dédaignerait pas échapper à l'hiver devant un café fumant, mais il poursuit plutôt sa montée à grandes foulées, écrasant le calcium sous ses bottes. La côte incarne bien la rudesse de cette ville.

Voici la fondation de pierre d'une maison bâtie tout contre un arbre bicentenaire. Puis, le grimpeur passe à hauteur d'une plaque apposée sur la résidence de Sir James Thomson, le colonel écossais qui a fait la guerre de Conquête, puis qui s'est occupé des travaux militaires pour le gouverneur Frederick Haldimand, sous la Révolution américaine. Vers 1792, au soir de sa vie, il écrivit dans cette maison ses mémoires sur la Conquête de Québec. « Toujours ces Écossais au service des Anglais ! » pense Frédéric.

Il passe devant la ruelle des Ursulines, pour surgir rue Saint-Louis où il croise trois militaires venant de l'ancienne résidence de Mme de Péan, une maison aristocratique de 1745, la dernière de la rue à dater du Régime français, habitée encore de nos jours par des officiers de la Défense, à l'angle de la rue du Corps-de-Garde. Le conquérant a la poigne tenace !

Tenace, la topographie des lieux l'est aussi : le marcheur doit maintenant monter un raidillon. À l'angle de la rue d'Auteuil, une plaque signale la résidence de Sir Jonathan Sewell, l'ancien juge en chef du Bas-Canada, un dur, un Tory. La maison du conseiller du général Colborne est habitée désormais par le colonel qui commande le manège militaire de la Grande Allée.

Frédéric accélère le pas, son goût pour les promenades historiques l'a retardé, il dépasse le Cercle de la Garnison et pénètre à même les fortifications par une porte qui, compte tenu de l'épaisseur du rempart, ressemble à un tunnel. Le mur en impose aussi par la hauteur – huit mètres à cet endroit. Il donne appui à la caserne Connaught. Frédéric est accueilli de l'autre côté, à l'entrée du parc des Champs-de-Bataille, par le drapeau du Canada, un défi jeté devant la fenêtre du premier ministre du Québec, Jacques Parizeau.

Il pénètre enfin dans le hall de l'édifice H, le *Calorifère*. Le vent s'y engouffre avec lui. Il était temps d'arriver, il a le nez et les oreilles gelés ! Quand il se débarrasse de son manteau, René a déjà pris connaissance de la revue de presse du premier ministre, étant arrivé dès 7 h. Le chef de cabinet arbore une chemise grise, une cravate aux tons gris et bordeaux ainsi que des chaussettes à motifs de chevreuil. « Tenue d'automne », pense Frédéric. Il a envie de s'amuser aux dépens de son collègue. Après s'être appuyé à son bureau, il fait plutôt remarquer :

– Dans la presse écrite, un mur se dresse devant nos études. À la télévision, c'est mieux parce qu'on a mis en scène le côté spectaculaire de la nouvelle, la polémique entre les Américains et les Torontois. Nous avons gagné la partie dans les comptes rendus à la télévision parce que les Américains ont créé une forte impression. Le problème dans les journaux tient à ce qu'ils prennent nos études avec des pincettes, ce qui témoigne d'une extrême prudence dans les salles de rédaction. Personne n'écrira un mot de trop au sujet de ces études. Nous affrontons le mur du silence. Chacun surveille ce qu'il écrit sur une étude du OUI.

René réplique en se grattant le menton :

– Il faut dire qu'à Québec les correspondants n'ont pas la bosse de l'économie. Ils ont plutôt tendance à s'en méfier. Et puis ils ne veulent pas avoir l'air de favoriser le camp du OUI. Ils cherchent à paraître objectifs dans le traitement de la nouvelle, au risque de faire banal.

Frédéric réagit au quart de tour :

– J'ai l'impression que les journalistes de langue française n'approfondiront pas les documents qui traitent des différents aspects du passage à la souveraineté alors que les journaux anglais n'ont pas ce genre de réticence. Il y a une compétition dans les journaux anglais pour satisfaire les lecteurs assoiffés de connaître les développements sur la position adverse.

L'homme du *bunker* sourit. Ça ne l'inquiète pas outre mesure. Toutefois, l'évaluation préliminaire de l'accueil de la presse et cette mise en garde d'un journaliste l'intéressent. Il paraît plutôt satisfait du traitement du jour dans les journaux. Son appréciation critique, il l'a obtenue, prêt à la transmettre.

Juste avant midi, il revient dans la porte entrebâillée de Frédéric pour lui répéter le commentaire d'un reporter de la télévision : « Vous avez eu une couverture de presse extraordinaire. De quoi vous plaignez-vous ? »

*
* *

L'éditorialiste en chef de *La Presse*, Alain Dubuc, s'est donné pour mission d'écraser le ministre responsable des études référendaires. Il affectionne le pamphlet à la manière du XIXᵉ siècle. Dès le surlendemain, après une digestion de trente-six heures, il laisse tomber la guillotine dans sa page éditoriale. Il noircit à dessein les intentions du ministre :

« Comment le ministre, malgré ces conclusions qui soulèvent de nombreuses questions, a-t-il réussi à utiliser l'étude pour laisser croire que l'adhésion à l'ALENA suivra un processus automatique ? Par des commentaires sans transparence, par une présentation volontairement obscure, par un communiqué carrément incorrect qui réussit à passer sous silence le fait que le Congrès doit approuver l'éventuelle adhésion du Québec. Une omission qui tient de la désinformation. Dieu merci, c'est un dossier relativement mineur dans le débat référendaire. »

– Quelle malhonnêteté, s'insurge Guy en jetant le journal sur le sol. On voit qu'il n'a pas lu l'avis des juristes. Il l'a tout au plus regardé en diagonale. Il trompe les gens sur la nature de l'opinion présentée par les Américains.

En voyant la réaction de son collègue, Frédéric se gratte la tête et propose de faire parvenir le *verbatim* des questions et réponses des avocats new-yorkais aux quotidiens.

– Cela apportera des éclaircissements sur ce qu'ont réellement déclaré les juristes.

Pour tâter le terrain, il donne sur-le-champ un coup de fil au rédacteur en chef adjoint du *Devoir*. Celui-ci lui répond qu'il ne va pas réagir à cette étude par un éditorial, contrairement à son collègue de *La Presse*, ni en publier un extrait. Responsable de la page « Idées », il n'a pas l'intention de publier d'extrait de l'avis des juristes, ni des propos échangés à la tribune de presse du Parlement sur le libre-échange entre les États-Unis et un Québec souverain.

– On ne va pas parler de chaque étude. Vous en avez une quarantaine. Tu te rends compte ! Non, les études du OUI et du NON seront traitées sur le même pied chez nous. À la fin, au moment de la campagne référendaire, nous ferons une analyse sur les points de vue défendus.

Interloqué, Frédéric lui demande s'il parle sérieusement :

– À la fin, Jean-Robert, plus personne ne prendra de recul sur les questions de fond. Vous serez assaillis de tous les côtés à la fois. Il sera trop tard pour un débat sur des questions complexes. Voilà le meilleur moment pour un débat intelligent. Au dernier mois de la campagne référendaire, il n'y aura plus d'approfondissement possible.

– Toutes les études seront traitées sur un pied d'égalité chez nous, insiste-t-il.

Autrement dit, les études du OUI ne seront pas publiées dans ce journal. Puis l'éditorialiste prend congé de Frédéric. En posant le combiné du téléphone, Frédéric fait remarquer à Guy, qui l'observe depuis le début de la conversation :

– On peut dire adieu à un traitement au mérite dans ce journal...

Le gaillard à la mèche noire et à la sempiternelle chemise blanche lui réplique :

– On commence à calculer les pouces alloués à l'un et à l'autre dans chaque journal. Alors, on rapportera les attaques contre les auteurs des études autant que le contenu des études. Tout document sera diffusé avec son miroir. C'est bête comme perspective, mais cela donnera à ces directions l'impression d'être objectives. Il n'y a aucun effort de réflexion là-dedans, et ce n'est certainement pas ce que les Anglais appellent des *reality check*. On ne prévoit pas de place spéciale pour des études approfondies. Par contre, dans les journaux anglais, cette règle ne tient pas. On pourrait avec davantage de facilité y être publié. Les leaders d'opinion du Canada cherchent à savoir ce qui sous-tend le point de vue du OUI. Nous allons y être mieux traités. C'est le monde à l'envers ! Mais, on ne va tout de même pas appeler les journaux anglais pour leur demander qu'ils publient des fragments de l'étude des Américains !

Le rédacteur en chef adjoint du *Devoir* n'est pas seul à adopter cette position incongrue. Guy Renaud constate que personne ne va faire écho *a posteriori* aux propos réellement tenus, lors de la conférence de presse. Dans les jours suivants, aucun journal ne publie non plus le *verbatim* qu'il leur fait parvenir.

Guy avoue son sentiment au chef de cabinet :

– C'est tellement chaud, ce document, que ça brûle les doigts. Les journalistes de Montréal cherchent à paraître objectifs. Par conséquent, le point de vue de l'éditorialiste de *La Presse* a préséance sur l'avis des juristes. Ce torchon donne le ton.

À midi, Frédéric croise un journaliste du *Téléjournal*, un ancien collègue, qui le prévient :

– J'espère que tu as le cœur solide : en fait de saletés, ça va être pire que ce qu'on a vu dans les campagnes électorales.

– N'empêche que ce n'est pas très professionnel : les journaux auraient pu publier les réponses des juristes sur la doctrine de succession des États-Unis. Ils ont préféré étaler des perceptions.

– Ne baisse pas les bras, chaque journaliste de la tribune parlementaire tiendra compte de ces propos même si personne ne rédige un nouveau reportage. Les correspondants ont assisté à la conférence de presse des Américains, ils ont bien compris leurs explications.

Autrement dit, ils ont été convaincus de la justesse de cet avis, mais la suspicion est de mise. Chaque correspondant se tient en retrait de ce qu'il pourrait écrire. Néanmoins, Frédéric rapplique au téléphone et indique des passages marquants à plusieurs journalistes. Personne ne les reprend en chronique.

La Presse s'en tient à une lettre du ministre en réponse à l'éditorial d'Alain Dubuc ; le pamphlétaire se réserve un droit de réplique aussi long que ladite lettre dans la page « Opinion ». Cependant il accorde une pleine page, le surlendemain, à un polémiste du NON, sans commentaire de sa part.

Frédéric donne alors un coup de fil, un cran plus haut, au rédacteur en chef du *Devoir*. Celui-ci confirme l'avis de son adjoint à l'effet que le journal ne publiera pas l'étude des Américains.

– Il s'agit d'une étude partisane ! répète-t-il.

Frédéric lui rétorque que le journal passe à côté d'une contribution historique. Non, rien n'y fait. Les subtilités de l'étude juridique, ce n'est pas sa tasse de thé.

Dépité, Frédéric fait une ultime tentative auprès du seul journal qui se dit souverainiste dans sa page éditoriale : il téléphone au directeur de la section « Économie ». Pendant un moment, il lui semble voir son interlocuteur lever les bras au ciel, car il entend :

– Mon vieux, c'est aux journalistes politiques de couvrir ces sujets-là, pas à nous de l'économie. Nous ne touchons pas aux études référendaires. D'ailleurs, tu le sais, nous n'avons qu'une petite page et demie dans le journal. Cela suffit à peine pour quelques nouvelles financières.

Le baroudeur raccroche en se laissant basculer dans son siège.

Le mur de béton de la cour intérieure répand de l'ombre. Guy a entendu ses démarches inutiles ; debout devant lui, il le relance pour l'encourager :

– C'est politique, les éditeurs érigent une ligne de défense en invoquant la soi-disant objectivité : si les journaux ne se donnent pas la peine de lire le document des Américains, il nous reste à atteindre les gens directement. Nous n'avons qu'à le publier nous-mêmes, ce texte.

Devant le silence de Frédéric, il poursuit :

– Le souci du seul quotidien qui appuie le OUI en page édito-riale, c'est l'apparence d'objectivité ; du côté adverse, la tactique passe par l'attaque de la crédibilité des auteurs. *La Presse* adopte intégralement la position des libéraux en page éditoriale.

Arrive René sur le seuil de la porte. Mis au fait de la situation, le chef de cabinet se moque gentiment :

– Vous savez, on en a vu d'autres à Québec. Ça joue dur, en politique. Il ne faut pas avoir l'épiderme sensible.

En guise de réponse, Guy dépose son crayon et approuve de la tête, tout en observant Frédéric qui réplique, tel un taureau piqué :

– Vous voudrez bien excuser ma naïveté, mais nous nous trouvons au cœur du débat préréférendaire. Il y a quinze ans, le OUI était moins bien organisé qu'aujourd'hui. Mais qu'est-ce que ça nous donnera d'avoir mis sur pied une équipe de choc et de nous être dotés d'avis éclairés si les journaux ne remplissent pas leur mission ?

René ne lui répond pas, se grattant le menton. Par conséquent, Frédéric poursuit :

– Même la radio passe à côté de ce débat, car elle n'a rien diffusé d'autre que des extraits de quinze secondes. Il n'y a pas eu une entrevue exclusive en ondes avec les Américains. La radio d'État n'a rien enregistré des avocats pour le lendemain, même si elle a trois heures quotidiennes d'antenne pour des émissions d'affaires publiques. Je ne sens pas que ça s'arrangera à l'approche du référendum...

Guy répète, en écho :

– C'est quand même étonnant qu'il n'y ait pas de débat avec les Américains, à la radio d'État !

*
* *

Frédéric profite du week-end pour aller voir Michèle, qui l'a invité rue de Mentana. Le samedi soir, Frédéric apporte un vin de la côte de Beaune. Sa copine a préparé un bœuf bourguignon.

La jeune femme l'accueille avec réserve. Elle ne tarde pas à se libérer le cœur, se disant découragée par cet éloignement depuis le début de la campagne référendaire.

– J'ai parfois l'impression que tu n'existes plus que sur un répondeur téléphonique.

À vrai dire, elle agace Frédéric avec ses récriminations. Du coup, il la trouve moins jolie ; mais il sait que cela ne l'empêche pas de devenir douce comme une mangue, la nuit venue. Un moment, il pense à Mylène rencontrée en France l'été précédent, si insouciante, si avide de comprendre la situation particulière du Québec. C'est elle qu'il aimerait revoir.

Michèle tient encore à Frédéric. Le sent-elle s'échapper ? Dès le dessert, elle l'attire à lui, ne lui laisse pas le temps de penser. Lorsqu'elle s'assoit sur lui il s'aperçoit qu'elle n'a pas de culotte. Il aime les manières impolies et directes de cette trentenaire. Les déploiements ne traînent pas avec Michèle et la douceur des choses emplit bientôt la cuisine odorante. Elle lui montre son petit cul à l'improviste, en se penchant. Bientôt, il la soulève légèrement et la prend en s'arc-boutant, avant de pencher la tête vers l'arrière, ses doutes envolés.

*
* *

Après le premier dégel, Frédéric roule à droite sur l'autoroute, à moitié sur l'accotement. Il ne suit pas la voie indiquée entre les lignes blanches, pour éviter les fissures. En retournant rejoindre le ministre à Québec, il s'abreuve de soleil. La fin de semaine l'a laissé perplexe. Retrouver Michèle, sa douceur et son avidité, c'était bien, mais le reste ne s'estompe pas, la passion qu'il éprouve pour cette occupation qu'il hésite à qualifier d'emploi : c'est bien plus... Aux yeux de Michèle, c'est trop. Il a cherché à la rassurer, mollement il est vrai. Elle n'est pas dupe. Et lui non plus.

Des stries de ciel bleu percent les cumulus par cette température de moins six degrés. Le conducteur admire le paysage contrasté et il constate pour lui-même : « C'est curieux, la rivière Saint-François dégèle déjà mais le Richelieu et la Yamaska restent recouverts de neige, tout près de l'autoroute. Une première débâcle a nettoyé la Saint-François à la hauteur des rapides, alors que les deux autres rivières restent figées. Pourtant, elles aboutissent dans le fleuve à quelques kilomètres, de part et d'autre de Sorel. »

Tout cela donne un avant-goût du printemps. À la mi-mars, le paysage étonne. La nuit suscite un regel, mais le soleil amène un dégel le jour suivant. Tout le monde s'y perd dans les faux printemps.

Au rang des Épinettes, les conifères nourrissent la glace, lourds et gonflés du côté de l'ombre, verts en plein soleil. De part et d'autre, l'autoroute partage l'hiver et le printemps. À 9 h, ce contraste fort dure un moment. En fait, le soleil s'apprête à frapper le voyageur de plein fouet. Soleil de printemps.

La rivière Nicolet trace la frontière entre Montréal et Québec, entre les deux zones d'influence. Comme si le 47e parallèle passait par là. Elle reste recouverte de glace, en dépit du soleil.

Bientôt, le voyageur observe la Bécancour, achalandée de mille glaces dans les tournants, les cassures créant des embâcles. Les courbes de la Bécancour brisent le paysage à la mi-mars autant qu'elles l'adoucissent en juin.

Le conducteur file à cheval sur la ligne blanche et se dit : « En définitive, les études référendaires ne causeront pas de dégel dans les journaux, pas davantage que l'*Avis* des juristes américains. En fin de compte, il vaut mieux joindre les gens chez eux, en leur destinant directement les études. Guy a tout à fait raison. » Il ouvre la radio, la réception est si mauvaise que tout s'y confond : musique, information, publicité. Alors, il s'en remet au paysage austère de la tourbière de Lotbinière et aux trouées des ruisseaux entre les mélèzes.

La Chaudière montre un filet d'eau qui tombe au milieu de l'amas des glaces devant la chute.

Frédéric perd vite la rivière de vue en se disant : « C'est vrai que le secret de l'étude était essentiel pour un lancement percutant ! Une fuite tuait l'impact et acculait les juristes à une position défensive. Comment s'assurer maintenant que l'étude sur l'association économique avec le Canada reçoive une meilleure réception ? En fait, elle ne traitera pas des relations du Québec avec un autre pays mais avec l'Ontario, la province qui profite au maximum du tissu industriel du Canada, en ayant accaparé, dès le début du XXe siècle, les industries de l'acier et de l'automobile. »

La voiture franchit le pont Pierre-Laporte, suspendu à de longs filins d'acier. Fréderic regarde de haut le vieil ouvrage cantilever de 1917. Comme il paraît curieux de les voir l'un à côté de l'autre alors que le fleuve restait infranchissable depuis cent vingt-cinq kilomètres ! Frédéric survole les embâcles, un paysage de glaces traversé en son milieu par un étroit filet, où le brise-glace trace son chemin.

Il arrive à l'étale, moment privilégié entre le jusant et le nouveau flux des glaces arrivant du large. Voici le point de retournement pour la marée. Le conducteur jette un œil. Frédéric pense que le débat référendaire rebondira comme ces glaces qui se heurtent et se repositionnent dans l'autre sens au gré des marées.

Il ne se lasse pas de ce combat. Nulle part n'est-il aussi saisissant qu'à Québec, et de surcroît en ce point, le plus étroit de tout son cours, où la travée des ponts dépasse le fleuve. Alors que l'automobile tournicote pour accéder à l'autoroute Champlain, après s'être glissée sous les piliers du pont, elle s'envole un moment. On franchit le lieu des pires embâcles du fleuve, juste à côté avec des marées de six mètres, qui ramènent les glaces dans ce passage étroit. Le fleuve gelé emprisonne les piliers dans son étreinte glacée ! Il paraît calme à la marée qui monte mais cela ne va pas durer, il montrera tout à l'heure des forces insoupçonnées.

Près de la marina de Sillery, l'eau saumâtre refait surface sur la banquise alors qu'une équipe de rameurs tire un canot à glaces. Téméraires, ils mettent le pied sur un bloc de glace avant de plonger leur embarcation dans l'eau libre, dans leur combat rituel avec le fleuve. Au large, le navire de la garde côtière pourfend le fleuve tel un iceberg, couché à plat, qui s'avance.

Tout à l'heure, les glaces empilées pousseront en sens inverse, elles redescendront entre les falaises de Sillery et de Saint-Romuald, dans une folle avancée vers les caps de Québec et de Lévis, après s'être reformées en haut de ce deuxième détroit de Québec ; elles laissent passer les navires à coque renforcée en s'écartant, mais elles remontent le fleuve derrière eux et se regroupent. Une nuit suffit, la glace s'épaissit et reprend sa place dans des craquements d'enfer. Le fleuve monte la garde, il pousse dans un sens, puis dans l'autre ; le fleuve bouge où on ne l'attend pas.

En vue de l'île d'Orléans, les glaces se faufilent entre la pointe de Lévy et l'île, paraissant saisies d'un moment de retournement, du côté sud, dans le delta de la rivière Saint-Charles ; alors, on croirait qu'un fleuve de glaces s'est collé à Québec.

Au point de retrait, dans la bouche de la rivière Saint-Charles, le fleuve respire enfin, puis il contourne l'île d'Orléans, évitant de justesse la catastrophe. Les glaces crissent dans un sens, et dans l'autre, elles prennent une folle allure, dans le passage étroit, juste avant l'estuaire fluvial. Au dernier moment, le courant contourne l'île, rempart ultime en aval de la capitale, avant de se perdre dans la mer en formation.

Québec se dresse en haut du promontoire, contre les malheurs de tout un continent.

Le fleuve blanc fonce, à toute allure, gonflé de tout le froid accumulé dans ce pays, avant de déferler, comme le peuple, terrible de colère contenue depuis deux siècles. Il frôle les rives, le bourg de Cap-Blanc, la pointe des Roches du Petit Champlain et la pointe Près-de-Ville, au pied du cap Québec, des rives qui gèlent encore d'effroi, principaux points d'attaque des ennemis dans les batailles, et ne trouve le repos qu'aux battures, points de défense en bas du Sault-au-Matelot, dans la plaine de Beauport et à Beaupré, des lieux aux noms pacifiés, jusqu'aux confins de l'île d'Orléans.

La réponse du NON survient quand on ne l'attend pas.

L'Institut C. D. Howe, déménagé de Montréal à Toronto et financé par les grandes compagnies, réplique au dossier de la monnaie d'un Québec souverain par une étude de William Robson, un diplômé de McGill : « Le Québec conserve le droit d'utiliser le dollar canadien, mais il y aura une fuite de capitaux dans une tentative de sauvegarder la valeur de ceux-ci. »

Le document se fraie un chemin vers la *Canadian Press*, évitant du coup la tenue d'une conférence de presse. L'agence sœur, *La Presse canadienne,* fournit la traduction intégrale de la dépêche aux journaux français. Puis le chef de l'opposition, Daniel Johnson Jr, prétend rester à l'écart du débat, concédant aux spécialistes le soin d'influencer la population sur les sujets difficiles.

– Cela confirme l'analyse de Jean-Marc Léger, glisse seulement Guy, commentant les journaux avec Miguel. Le chef de l'opposition laisse parler les experts, soit, mais la couverture de presse accordée à un institut n'obtient pas le retentissement d'un événement ministériel.

Le sachant, l'Institut C. D. Howe tient un colloque à Toronto, sous la présidence de Stanley Hart, le chef de cabinet de l'ex-premier ministre Mulroney.

– Le premier ministre du Canada ne reconnaîtra pas la légitimité du vote, au lendemain d'un OUI, déclare-t-il.

De son côté, le politologue Stéphane Dion, invité à aborder la question à la suite du colloque, sur les ondes de l'émission *Le Point*, ajoute :

– Plus le Québec va souffrir, plus il va rejeter la souveraineté.

– Sympathique, ce jeune homme ! Il ira loin, glisse aussitôt Miguel à son collègue.

À Jacques Parizeau qui s'insurge contre cette déloyauté manifestée à l'égard du Québec, Michel Bélanger, chef de la coalition du NON à Montréal, répond que le premier ministre parle à la manière de quelqu'un de désespéré. Du même souffle, il ajoute qu'il se conduit comme un idiot.

– Quand on pense que Michel Bélanger représentait l'inter-locuteur modéré du NON, commente Guy.

Pour sa part, *La Presse* du samedi publie une page entière d'extraits du livre de l'économiste Marcel Côté. Celui-ci pose dix-neuf questions sur le passage à la souveraineté. Le journal justifie une telle publication dans une note faisant état du livre en tant que primeur.

– Ma foi, on n'applique pas les mêmes règles qu'au *Devoir,* soupire Guy.

À son tour, le *Globe and Mail* fait écho à ce livre, en manchette, le lundi, avec un décalage de deux jours, ce qui n'empêche pas *La Presse canadienne* de consacrer une nouvelle dépêche à l'occasion du lancement officiel de l'ouvrage.

– Tout le monde joue le jeu, s'exclame Miguel. Cela donne trois couvertures « exclusives » pour le même livre ! Pourtant, il ne s'agit que d'un ramassis de préjugés déjà énoncés lors du référendum de 1980. D'un point de vue économique, montrez-moi ce que ce livre apporte de nouveau ! Ce n'est pas tout, des extraits de ce pamphlet paraissent aussi dans la page « Opinions » du *Devoir* ! Les rédacteurs en chef se contredisent ! Aucun journal n'a publié d'extrait de l'argumentation de Bernstein et Silverman, mais tous se précipitent pour publier le texte de Marcel Côté. Et ça se dit objectif...

Miguel jette le journal, dégoûté. Guy ne fait rien pour le calmer :

– Quand on a été conseiller du premier ministre du Canada, *La Presse* vous accorde sa page « Idées ». Belle occasion de mettre de l'avant le point de vue officiel du NON.

Miguel s'interroge sur l'éthique journalistique :

– À bien y penser, je dirais que l'autocensure des journalistes représente votre pire ennemi. La bataille de la souveraineté ne s'annonce pas du tout comme la bataille de l'intelligence, dans les quotidiens.

*
* *

À l'Assemblée nationale, tout le monde attend le débat sur le libre-échange.

C'est dans ce contexte que Me Thomas Durivage assume désormais la fonction de directeur des études juridiques au Secrétariat à la restructuration. On le charge de se pencher sur la situation à l'international. Auparavant, il a siégé pendant six semaines à la Commission sur l'avenir du Québec, de la région de Montréal, que présidait Marcel Masse. Celle-ci a recueilli, pendant trois mois, les avis des citoyens et organismes sur la situation politique et les perspectives d'avenir s'offrant au Québec. Dès son arrivée, on le met à contribution, chez le directeur de cabinet, en présence du ministre et de son conseiller économique.

Devant le dossier soumis par Mes Bernstein et Silverman, il se fait l'avocat du diable : quelles objections aux accords avec les États-Unis peuvent-elles être soulevées ? Il importe d'établir un programme définissant la doctrine internationale sur les déclarations de souveraineté.

– Qui a fait le tour d'horizon des prises de position successives des États-Unis à ce sujet ?

Il s'interroge aussi sur l'étude en cours, menée par un juriste de l'Université Laval, qui s'appuie sur le droit international pour définir la position du Québec à propos de son éventuelle association économique avec le Canada, alors que la firme new-yorkaise considérait plutôt la pratique américaine récente comme modèle de référence.

– Un état de la question s'avère nécessaire, malgré l'étude des Américains, conclut-il.

De même, il propose de nouvelles contributions internationales.

– Cela aurait dû être mené de concert avec le directeur des études du ministère de la Justice.

En entendant cela, le ministre se rebiffe. Il lui faut de toute urgence une ligne politique à présenter devant l'Assemblée nationale.

– Les juristes américains se réfèrent à la doctrine du State Department, dit-il. Cela suffit comme ligne de défense.

Éric monte au créneau :

– Cette doctrine a été définie par un porte-parole du ministère des Affaires étrangères des États-Unis. L'intervention du juriste Williamson, du Département d'État, soutient l'argumentation de Bernstein et Silverman.

Néanmoins, Me Durivage propose qu'on réponde soigneusement aux arguments de Me Ivan Bernier, qui ne reconnaît pas l'adoption de la politique de succession dans les périodes intérimaires, et qui procède sur la seule base de documents officiels, sans tenir compte de consultations privées. Évidemment, celui-ci n'a pas accès aux porte-parole du gouvernement américain.

Le ministre Leblanc demande qu'on laisse l'étude Bernier de côté. On ne suscitera pas une vaste discussion à ce sujet, on ne mettra pas en branle un changement de son contenu à brève échéance :

– L'étude Bernier ne fait pas le poids !

Me Durivage doit battre en retraite.

Plus tard, ce jour-là, le coup arrive de l'ex-ministre des Affaires internationales pour les libéraux, John Ciaccia. Celui-ci en appelle en effet de l'étude de Bernstein et Silverman devant une commission de l'Assemblée nationale.

Elle aura lieu onze jours après la conférence de presse des juristes américains. Ainsi, la perspective d'un duel Leblanc-Ciaccia prend forme.

*
* *

La veille de l'interpellation, *Le Soleil* publie un article sur le contrat signé par l'Institut national de la recherche scientifique pour la réalisation de dix-neuf études sur la souveraineté. Ce contrat confère au ministre Leblanc un droit de regard sur le déroulement des travaux, le choix des chercheurs et les conclusions des études, y prétend-on.

– Cela sent la diversion à plein nez ! commente Miguel. Voilà sur quoi l'opposition s'appuie pour accuser les universitaires d'être à la solde du ministre.

Aussitôt, le directeur de cabinet demande au sous-ministre de contacter la direction de l'INRS pour obtenir une mise au point. Dès le lendemain le quotidien de la capitale publie un article intitulé « L'INRS défend son intégrité scientifique ».

Le directeur de l'Institut y explique n'être pas lié par des clauses de contrôle. Il précise aussi que c'est une version préliminaire du contrat que le journaliste du *Soleil* a obtenue. Néanmoins, un éditorialiste du *Soleil* établit la comparaison entre les contrats du Secrétariat à la restructuration, confiés à l'INRS, et la venue du commentateur Stéphane Dion qui s'exprime en matière constitutionnelle à la télévision d'État. Il ne précise pas cependant que le politologue bénéficie de contrats payés par le Conseil privé de la Reine, sur des questions qu'il traite ensuite à titre de commentateur rémunéré à la télévision d'État.

– Un homme neutre, quoi, fulmine Miguel. *Le Soleil* ne conçoit pas qu'un chercheur de l'INRS affecté à une étude sur le dollar canadien puisse être indépendant. La belle tartufferie !

Il déboule dans le bureau de Frédéric pour assister à la télédiffusion en direct de la période des questions. Daniel Johnson J^r demande au ministre de chiffrer les dépenses référendaires. Dans son préambule, il déclare tout de suite que les études constituent du gaspillage : « La facture référendaire atteindra 62 millions de dollars, la tenue de la consultation nécessitant, à elle seule, 35 millions. »

Miguel lève les bras au ciel :

– Ce type-là a insisté pour qu'on établisse deux listes d'électeurs au lieu d'une seule liste informatisée et il se plaint maintenant des coûts que son exigence engendre. La moitié des frais dont il parle va à l'établissement de la liste manuelle. En plus, il prétend qu'on alloue 9,5 millions au Secrétariat à la restructuration alors que le montant imputé n'atteint que le tiers de cette somme. Daniel Johnson tient une comptabilité fort élastique.

Le climat est donc survolté quand survient l'interpellation.

John Ciaccia n'a pas froid aux yeux. Depuis vingt ans, il siège à l'Assemblée nationale à titre de représentant de Mont-Royal, une circonscription électorale sûre pour les libéraux, peuplée majoritairement de riches immigrants habitant des maisons valant 300 000 $ et plus.

Il commence par se moquer doucement du ministre, qui cite les auteurs en anglais dans le texte. John Ciaccia se réfère plutôt, lui, au texte français. Il offre une traduction au ministre. Puis, il affirme avec aplomb, sans rire, que la souveraineté met en péril 351 000 emplois dans le domaine des exportations du Québec vers les États-Unis.

– L'opinion légale de la firme Rogers & Wells repose sur des artifices. On a posé des questions à des officiels, sans dévoiler le nom du client. On y fait allusion à l'Éthiopie et à l'Érythrée ; c'est différent du Québec.

Curieusement, le ministre Leblanc dépose ses papiers et se contente de polémiquer :

– Le député fait des gorges chaudes, dit-il, en prétendant que le Québec ne vaut pas plus cher que l'Érythrée.

Puis, il invoque la notion utilisée par le Département d'État.

À la fin survient un coup de théâtre : à midi trente John Ciaccia tient un point de presse improvisé dans un corridor et rend soudain publique l'« opinion légale » d'une autre firme américaine, White & Case.

Le député Ciaccia remet le document aux journalistes et s'en va, laissant le ministre tout penaud. « Il n'y a aucune certitude face à ces traités », y est-il énoncé en ce qui a trait à la clause de succession d'un Québec indépendant, car les droits du Canada continuent à prévaloir dans deux cent soixante-quatre traités bilatéraux, selon les accords entre le Canada et les États-Unis et dans les ententes multilatérales.

Le ministre ne peut répondre aux questions débattues dans ce rapport sans l'avoir préalablement consulté ; or la commission parlementaire a ajourné ses travaux. Bref, le député Ciaccia a cherché à déstabiliser le ministre, à le faire réagir abruptement, pour qu'il échappe une grosse bêtise.

René s'empresse de tâter le terrain auprès de quelques journalistes. Il apprend que les journaux ne reprendront la nouvelle que par voie de dépêche.

Par conséquent, le chef de cabinet se contente d'émettre un communiqué à propos des prémisses erronées de l'étude White & Case. Forcément, *La Presse canadienne* va en tenir compte. Le lendemain, dans les journaux, il n'y a pas de rètentissement à l'interpellation, mais pas davantage à l'opinion de White & Case.

*
* *

Ce dimanche-là, Jacques Parizeau prend le relais : il annonce la distribution prochaine de brochures sur les études économiques pour inciter les Québécois à voter OUI.

Dès 8 h, le lundi matin, René surgit dans le bureau de Frédéric :

– J'ai un résumé de l'étude juridique, à imprimer en priorité. Il s'agit d'une demande du PM.

Le lendemain, lors de la période de questions, l'opposition accuse le premier ministre de se livrer à de la propagande.

Aussitôt, René revient à la charge auprès de son conseiller en communication :

– Frédéric, embauche des pigistes ! Ce texte, nous allons l'envoyer à tous les avocats, aux économistes, à tous les présidents de compagnies qui exportent aux États-Unis et aux présidents de chambres de commerce. Voici une liste préliminaire de cinq mille noms.

Sans perdre de temps, Frédéric fait le démarchage pour obtenir la liste complète des hommes de loi, les destinataires naturels d'un tel document ; Guy approche pour sa part la direction des communications du Conseil exécutif, son ancien patron, pour obtenir les listes d'envoi habituelles.

Néanmoins, Guy demande si les avocats de langue anglaise seront joints. Frédéric réplique :

– La *Gazette* nous accusera de propagande si nous envoyons un document chez un citoyen qui ne l'a pas réclamé. À l'inverse, si nous n'envoyons pas les documents juridiques aux avocats de langue anglaise, elle nous accusera de discrimination. Laquelle de ces deux accusations préfères-tu ? Tant qu'à se faire accuser de propagande, faisons en sorte que ça en vaille la peine. Car le couvercle sautera de toute façon, que ce soit avec 10 000 ou 100 000 exemplaires. Dans un cas comme dans l'autre, la *Gazette* attaquera ! Vérifions les coûts relatifs au tirage.

Le gaillard se passe la main dans les cheveux :

– Je vais m'entraîner, si tu le permets. Je sens que je vais en avoir besoin ! Demain matin, je serai au bureau dès 7 h pour mettre tout ça en marche.

Chapitre 7

La côte de l'Église et le spleen du premier ministre René Lévesque

Pour les grands commis de l'État, la réunion au sommet que préside le secrétaire général du Conseil exécutif auprès de ses six secrétaires généraux associés est le moment de coordonner la semaine de travail de tout l'appareil gouvernemental. Pierre Lenoir, en costume jaune pâle, fort élégant comme à son habitude, y présente une note sur les dépenses fédérales au Québec. Après trois sollicitations infructueuses auprès du ministère des Finances de la Grande Allée, son adjoint est revenu à la charge afin d'obtenir les chiffres corrigés pour l'année financière qui s'achève.

Le secrétaire général du Conseil exécutif et les cinq autres secrétaires associés écoutent l'une des rares interventions de Pierre Lenoir à ces meetings du lundi matin. Celui-ci fait le point sur l'Étude de restructuration administrative du gouvernement du Québec pour l'exercice financier 1994-1995. La compilation préliminaire établit la part des dépenses et transferts fédéraux au Québec à 22 milliards de dollars sur un total de 84 milliards à l'échelle canadienne. Un tableau montre aussi la ponction de transferts non financiers, appelés les points d'impôt, à 4,6 milliards pour le Québec sur 13 milliards pour tout le Canada. Toutefois, le Québec paie directement certains programmes depuis la négociation des années soixante entre les premiers ministres Lesage et Pearson.

En tenant compte des transferts financiers et fiscaux, la note élaborée par le secrétaire adjoint du secrétaire général associé établit la part qui revient au Québec à 27 % pour l'exercice qui finit le 31 mars. Par contre, en ce qui a trait aux sociétés de la couronne, la contribution que verse Ottawa s'élève à 1,2 milliard sur les 4,9 milliards attribués à l'ensemble des provinces, soit une part de 24 %. Il appartient au ministère des Finances de conduire l'analyse de la partie controversée, et cela tarde : il attend le dépôt du budget avant de se commettre. Inquiets, les chercheurs de l'INRS sollicitent par lettres depuis des semaines l'intervention immédiate du sous-ministre des Finances.

Le ministre délégué à la Restructuration a déjà demandé une rencontre avec le ministre des Finances à ce sujet, car l'évaluation de l'ampleur des activités fédérales pose problème si on n'utilise que des données préliminaires. Il est évidemment impossible d'obtenir dès maintenant les chiffres réels de l'exercice 1995-1996, qui ne commence que dans quelques jours.

Dans ces conditions, la conciliation de trois méthodologies sur la part québécoise des revenus fera l'objet du meeting de son secrétariat, mercredi, avec tous les directeurs de recherche. En attendant le retour du secrétaire général associé, Luc Labonté marche de long en large en faisant valoir à ses collègues :

– Si le référendum a lieu à l'automne, il devient possible de reconsidérer les données pour la prochaine année budgétaire, après le discours du budget du ministre des Finances. Pour le printemps, ce n'est pas jouable : on ne peut pas anticiper les chiffres pour finir les études dans un mois.

Dans le secrétariat, Luc ronge son frein en se défoulant sur son sous-ministre.

– Pierre Lenoir n'a pas de talent en économie.

*
* *

Après ce meeting Frédéric a tôt fait de retourner à Montréal pour commander la mise en page des résumés d'études demandés par le premier ministre Parizeau. Il démarre sa voiture noire, garée à côté de la Jaguar olive de Pierre Lenoir, un fauve sous la mousse d'uréthane jaune collée au plafond. Le moteur toussote, le calcium maculant le bloc du moteur faisant son effet, mais il tourne finalement.

À la sortie du garage, le conducteur fait face cette fois à la réserve navale HMCS Montcalm, un acronyme pour Her Majesty's Canadian Ship Montcalm. Frédéric sort du souterrain, se disant que le général français a apparemment fait partie de la Royal Navy à son insu, après sa mort. L'armée dispose de cet immeuble en face du parking du premier ministre du Québec.

Il tourne sur la droite, en quittant la perspective du manège militaire des Voltigeurs, un immeuble construit juste avant le recrutement de chair fraîche pour la guerre des Boers et pour la guerre de 1914-1918. Au bout de la rue George-V, lorsque paraît l'Hôtel du Parlement de Québec, Frédéric bifurque sur la Grande Allée, s'éloignant de ces lieux où se concentrent militaires et parlementaires.

Dans l'axe des plaines d'Abraham, près de la Villa Bagatelle, le chemin Saint-Louis oblique vers le sud pour se coller à la bordure de la falaise, délimitée par le cimetière protestant. Au bout des grands pins alignés, Frédéric dévale la côte de l'Église, en direction du fleuve et du boulevard Champlain. Pendant la belle saison, il se serait engagé dans la côte Gilmour, pratiquée dans la falaise au lieu-dit Wolfe's Cove. Qu'on le monte ou le descende, été comme automne, l'étroit chemin, gardé par les érables, possède un charme unique, courant des plaines d'Abraham à l'Anse au Foulon. L'hiver, on le ferme à la circulation. Trop abrupt. Trop sinueux.

Ce n'est pas que la côte de l'Église, trois kilomètres plus loin, à Sillery, soit douce ! Elle domine la pointe à Puiseaux, la principale avancée de terre dans le fleuve, côté nord, entre la pointe à Carcy et le pont de Québec.

L'automobile descend la falaise en face de la rivière Etchemin, qui fraie son chemin depuis les hauteurs de Dorchester jusqu'au fleuve. Une maison jaune garde la pente, Frédéric aperçoit, au-delà, le cap Blanc ; plus loin, vers l'est, le cap Diamant, coiffé de la Citadelle. En revanche, de l'autre côté, à l'ouest, le cap au Diable paraît amputé après avoir fourni tant de blocs de pierre pour l'érection de la Citadelle. Au loin, le soleil se couche sur le pont de Québec.

La pointe à Puiseaux s'avance, discrète, dans le fleuve, juste en bas, fermée à la circulation par des blocs de béton. Frédéric s'approche ainsi du bout de la ligne des caps. Sur la falaise de Sillery, cela ressemble à un champ minéral, bordé de grands pins et d'un village de maisons de bois ; elles datent de l'époque où la capitale redevint ville française, à la suite de la décision de la reine Victoria déplacer à By Town la nouvelle garnison du Haut-Canada et d'en faire la capitale d'une Confédération de quatre provinces. À ce moment, les ouvriers français reprirent position en force aux confins de la haute ville de Québec, à l'ouest, des deux côtés de la côte de l'Église.

Des flocons collent au pare-brise, ce qui n'empêche pas Frédéric d'apercevoir les glaces qui remontent le courant. Sur la rive sud, la rivière Etchemin se glisse sous le frasil, dans une poussée de fièvre à l'avancée de la forêt sur les pointes de son embouchure. Des arbres protègent encore la rivière que Champlain appela du nom des Indiens qui y pêchaient le saumon, le bar et l'esturgeon.

Le fleuve a quelque chose d'irréel devant cette rivière qui paraît bloquée à sa sortie. Frédéric voit une lumière jaune émanant du monastère érigé sur la pointe est, à la place du manoir que le fils du trésorier de l'armée britannique, John Caldwell, avait fait construire au bas des moulins de l'Etchemin, en 1804. Le trésorier s'était approprié la seigneurie de Jean de Lauson, directeur de la compagnie des Cent Associés. La plus grande seigneurie de la colonie avait été concédée à Caldwell par le gouverneur James Murray pour services rendus. Là furent équarris des centaines de milliers de pins blancs centenaires, de hêtres et de chênes destinés à l'Angleterre. Le pays en était couvert ; difficile maintenant d'en trouver.

Le rêveur descend la côte en s'imaginant les arbres couchés dans le fleuve, avant leur expédition vers le Quebec Dock, à Londres, tout près du Russia Dock. De l'Etchemin à la Chaudière, toutes les anses ont reçu ces grands arbres, avant leur partance. Les radeaux de « cageux » ont descendu le fleuve pendant tout le XIXe siècle, depuis Kingston, à la naissance du fleuve, et le haut de l'Outaouais, pour approvisionner la Royal Navy. On en a fait des mâts et des navires, ils sont partis à la conquête du monde, il ne reste que des photos et des tableaux illustrant l'inlassable activité qui se déroulait alors.

Pendant un moment, Frédéric croit voir les scieries et les anses à bois qui se succèdent à la queue leu leu près de la côte en face. De part et d'autre de l'Etchemin, les anses Benson, New Liverpool, Mill, Windsor et Tibbitts dessinent des échancrures dans le rivage, autant de lieux de stockage pour les radeaux de pins et de chênes amenés d'en haut du fleuve. Car la Navy réclamait de la colonie 400 000 arbres équarris par an, dès 1806, afin de contrer le blocus français sur le continent européen. William Price et Peter McGill firent fortune sur la rive sud du fleuve, comme James Tibbits et William Benson. Aujourd'hui, les charpentiers du bord de l'eau surveillent plutôt les glaces dans le fleuve. Les arbres de l'« Amazonie du Nord » ont disparu, avalés par les bateaux de Londres.

Le début de la tempête s'amplifie aux abords de la tubulure de la British Golden Eagle. Des nuages noirs masquent les tuyaux quand la tempête s'approche. Frédéric appréhende la poudrerie venue d'en haut. Vite, le crépuscule envahit la pointe. Aussitôt, la voiture enneigée file vers les piliers du vieux pont jeté au-dessus du fleuve, érigés avec des pierres d'Écosse ayant servi de ballast aux navires. Au printemps, ces piliers deviennent des aimants pour les pêcheurs à la ligne ; ils se profilent en bas du canyon de la rivière Chaudière.

Au crépuscule, la lune naissante, pâle, crache une grosse neige alors que les glaces remontent le fleuve à l'assaut des piliers enfoncés dans cinquante mètres d'eau. Du côté de la terre, la côte Gignac et la côte du Verger se faufilent derrière de grands réservoirs. Le ciel passe du gris au noir, de la neige à la tempête. Frédéric anticipe le vent des Grands Lacs.

De loin, le vent prépare son coup sur le fleuve, il prend son élan à Portneuf, souffle jusqu'à l'archipel de l'île aux Grues, glaçant Québec au passage. La tempête prend du souffle, se déversant par rafales, pendant que la neige s'accumule sur la chaussée.

Le deuxième passage étroit de Québec, propice aux embâcles, situé à dix kilomètres en amont du premier, a servi d'ancrage au fameux pont érigé à l'occasion du troisième centenaire de Québec, en 1908. À l'époque, les trains roulaient sur la rive sud seulement, de Charny à Lévis, vers Rivière-du-Loup. L'ouvrage de fer, érigé par les ouvriers de Limoilou et de Caughnawaga à mi-chemin entre le cap Rouge et le cap Blanc, allait relier le Vieux-Charny au Vieux-Québec, tout en laissant intacts le cap Diamant, le cap Blanc et le cap Rouge. Cela mit fin à l'isolement de la capitale, quarante-cinq ans après la construction du pont Victoria à Montréal, mais il était trop tard pour rétablir la prédominance de Québec sur Montréal.

À la sortie du canyon de la Chaudière, du côté sud, la glace saisit l'embouchure de cette rivière à nouveau. Après avoir hésité un moment entre un côté et l'autre des piliers, la rivière, venue de la Beauce, arrive, sinueuse, sonnée par sa descente abrupte et par les remous, par les tourniquets entre rocs et marmites de la haute chute, jusqu'au fleuve. La rivière, le « sault » et le cap Saint-Nicolas font encore de ce site un endroit sauvage. Aux antipodes de l'estuaire de la rivière Saint-Charles, à l'est de la capitale, saccagée, contenue dans un lit trop étroit, cernée de béton depuis trente ans.

La neige tombe maintenant comme de l'ouate au pied du pont. Elle remplace la lumière dans le crépuscule. Sur le second pont, parallèle au premier, commencent l'autoroute et la bourrasque. Le mauvais temps arrive avec les automobiles surgies de la nuit naissante. À la hauteur du pont, le vent souffle par rafales et la tempête prend possession du paysage pour une dernière fois cet hiver.

On ne voit pas la fin de l'hibernation en mars. Québec ne remporte la victoire contre le froid qu'après six mois de neige et de blizzard.

La tempête teste une dernière fois cet hiver l'esprit de résistance des Québécois !

– Écoute, mon vieux, c'est désastreux les maquettes qu'on me propose. J'ai besoin d'une mise en page qui ait de la gueule. On m'a dessiné une maquette pour enfants et une autre pour arriérés. Suggère-moi quelqu'un de génial qui me règle ce problème, vite et pour pas cher !

– Génial, rapide, à petit prix : et tu n'as pas trouvé le candidat dans les pages jaunes, Frédéric ?

Jean-Philippe, originaire de Cahors, boit de la Molson et il a ses habitudes à l'Express : il salue l'un et l'autre des serveurs par leurs prénoms, prend des nouvelles du chef, lui rend parfois visite dans la cuisine, avant de s'installer au soleil, à la table de droite en entrant. Il connaît même la sortie à l'arrière et les habitudes du stationnement dans la ruelle.

C'est comme ça depuis l'époque où Frédéric traduisait en catastrophe des articles spécialisés pour un quotidien de Montréal : Jean-Philippe a toujours la solution. Et il le prouve ce midi encore :

– Appelle Guylaine, tu ne trouveras pas meilleure graphiste pour travailler en situation d'urgence. Une battante, cette fille. Surtout, tu seras satisfait. Maintenant, passons aux choses sérieuses : qu'est-ce qu'on mange ?

Frédéric ne le laisse pas encore en paix :

– Minute, Gargantua ! Il me faut une solution sûre et une position de repli si jamais ça ne marche pas. Ça fait deux fois que M. Parizeau annonce la distribution de bulletins de vulgarisation sur des sujets difficiles. Je peux te dire que ça chauffe au cabinet du ministre ! Alors, la troisième fois, il faudra qu'on soit prêt pour expédition immédiate.

L'éternel adolescent, frisé et très élégant, ne s'en fait pas outre mesure. Quand on l'appelle, c'est qu'on veut des résultats pour la veille.

– C'est une bonne graphiste. Je lui téléphone si tu préfères. Je peux t'en suggérer une autre mais elle fignolera et ce sera trop long pour toi. Guylaine carbure au défi. Et vise-moi le tarif : trois fois moins élevé que celui d'une agence de communication, n'importe laquelle. Bon, ne va pas me dire que tu n'as pas de compte de dépenses ; si c'est le cas, tu es cave, excuse ma franchise. Je peux te le dire parce que les libéraux, crois-moi, ils en avaient un sacré compte de dépenses ! J'en sais quelque chose. Alors, tu m'invites ? Mais c'est moi qui choisis le vin !

Sa dernière phrase se perd dans un éclat de rire.

– Allons, ne fais pas cette tête !

Guylaine vient le jour même au bureau de Frédéric, dans les combles du vieil édifice de la place Mercantile. Il lui remet les documents qu'elle a pour tâche de rendre attrayants en un temps record. Il lui parle aussi d'une maquette pour la page couverture du premier livre d'une collection.

*
* *

Ce jour-là, plusieurs chercheurs présentent leur rapport d'étape à l'INRS-Urbanisation, l'institut de recherche de l'Université du Québec, curieusement situé dans le ghetto McGill à Montréal. Miguel a préparé la venue de Frédéric auprès du coordonnateur de l'INRS, un type pas facile, l'a-t-il prévenu :

– Reste coi. Observe les débats, mais n'interviens pas ! Les chercheurs se montrent très jaloux de leurs prérogatives. Et Pierre Tormonde tient à paraître leur défenseur à tout prix !

Miguel affiche son allure austère. Ce jour-là, deux actuaires traitent d'une première étude, *Le transfert des engagements du gouvernement fédéral relativement aux pensions des employés résidant au Québec*. Sur la foi du fichier statistique du ministère du Revenu, ils établissent à 89 000 le nombre des pensionnés fédéraux résidant au Québec.

– Au total, l'ensemble des engagements des régimes de pension du Canada, au 31 mars 1994, s'établit à 94 milliards de dollars et la part du Québec s'élève à 15 milliards. Mais par ailleurs le Québec assume lui-même une part de ce montant à l'heure actuelle.

À la fin, ils prévoient des engagements actuariels nouveaux de seulement 10,4 milliards pour le Québec souverain. L'actuaire en chef signale encore :

– À 17 % des salaires versés à même la masse salariale pour le Canada, par rapport aux 24 % de la population québécoise dans le Canada, le Québec sort nettement déficitaire des paiements fédéraux à des employés québécois. De plus, les salaires élevés ne se répartissent pas de la même manière au Québec et en Ontario, signale Claude Lamonde. Par exemple, on compte seulement 13 % de la masse salariale des Forces armées au Québec, une proportion deux fois moindre que ce qu'elle devrait être.

À la fin, Claude Lamonde annonce la remise de son document pour le 3 avril.

Aussitôt, Frédéric souffle à Miguel :

– Il est canon, ce type-là. Son étude fait une avancée loin derrière les lignes ennemies. Le Fraser Institute n'a qu'à bien se tenir avec un chercheur comme celui-là.

Le document va à l'encontre de la perception défaitiste des contribuables, mais il ne fera l'objet d'aucun lancement.

Suit un rapport intitulé *Les PME et la souveraineté* :

« Les PME ont joué un rôle majeur au cours des dix ou quinze dernières années. S'il y a une croissance de la productivité par rapport à l'Ontario, c'est aux PME qu'elle est attribuable. Inversement, nous dépendons de moins en moins de l'Ontario pour nos expéditions. Le Canada a un rôle moins important pour l'expédition des marchandises du Québec. Cela a commencé avant le libre-échange, en 1983, et le phénomène s'intensifie. »

Le directeur scientifique de l'INRS, Jean-Claude Thibaudeau, a mené l'étude. La base du développement régional est moins volatile qu'il n'aurait cru. En effet, les fluctuations se font moins sentir dans les PME que dans la grande entreprise depuis 1980. L'avenir des PME dépend surtout de leur capacité d'innovation. Il signale que leur financement survient par voie d'endettement plus que par croissance du capital-actions, depuis 1980, ce qui augure moins bien.

Durant la pause, Frédéric manifeste de nouveau son enthousiasme :

– Excellents, ces travaux ! Ils soumettent des points de vue inédits. Il s'agit maintenant de bien les présenter au public. Les chercheurs doivent exposer les résultats de leurs travaux eux-mêmes : dans le cas de ces sujets pointus, la parole vaut mieux que l'écrit.

Miguel fait la moue :

– Rends-toi à l'évidence, Frédéric : aucun universitaire n'acceptera de bon cœur de s'asseoir à la table d'Achille Leblanc, de se présenter à sa tribune. L'université et la politique, ça ne va pas bien ensemble, surtout avec ce ministre.

– Si un tel lancement survenait en deux moments distincts, réplique Frédéric, et que le ministre s'exprimait après les chercheurs et séparément, serait-ce possible de les faire participer ?

Miguel reste réticent.

– Un chercheur peut accepter à titre individuel mais l'INRS demandera d'avoir la main haute sur l'événement.

Au retour de la pause, un universitaire fait le point sur l'aspect Recherche et Développement. À vrai dire, il fait plutôt un procès d'intention au gouvernement québécois, passant carrément sous silence la faible part de la recherche fédérale au Québec. Devant ces explications emberlificotées, Frédéric se dit qu'après tout il n'y a peut-être pas intérêt à amener chaque chercheur en conférence de presse.

Jean-Yves Thibodeau a meilleure prestance assurément. Selon sa compilation, la fiscalité paraît problématique, le ministère de l'Industrie et du Commerce ayant relevé 1 000 entreprises qui font de la recherche sur les 1 940 sociétés ayant obtenu un crédit d'impôt. Son étude exige un ciblage nouveau des entreprises appuyées par l'État. On comprend notamment qu'il y a lieu de reconsidérer le mandat du Conseil de la science du Canada.

Finalement, Miguel et Pierre discutent d'une étude qui tarde à avancer, ses données restant insuffisantes. La direction des prévisions fiscales a fourni des chiffres inadéquats au chercheur pour l'exercice 1993-1994. Miguel commente :

– Cette année-là représente le creux des recettes de la présente décennie à cause de la récession qui se terminait.

Puis, les coordonnateurs conviennent de se revoir cinq jours plus tard. Entre-temps, Pierre Tormonde agira en tant que Père Fouettard. Cela dit, la date butoir de mars ne permettrait pas de travaux sophistiqués. Pourvu qu'on lui accorde un contrat, a conclu Pierre Tormonde.

Il est midi, Miguel emmène Frédéric et plusieurs chercheurs au *El Gitano*. La carte espagnole du restaurant le plonge dans son sujet de prédilection. Il évoque le roman d'Aragon qui s'amorce sur la débâcle des anarchistes espagnols et la fuite éperdue de la population chassée par les franquistes à la frontière française des Pyrénées, mais retardée outre frontière par les gendarmes français. Pour lui, le récit de cette fuite, c'est l'essence de la littérature. Le peuple entier fait irruption dans le récit.

– Voilà ce que j'appellerais le roman emblématique du XXe siècle. Je tiens Aragon pour le seul auteur qui ait su lier la fuite de l'Espagne de Franco à la défaite française de 1940, quand les soldats français, acculés à Dunkerque, cherchaient à monter à bord des bateaux anglais, pour ne pas succomber devant les Allemands. Mais les Anglais ne prenaient que les Anglais à bord de leurs vaisseaux. Pas de place pour les Français défaits. Cette mise en parallèle de la fin de ces deux mondes, quelle idée ! Commencer le récit avec la fin d'un peuple expulsé de son pays, j'y vois du génie ! En Amérique française, on attend encore un auteur de la force d'Aragon.

*
* *

En toute fin de journée, René vient, manches de chemise relevées, recueillir les impressions de Frédéric sur la prestation des chercheurs. Le chef de cabinet ne se présente pas lui-même à l'INRS pour entendre les chercheurs : il demande à l'un et à l'autre de prendre le pouls.

– À mon avis, Claude Lamonde pourra facilement tenir tête à Marcel Côté, l'économiste du NON le plus sollicité.

René aime ce qu'il entend.

– Il est en mesure d'établir sa crédibilité en expliquant comment il a mené sa recherche, tout en trouvant le ton et les mots pour se faire comprendre de la population. Cet actuaire pilote deux études majeures. Tu ne trouveras pas un meilleur vulgarisateur à mettre sous les feux de la rampe. Au besoin, on peut le faire succéder à un économiste professoral.

Toutes les recherches présentent un intérêt mais René établit un *distingo* sur la capacité de chacun à exposer les résultats de sa recherche, certains chercheurs s'emberlificotant dans leurs explications. Voyant que le directeur de cabinet s'apprête à partir, Frédéric ajoute :

– Autre chose : on me signale que beaucoup de chercheurs ne veulent pas paraître en public avec le ministre Leblanc. Il y a lieu de prévoir des lancements sans lui. Cette fois, ce n'est pas le sondeur qui le demande, mais les chercheurs.

René tarde à répondre. Finalement, il conclut :

– Si c'est comme ça, mets en branle deux séries d'événements, l'une avec le ministre, l'autre sans lui. Dans l'éventualité d'un référendum dès ce printemps, identifions tout de suite nos points forts et les études à lancer en priorité. Nous avons besoin d'un plan à court terme et d'un calendrier, Frédéric !

À l'évidence, il a des comptes à rendre.

Le vice-premier ministre Bernard Landry s'est laissé aller à des confidences sur le référendum dans les coulisses de la Commission nationale sur l'avenir du Québec, réunie pour ses dernières délibérations à Beauport :

– Ça peut être juin, a-t-il déclaré, mais ce n'est pas une hypothèse hautement probable. Je ne veux pas être le commandant en second de la brigade légère exterminée en vingt minutes à cause de l'irresponsabilité de ses commandants, a-t-il dit en se référant à la bataille de Balaklava, perdue par les Anglais dans un réduit sur la mer Noire, en Crimée, le 25 octobre 1854.

Le vice-premier ministre obtient un effet bœuf avec cette référence à la brigade de cavalerie conduite au massacre par Lord James Cardigan, le général qui voulait tenir tête aux troupes russes. Au fond de la vallée, les Russes attendaient, près du port de Sébastopol, dans ce qu'on appela la Vallée de la mort à cause de ce combat livré en pure perte. *La charge de la brigade légère*, tel est le titre du poème de Lord Tennyson, qui décrit la perte de 40 % de la troupe. Plus tard, le général Bosquet, qui avait assisté au combat, déclara : « C'était grandiose mais ce n'était pas la guerre. »

Bernard Landry reconnaît, par l'exemple de la stratégie militaire, qu'un référendum en juin ne donnera pas le temps nécessaire pour recueillir toutes les informations dont la population veut disposer avant le vote. Cette déclaration permet aux chercheurs de respirer.

Le chef de l'Action démocratique du Québec, Mario Dumont, déclare dans la foulée qu'il considère que, si les Québécois sont prêts à voter sur le projet souverainiste tel qu'il est proposé par le PQ, c'est pour le rejeter. À moins de modifier de fond en comble sa proposition, le PQ ne saura pas rallier une majorité de Québécois, soutient-il.

À Ottawa, Lucien Bouchard joint sa voix à celles de Bernard Landry et Mario Dumont sur la question de l'échéancier référendaire en affirmant qu'il serait très déçu si le référendum n'avait pas lieu en 1995. En complétant les propos du vice-premier ministre, il en appelle aux souverainistes pour qu'ils aillent plus loin dans les réponses fournies aux préoccupations exprimées et peaufinent un projet apte à apaiser les inquiétudes de l'électorat sur une union économique avec le Canada.

Le samedi 1er avril, on détecte de nouveaux signes avant-coureurs d'un report à l'automne et d'une modification de la stratégie référendaire. En effet, *Le Soleil* publie un sondage sur les préoccupations économiques à l'égard du référendum, en titrant sur six colonnes à la une : « Le OUI doit cibler l'union économique ». À compter de ce jour, le débat prend une autre allure. Le chroniqueur Michel David parle d'un « incontournable trait d'union pour réussir à toucher le cœur des indécis ».

En guise d'illustration de la volatilité de l'opinion, le journal indique en mortaise : « Les arguments économiques ont des effets variables selon qu'on penche vers le OUI ou vers le NON ». Ce sondage met l'accent sur le sentiment que la firme Léger & Léger avait détecté chez les groupes cibles. Il faut que l'association économique soit à l'avant-scène du débat et et y reste jusqu'à la fin de la campagne préréférendaire.

Aux yeux de Frédéric, le Secrétariat a tout intérêt à privilégier l'association économique.

*
* *

Le lundi, le conseiller en communication franchit le site de l'ancienne ferme de James McGill, avec le quotidien de la capitale sous le bras. Ça lui plaît de parcourir le jardin du colonisateur, avant de rejoindre les comploteurs en quête de pays, réunis de l'autre côté de la rue de John Coape Sherbrooke, le commandant en second du duc de Wellington durant la campagne de 1809 contre Napoléon.

Frédéric traverse la rue du défenseur acharné de George III pour se rendre chez le directeur de cabinet du ministre. Il brandit le journal devant René et lui parle de l'intérêt de l'étude réalisée par Pierre-Paul Proulx sur l'union économique.

– La recherche de cet économiste du Centre de recherche en développement économique de l'Université de Montréal fournit des réponses à plusieurs interrogations de la population.

Pas de réplique. Frédéric poursuit sa défense face à un homme qui joint les mains et pince les lèvres, en se concentrant :

– Qui plus est, il s'est identifié comme leader des économistes du NON lors du référendum de 1980. Proulx marquera des points auprès des indécis. Il a fait savoir qu'il déposera son document à l'INRS dans dix jours. On pourra dès lors en faire le lancement. Le seul problème tient à ce que l'INRS se traîne les pieds pour nommer un correcteur au texte.

Le directeur de cabinet ne relève pas le point, se contentant de suggérer à Frédéric d'assister de nouveau au prochain rapport d'étape, cet après-midi-là :

– Le cabinet considère la réponse que va livrer la firme de David Bernstein à l'étude White & Case, ainsi que la préparation des crédits parlementaires à déposer dans deux semaines.

Manifestement, il y a des obstacles.

Peu après, Guylaine apporte une maquette. Le bleu marine saute aux yeux dans la première esquisse, le bleu pâle dans la deuxième, une citation s'imbriquant au texte dans la marge.

Frédéric pense que le titre doit gagner en impact.

– Pas mal, dit-il néanmoins. Vous préparerez deux autres maquettes, avec des fleurs de lys plus discrètes. La présentation des résumés doit attirer l'attention des lecteurs et les inciter à les lire ; nous visons les avocats, dans ce cas-ci, mais aussi des gens de clubs de l'Âge d'Or, et tous ceux que ça intéresse. Nous annonçons une série de textes que les gens pourront conserver. Faites vos épreuves en pensant à des études sérieuses rédigées par des universitaires mais présentées à tout le monde ! Je vous ferai parvenir les couleurs officielles du gouvernement dès cet après-midi.

– Vous êtes exigeant, dit-elle à Frédéric en lui souriant tant bien que mal, le portfolio sous le bras.

– On se revoit demain matin, rétorque-t-il en tendant la main.

Guylaine lui jette un œil sombre avant de prendre le large.

*
* *

Miguel et Frédéric empruntent la rue Milton, du nom du poète pamphlétaire devenu secrétaire aux langues étrangères dans le gouvernement Cromwell, une rue tranquille au demeurant, en plein cœur du quartier McGill, peu encombrée de voitures. Arrivés à l'angle de la rue Durocher, ils bifurquent vers le grand immeuble de brique ocre, début vingtième, l'INRS, le cénacle qui dégage une fumée blanche au-delà du Milbrooke Building, une résidence d'étudiants.

Un économiste de l'Université d'Ottawa y présente son rapport d'étape sur l'avenir de l'Outaouais et l'intégration des fonctionnaires fédéraux dans un Québec souverain. Arrivé de France voilà quinze ans, il a besogné sur la question de l'Outaouais, comme un forcené, pour des prunes. Il a réalisé ce travail de moine, comportant des centaines de tableaux, dans un milieu hostile. S'appuyant sur un portrait des recherches antérieures, il explique ainsi la conjoncture :

– L'économie de l'Outaouais s'est récemment ancrée dans le tertiaire. On compte, dans ce qui est devenu la troisième agglomération québécoise, 30 065 emplois fédéraux sur les 125 085 emplois de l'Outaouais québécois, soit 19 % – nettement moins que ce que les gens pensent. Du côté ontarien, en revanche, il y a 95 960 emplois fédéraux, trois fois plus. Cela établit le rapport de force fédéral entre les deux provinces.

L'universitaire s'arrête pour mesurer son effet. Chacun écoute attentivement.

– On relève 398 650 emplois privés sur les deux rives de l'Outaouais. On peut observer après le référendum de 1980 un phénomène de densification des emplois en télécommunication du côté de Kanata, Gloucester et Neapan, les nouvelles banlieues d'Ottawa, en raison de la politique de subventions que le gouvernement fédéral a mise sur pied. Parmi la centaine de sociétés qui en ont profité pour s'établir du côté ontarien, il s'en trouve d'ailleurs qui proviennent de Montréal. Cela accroît la dépendance des Québécois à l'égard de l'industrie privée ontarienne de l'Outaouais qui vit, elle, de contrats fédéraux, avec la main-d'œuvre de Hull au besoin. Telle est la nouvelle manière de s'attacher l'Outaouais québécois. C'est typique de l'époque Trudeau !

C'est ainsi que s'est développée une technopole de 90 000 emplois supplémentaires en Ontario. Maurice Saint-Germain réalise la recherche de sa vie. Ottawa prend d'ailleurs ses résultats tellement au sérieux qu'il a confié une commandite à la firme Secor pour lui répondre du tac au tac, même si ces dépenses ne sont pas comptabilisées dans le comité du NON.

– Il m'a fallu trois ans pour compiler ces statistiques. En examinant les flux de main-d'œuvre, j'ai dénombré 7 940 personnes qui travaillent au Québec pour le gouvernement fédéral et 17 285 Québécois qui traversent en Ontario pour un emploi gouvernemental ; mais il y a aussi 30 445 Québécois qui se rendent à Ottawa pour d'autres emplois, deux fois plus que pour les emplois gouvernementaux dorénavant.

– Envisagez-vous une solution ? lui demande Miguel.

– À court terme, l'autarcie paraît impensable. Je propose plutôt un programme de redressement sur cinq ans. À titre de comparaison, je signale que 50 000 Alsaciens vont travailler en Allemagne tous les jours, moyennant une paie de 20 % au-dessus du salaire français. On ne voit pas de problème à cette circulation de la main-d'œuvre d'un pays à l'autre. De même, les ouvriers de l'automobile vont de Windsor à Détroit tous les jours, franchissant la frontière américaine sans encombre.

Finalement, il ajoute un calendrier de décentralisation des institutions fédérales en faveur de Hull, à compter de la mise en œuvre de la souveraineté. À moins de prendre ces précautions, l'économiste prévoit que le OUI provoquera une hécatombe dans l'Outaouais.

En outre, les enfants de Franco-Ontariens s'établissent désormais dans l'Outaouais, à cause du prix moins élevé des maisons et du coût de la vie nettement moins cher du côté québécois. Or, ils agissent comme la cinquième colonne d'Ottawa.

– Bref, les citoyens de l'Outaouais ne dépendent pas moins d'Ottawa qu'au référendum de 1980, contrairement à l'opinion répandue. À cause de la nouvelle technopole et de la migration des Franco-Ontariens à Gatineau, on dénote une amplification de la résistance à la souveraineté dans l'Outaouais.

En somme, dans la région, le combat devient plus difficile qu'au référendum de 1980.

*
* *

– Ce n'est pas au point mais on avance, lance Frédéric à Guylaine, de retour à la place Mercantile, une nouvelle maquette en main. Nous nous adressons à des électeurs sur une question névralgique : l'avenir du Québec. Et nous appelons les citoyens à prendre la décision la plus importante de leur histoire. Ce document s'adresse à la fois aux personnes âgées, aux ouvriers, aux étudiants, aux universitaires, à tous ceux qui s'intéressent aux sujets économiques. Nous ferons circuler le résumé un peu partout pour que ces idées fassent leur chemin.

Guylaine ne dit mot. Il n'est pas sûr que l'ampleur de l'horizon décrit l'encourage.

– Ce n'est pas tout. Nous offrirons le texte original à qui veut le consulter sous forme de livre. Il y a lieu par conséquent de concevoir une collection. Le livre fait contrepoids aux accusations de propagande. En somme, nous avons un sacré boulot, Guylaine. Chaque document de vulgarisation renvoie à un livre correspondant ; ils s'appelleront l'un l'autre. Je sais que le délai paraît impossible, mais peut-on avoir une première maquette de la collection demain ? À Québec tout se précipite !

Guylaine reprend simplement ses maquettes et rentre à l'atelier.

Pendant une demi-heure toutefois, elle prend le grand air en remontant d'un pas ferme le boulevard Saint-Laurent.

*
* *

La Rapière n'a pas de fenêtre à l'entresol, mais à cinq mètres du tunnel, ce restaurant offre la discrétion assurée. On y accède de la rue Stanley par l'entresol d'un immeuble de dix étages, laissant le boulevard de Maisonneuve s'engouffrer à même son flanc, sous une arche de briques.

Un homme à barbe longue arrive avec une vingtaine de minutes de retard. Il était l'un des conseillers de René Lévesque et se rappelle les préparatifs du référendum de 1980. Frédéric l'aborde par la bande.

– Daniel, nous nous apprêtons à distribuer une série de brochures sur des sujets économiques et juridiques. La première portera sur les relations commerciales avec les États-Unis. Pour le moment, nous envisageons de procéder à un envoi auprès d'une clientèle de 10 000 leaders d'opinion. À ton avis, est-ce une bonne opération ?

Le conseiller ne prend pas de détour : mieux valent des encarts dans les médias.

– Des encarts pour arroser les lecteurs de journaux, c'est la façon de toucher un public vaste. À part la distribution à domicile, quatre fois plus chère, il n'existe pas de meilleur moyen d'atteindre les gens chez eux. On peut aussi acheter une annonce de trois quarts de page dans les quotidiens ; dans ce cas-ci, une nouvelle paraît à côté de votre message, ce qui fait lire l'annonce. Ça ne coûte pas une fortune : 75 000 $ pour un encart dans les douze quotidiens du Québec, avec deux millions de personnes à la clé. Le plus onéreux, c'est la production à l'atelier de montage et l'imprimerie, soit l'équivalent, en fin de compte, du coût d'un petit journal autonome. On choisit un papier de qualité, ce qui incite les gens à le garder. Si vous en faites paraître plusieurs à la suite, numérotez-les et avisez les gens de votre intention dès le début. Publiez deux, quatre, dix encarts, graduez votre impact.

Il est clair pour Frédéric que le procédé ouvre des avenues. Bien sûr, le message paraît sophistiqué. Mais le débat économique doit progresser à tout prix même si le résultat du référendum devait en bout de piste se révéler négatif. Il précise :

– Nous ne devons pas traiter ces sujets de manière simpliste, le public nous en tiendrait rigueur, du moins le public renseigné. Des explications nuancées feront réfléchir même ceux qui s'opposent au OUI. Les personnes âgées ont le temps de lire ; elles demandent à comprendre, elles sont avides d'informations. J'entends de vieilles tantes et des cousines poser plein de questions sur les chiffres de la souveraineté, sur l'avenir de leurs avoirs personnels, sur les conséquences fiscales, sur les emplois perdus. Elles veulent discuter de ces sujets avec leurs proches.

Daniel soutient qu'on peut faire le tour d'une question dans un encart.

– La différence avec les publicitaires, c'est qu'au lieu de montrer une photo d'automobile, vous mettez du texte. Vous n'avez pas à annoncer dans les journaux anglais. Ils vont gueuler, bien sûr, mais déterminez votre public cible. Remarque qu'avec l'information gouvernementale, on n'exclut pas les Anglais de toutes les publications. Ils s'opposeront, ils t'emmerderont, ils écriront que tu distribues de la propagande dès que tu feras paraître des annonces chez eux. Toi, tu n'as qu'à t'en tenir à ton message auprès de ton public cible. Tu publies une information sur ce que le gouvernement juge d'intérêt public pour les citoyens du Québec avant le vote. Contrairement à 1980, vous devez tout faire pour joindre les gens chez eux.

Il marque un temps d'arrêt. La voix a baissé d'un ton :

– Ce référendum, il ne faut pas le perdre.

Frédéric résume :

– Si on fait un encart de vingt pages en y synthétisant dix études, le coût se justifie. En tout cas, il faut faire vite. Au dernier moment, on n'a pas le temps de faire tout ce qu'on a prévu.

Daniel acquiesce.

– Vous convaincrez des indécis, vous donnerez des arguments aux convaincus, vous ferez réfléchir. C'est ce qui importe. Même si cela se traduit par 50 000 votes au OUI, cela en vaut la peine. Quant à savoir si les chercheurs rejoindront beaucoup de monde directement, s'ils auront une bonne force de conviction, je ne sais pas. Un ministre obtient une meilleure couverture qu'un chercheur dans les reportages télévisés. Sauf qu'on ne sait pas d'avance si le message du ministre passe bien ; il fait l'objet d'une interprétation par le reporter de télévision. Dans un encart, ton message rejoint directement le lecteur ; à la télé, le reporter met en relief le propos du ministre et cherche à le mettre en contradiction avec le chercheur. Dans un cas comme dans l'autre, tu seras traité de propagandiste. Ne t'occupe pas de ça ! Ce qui importe, c'est que tu réussisses à joindre les gens que tu vises.

Daniel en a arraché au référendum de 1980. Des souvenirs lui remontent en tête. C'est comme si c'était hier. Après un moment, il confie :

– Je me souviens du moment où nous avons perdu. Six jours avant le référendum, nous étions une dizaine dans le *War Room* de la campagne du OUI, à l'édifice des Arts appliqués, rue Saint-Denis. La défaite était palpable dans la salle. Nous écoutions le discours de Pierre Elliott Trudeau. On aurait entendu voler une mouche. René Lévesque fumait cigarette sur cigarette, l'air abattu. Trudeau demandait une dernière chance aux Québécois, il savait que les Québécois allaient la lui donner, sa dernière chance ! Comme si quelqu'un de chez nous avait soufflé à Trudeau ce qu'il fallait dire pour faire mal au camp du OUI ! On n'avait pas besoin de se parler ! Tout le monde pensait la même chose ! C'était triste à mourir ! La dernière semaine de campagne référendaire, c'est très dur. Dix fois pire que ce à quoi on s'attend !

Ça le remue encore, quinze ans plus tard :

– Attention, il faut une constitution solide pour une campagne référendaire. Si on n'occupe pas la position dominante au dernier sprint, c'est la débandade ! Préparez-vous à toutes les saloperies imaginables, et pire. Laissez faire la *Gazette* si elle vous traite de propagandistes ! De l'autre côté, ils mènent le combat du NON à grande allure. Ils ne sont pas neutres, pas du tout. Ils vont vous tirer dessus à boulets rouges, quoi que vous disiez ! L'important, c'est de gagner ; pour ça, il faut que vous preniez les moyens de convaincre les gens là où ils sont, dans leur milieu de travail, chez eux. Mettez des annonces dans les journaux, à la radio, à la télévision, dans les cafétérias d'usine, dans la rue, auprès des camionneurs ; rejoignez les indécis là où ils se trouvent !

Le *baby-boomer* a pris du poids depuis quinze ans. Il se penche au-dessus de la table et ajoute, après un moment, l'œil entouré par les pattes d'oies qui se multiplient :

– Après le discours de Trudeau, René Lévesque demandait à qui venait lui dire qu'on devait contrer cette propagande : « Vous en avez, vous, une façon de renverser la vague ? » On restait tous paralysés. Ce n'est pas possible de répondre à ça. La vague, c'est maintenant qu'il vous faut la faire monter. Sinon, nous allons perdre le référendum une deuxième fois et ça va faire très mal !

Daniel pense que le référendum de 1980, inscrit sous le signe de la malhonnêteté, du mensonge et des promesses non tenues, a montré que le camp du NON était capable de tout. On connaît la suite : la nuit des longs couteaux de novembre 1981 contre

René Lévesque, la charte des Droits de la personne érigée envers et contre les lois adoptées dans les législatures des provinces, ce qui a entraîné des recours en révocation auprès de la Cour suprême. À seule fin d'ébranler la loi sur la langue française.

A suivi une dépression collective pendant quinze ans, avec la morosité à très grande échelle, le désabusement, les suicides d'amis, les pertes d'emploi pour les souverainistes. Chez Daniel comme chez plusieurs, à l'espoir de jours meilleurs et du pays français enfin retrouvé avait succédé le cynisme. Pendant ce temps, de l'autre côté, à Ottawa, venaient les promotions par dizaines de milliers et l'argent à profusion.

La démagogie et les promesses fallacieuses de Pierre Elliott Trudeau ont fait mal à toute une génération d'idéalistes.

Daniel dépose ses lunettes sur la table et glisse entre ses dents, sur le ton de la confidence :

– Cela a tellement blessé René Lévesque, cette défaite, et tout ce qui s'en est suivi, qu'il ne s'en est jamais remis : il s'est laissé aller à petit feu, après 1980, il a finalement démissionné et, une fois brisé, désabusé, devenu le nouveau symbole d'un peuple défait, il en est mort !

CHAPITRE 8

Margot et son curieux périple
d'Ottawa à la souveraineté

Margot Laviolette est directe. Elle va droit au but. Son attitude ne présente pas d'ambiguïté. En l'apercevant, on sait à quoi s'en tenir. La patronne, au bureau, c'est elle. Toutes les semaines, le ministre l'invite au *Graffiti*, son restaurant préféré, rue Cartier. Il entretient ainsi de très bonnes relations avec sa secrétaire et sait tout ce qui se passe au bureau. Elle incarne l'âme du bureau. Les yeux et les oreilles. Bien sûr, cela établit un rapport de force au sein du Secrétariat ; chacun doit en tenir compte. Les amies de Margot lui rapportent ce que fait chaque directeur de service et elle le relate au ministre. Du coup, elle se voit au pouvoir. Et elle n'a pas complètement tort.

Être l'amie de Margot ne signifie pas pour autant qu'on accède au cercle rapproché du ministre, non plus que participer aux conversations du midi et fournir sa part d'observations sur tout un chacun. Elle filtre, supervise, ordonne le petit monde des officines. Margot agit comme sergent-major du bureau. Et chef du service de renseignement de tout ce qui gravite autour d'elle. Les ministres passent, les fonctionnaires s'installent. Certains sont attachés à leur ministère comme s'il s'agissait de leur entreprise.

173

Ce matin Luc Labonté, secrétaire adjoint du Secrétariat à la restructuration, ne tient pas en place. Il n'a pu voir le ministre, reclus dans son bureau avec Margot. Il se rend dans l'officine d'Élisa, l'amie de Margot, pour lui remettre une lettre destinée au sous-ministre des Finances. Élisa reçoit les appels du sous-ministre et lui achemine par signal avertisseur les demandes de Québec quand il se rend à Montréal ; et elle entretient une correspondance téléphonique avec Marie-Chantal, sa vis-à-vis dans la métropole, qu'elle conseille à distance, et dont elle recueille les confidences. Mine de rien, la secrétaire de direction du sous-ministre prend note de tout ce qui se passe autour d'elle et apprend le reste par téléphone.

Depuis le départ du précédent coordonnateur des études externes, Pierre Lenoir confie tout ce qui a trait aux études contro-versées à sa nouvelle recrue, Richard Leboulet, et à son ancien associé qu'il a fait embaucher à titre de conseiller spécial.

Celui-ci vient à Québec un jour par semaine. Pierre Lenoir, Richard Leboulet et Claude d'Angleterre forment le triumvirat des études externes, celles qui disposent des meilleurs budgets. Parfois, il arrive que Luc les questionne sur leur façon de faire.

Élisa remplit les demandes de ces trois-là, chic et maquillée dès 8 h 30, comme si elle allait à un cocktail. Lors de ses sauts à Québec, Claude d'Angleterre s'installe dans un bureau situé à côté de la messagerie et il passe une dizaine d'appels téléphoniques, avant ses rencontres officielles. Bref, il fait des affaires avec Montréal, de Québec. Puis, il discute avec Leboulet.

À l'improviste, à la demande de Luc, Frédéric fait une visite de courtoisie au consultant externe et s'enquiert auprès de lui de ses activités. Visiblement surpris, l'autre répond qu'il exécute des mandats à la demande du sous-ministre. Il met la dernière main à un contrat sur les prémisses de l'intégration éventuelle du ministère fédéral de la Défense au gouvernement du Québec.

– Une tâche compliquée, se contente-t-il de remarquer.

D'Angleterre planche sur un modèle informatisé pour l'intégration éventuelle des activités des ministères fédéraux. Luc se montre très inquiet : lui-même fournit des documents à Leboulet, qui aboutissent chez d'Angleterre. Il a fait part de ses préoccupations à Frédéric : il faudra bien qu'on rende publiques les études d'Angleterre un jour ou l'autre, en vertu de la loi d'accès à l'information. Comment savoir si ces études ont la qualité requise ?

C'est pourquoi, mine de rien, Frédéric va à la source.

– Nous avons des fichiers informatiques à constituer ; c'est compliqué, l'informatique, fait valoir d'Angleterre.

Frédéric n'en tire pas grand-chose de plus ; il fait rapport à Luc. Sur ce, Bianca, la comptable méticuleuse, arrive à l'improviste dans le bureau de Luc et s'exclame devant ses collègues :

– Tout à coup, les projets de contrats externes se multiplient sur mon bureau pour que je les présente au Conseil du trésor ; on vient de m'en remettre trois nouveaux, prévient-elle.

L'adjointe tient les factures pour le compte de la direction de l'administration du Conseil exécutif, le lieu où on procède à l'approbation finale. Par la suite, les dossiers se rendent au Conseil du trésor. Par conséquent, chacun interroge Bianca sur le sort des contrats qu'il dirige et sur les études qui ont des incidences sur ses propres contrats. Bianca voit à ce que le financement des études se réalise sans encombre. Elle informe les directeurs de recherche lorsqu'un projet est refusé et les avise de la marche à suivre. On vient d'informer la jeune comptable de l'éventualité de nouvelles études sur les activités du ministère de la Défense. Elle s'en ouvre aussitôt au directeur des études gouvernementales pour le Secrétariat.

– Luc, un contrat vient d'être signé, pour la période du 3 avril au 26 mai, au montant de 168 000 $; heureusement, on embauche en même temps un spécialiste des questions de défense chargé de surveiller ce contrat, à la demande expresse du secrétaire général du Conseil exécutif.

Luc paraît enfin rassuré : l'expert agira comme garde-fou, soucieux que ces recherches produisent des résultats. Bianca renchérit :

– Le nouveau venu commence demain. Auparavant, il travaillait à Ottawa comme chargé des questions de Défense pour le Bloc Québécois.

Bref, il a déjà produit des rapports sur cette question dans le passé.

Finalement, la rouquine signale à son collègue le branle-bas de combat en cours depuis 8 h ce matin dans le bureau de Leboulet. Celui-ci s'affaire pour le consultant d'Angleterre et pour le secrétaire général associé, Pierre Lenoir. Il va et vient entre les deux bureaux.

– Ces trois-là, signale Bianca, avaient fixé le montant de l'étude préparatoire sur la Défense à 235 000 $ et d'une étude subséquente à 165 000 $. Ces deux contrats viennent d'être ramenés à un et réduits à la baisse, par décision de la direction générale de l'administration. On serre enfin la vis en haut.

Luc s'en réjouit.

– Secteur délicat... Les gros budgets en jeu s'expliquent par le fait qu'on ne dispose d'aucune expertise pour la Défense à Québec. Mais ce n'est pas une raison pour confier de façon discrétionnaire des enveloppes plus importantes que les autres à un coordonnateur dépourvu d'expérience gouvernementale à ce sujet.

Élisa arrive dans le bureau, juchée sur des talons hauts, arborant son plus beau sourire, avisant Luc que le sous-ministre Lenoir demande à le voir. Manifestement, c'est plutôt Luc qui se trouve dans le collimateur du sous-ministre.

*
* *

Rouge de colère, Luc dépose bruyamment le combiné de son téléphone. Directeur de l'Étude de réorganisation administrative, il vient de faire part à son économiste principal du contenu d'une note qu'il reçoit tout juste.

D'une part, il supervise les réunions des experts délégués par vingt-deux ministères, d'autre part il fournit de nombreux documents internes du gouvernement à ses collègues qui dirigent d'autres recherches. En ce jour, il vient de recevoir de Richard Leboulet, chargé des contrats extérieurs, une note réclamant toutes les données de chaque ministère, en l'occurrence des dizaines de milliers de pages destinées à la synthèse que son service prépare pour réorganiser les deux gouvernements en un seul, après la déclaration de souveraineté, la totalité des documents remis à Luc !

Richard Leboulet lui adresse sa lettre comme s'il le mettait en tutelle ; il prépare la voie pour la réunion statutaire du mercredi qui a pour thème le mandat de l'Étude de réorganisation administrative. Leboulet écrit dans son jargon imbuvable :

« Afin que cette discussion nous éclaire, je demande une copie de toutes les données transmises au secrétariat par les ministères et organismes ; les données des vingt-deux secteurs de l'administration ; le cahier des données ayant servi pour constituer les tableaux avec les explications méthodologiques, les clés de répartition à l'avenant et l'identification de chacune des hypothèses. »

Homme méticuleux, complet trois pièces, cravate sombre, Luc paraît sur le point d'exploser ! À vrai dire, chacun des directeurs de service du Secrétariat reste interloqué de cette curieuse correspondance. Le secrétaire adjoint soupçonne le consultant d'être le demandeur en cette affaire pour obtenir des données confidentielles du gouvernement afin de réaliser ses propres études.

Depuis le début des travaux, Luc remet cinquante pages de documentation aux directeurs de service avant chaque meeting. Il informe les uns et les autres de l'état d'avancement de sa mission de réorganisation administrative.

Cette fois, la requête a un arrière-goût de rétrogradation. Le nouveau venu s'emparerait du terrain ? Pourtant, Luc occupe le rang de sous-ministre adjoint, c'est-à-dire de numéro deux du Secrétariat au niveau du personnel. Il est nettement supérieur à Leboulet dans la hiérarchie.

– Cela ressemble à de l'insubordination, tranche Miguel accouru dans le bureau de Luc. Leboulet ne peut pas agir de cette manière sans l'appui de Pierre Lenoir, le secrétaire général associé.

Luc le consulte sur la ligne à suivre alors que l'autre fume cigarette sur cigarette, après avoir discrètement refermé la porte.

Un plan de guerre prend forme chez le bouillant économiste.

*
* *

L'orage se gonfle de nouveaux nuages. On voit se former de noirs cumulus au-dessus des têtes. Le 5 avril, tout le monde s'amène très tôt au bureau. Car les tractations vont bon train avant le meeting du mercredi.

Élisa passe et repasse devant les bureaux où l'on tient des caucus improvisés. Avec un sourire éclatant, sous prétexte d'aller au télécopieur, elle demande à chacun si tout va bien, histoire de surprendre des bribes de conversation.

Frank Gagnon, le nouveau venu, un spécialiste des questions de Défense, costume cintré, sourire avenant, lui dit gentiment :

– Belle journée, Élisa, ta robe à pois est superbe ; ça donne le goût de l'été.

Leboulet reste enfermé dans son bureau sans fenêtre extérieure. Affairé, il crayonne un plan. À l'écart, René La Fayette, le chef de cabinet, décontracté, veste tombée, prend connaissance de la revue de presse du premier ministre, en anticipant les questions qui seront posées tout à l'heure au ministre Leblanc, dans l'enceinte de l'Assemblée nationale.

Dix minutes avant le meeting, Bianca arrive dans la salle et ouvre son carnet, en attente. Élisa vient aussi, mais elle tourne aussitôt les talons pour aviser son patron de l'arrivée de chacun. À son tour, Pierre Lenoir s'amène, vêtu d'un costume pâle et d'une cravate à motifs maritimes.

« Voici une jolie tache dans les dunes », se dit Miguel tandis que la fumée de sa cigarette s'élève en volutes. L'autre se montre sociable mais il reste formaliste. D'une mise impeccable, lunettes à petites montures, allure effacée, le secrétaire général associé s'attend apparemment à une dure matinée. Après avoir salué les uns et les autres, il lance l'ordre du jour, structuré autour du « résultat du mandat quatre » donné à Luc. Il s'en tient au travail de son secrétaire adjoint pour établir l'ordre du jour malgré cinq propositions de ses directeurs de service visant à le modifier.

Lenoir demande le redéploiement du travail de son adjoint et sollicite la fin de son mandat et « que les clés du mandat quatre soient désagrégées » ; il les juge non valables, ce qui remet en cause le travail de Luc. Il lui propose une rencontre avec Miguel. Aussitôt, le secrétaire adjoint fait diversion en exposant la recherche que l'une de ses adjointes mène sur les sociétés de la couronne :

– Nous avons relevé quarante-neuf compagnies de la couronne qui s'activent sur le territoire du Québec ; elles comptent 115 000 employés ! Toutefois, une quinzaine seulement s'avèrent très actives au Québec.

Un comité de son Groupe sur la restructuration administrative examine ces sociétés fédérales une à une, en vue de leur éventuelle prise en charge. Ce travail avance en parallèle au portrait de la machine fédérale.

Luc conserve une attitude formelle, il ne laisse pas tomber la veste. Le haut fonctionnaire tient à rester impeccable, méticuleux, compétent, dévoué à l'État. À son tour d'égratigner. Sa cible : les études externes déposées sur cinq sociétés de la couronne :

– Ces sociétés n'ont pas été ciblées de manière adéquate pour leur prise en charge par Québec. L'étude sur la Poste n'ajoute rien qu'on ne sache déjà. Il y a lieu de discuter ces piètres résultats et d'établir un nouveau mandat pour l'examen des sociétés fédérales en cause, en abordant la question de leur intégration dans l'appareil gouvernemental québécois. Nous avons besoin d'un nouveau ciblage de ces travaux de recherche.

Pierre Lenoir l'interrompt aussitôt, ramenant la discussion au travail de l'équipe de Luc. Celui-ci précise que son équipe examine aussi les engagements et les comptes à recevoir des sociétés d'État fédérales pour dresser un portrait d'ensemble. Pierre Lenoir ne rétorque rien. Crispé sur sa chaise, il laisse se poursuivre le premier tour de table. Parfois, il blanchit en entendant l'une ou l'autre des interventions. Le moment n'est pas venu pour lui d'attaquer.

Le directeur des études financières, Jean Tibert, donne un peu de répit en abordant une autre facette du sujet :

– Du point de vue des dépenses, la Commission d'assurance-chômage représente le principal facteur de dépendance fédérale en ce moment. Mais la situation est justement en train de se modifier. Pour examiner la Sécurité du revenu, nous avons besoin de la mise à jour (chiffres réels et prévisions) des dépenses révisées pour l'exercice 1994-1995. Dans le portrait du fédéralisme, il nous manque les revenus réels.

Luc saisit la balle au vol :

– À ce stade-ci, nous n'avons pas à considérer les changements politiques dans le fonctionnement de l'appareil d'État.

La validation des dépenses envisagées par chacun des ministres viendra plus tard.

Son tour venu, Miguel aborde le bilan de succession que réalise l'Institut national de la recherche scientifique, sous sa coordination.

– Nous savons, grâce au travail de l'équipe de Luc, qu'il y a cent cinquante programmes fédéraux et trois cent cinquante activités fédérales au Québec ; cela a nécessité un calcul de haute précision. Mais il nous paraît nécessaire d'avoir, à compter de maintenant, un homme de confiance au ministère des Finances pour nous épauler ; ce n'est pas le cas, étant donné que le protégé de Robert Bourassa reste en place aux Finances. Il est censé nous fournir toutes les nouvelles données, mais il opère avec une lenteur... Le problème ne se trouve pas dans l'équipe de Luc mais au ministère des Finances qui nous donne autant de mal que le fédéral.

Richard Leboulet l'interrompt. D'abord, il se plaint du secrétaire adjoint et lui réclame le dépôt de tous ses documents sans délai. Il demande la relève pure et simple de ses fonctionnaires par des consultants extérieurs.

– La fonction publique n'est pas efficace, lance-t-il, accusateur.

Le secrétaire adjoint se tait. Il n'a pas l'intention de céder une liasse de documents confidentiels à cet énergumène.

Au bout de la table, Pierre Lenoir laisse monter la soupe au lait. Luc, que les attaques renouvelées ont poussé à bout, sort finalement de ses gonds. Le haut fonctionnaire en a les oreilles qui virent au rouge alors que ses joues restent blanches, tellement la colère l'envahit. À la fin, il montre du doigt son bourreau et l'apostrophe avec véhémence :

– Si jamais tu t'avises de me présenter un autre torchon comme celui que tu m'as envoyé hier, je te le fais manger. Est-ce clair, Richard ?

Leboulet se tourne vers l'assemblée. Chacun se retient d'intervenir, interloqué. Pierre Lenoir n'a pas l'intention de blâmer Richard Leboulet, ni de lui demander qu'il retire son mémo de la veille. On en profite pour dire un mot à l'oreille de son voisin. Tous se voient en désaccord avec Leboulet, tous sauf Pierre Lenoir. Leboulet doit démissionner, chuchote-t-on. L'un et l'autre le regardent, l'œil en coin. La qualité de ses études externes paraît insuffisante. C'est là que réside le problème du secrétariat.

– C'est pourquoi le précédent directeur des études externes a quitté le Secrétariat voilà deux mois, claquant la porte, chuchote Miguel à Frédéric.

La voix de Pierre Lenoir, le patron, traverse le murmure.

– L'étude de réorganisation administrative reste insuffisante.

En conclusion il fera appel à des firmes extérieures pour remplacer les économistes du gouvernement. Tous ont compris où veut maintenant en venir le sous-ministre. Alors, Jean Tibert tente de faire diversion. Il demande qu'on considère aussi les approches privilégiées par les économistes Mathews, Fluet et Lamonde, dans trois études qu'il dirige sur les entrées et sorties de fonds fédérales.

La discussion repart un moment, ce qui permet d'éviter que les deux protagonistes ne s'égorgent. Pour la forme, Jean Tibert conteste le maintien des quatre cents activités dans le budget de 42 milliards du gouvernement du Québec, ainsi que le maintien de l'intégralité des trois cent quarante-cinq activités fédérales. L'optimisation n'a pas été prise en compte, fait-il valoir.

De son côté, Luc explique le phénomène de l'attrition, importante dans la fonction publique québécoise, considérant l'âge de la contrepartie fédérale au Québec, nettement plus jeune. Des économistes de son équipe ont constaté le faible niveau hiérarchique de la fonction publique fédérale au Québec.

Pendant un moment, la pression diminue. Chacun tourne son attention sur la façon dont Pierre Lenoir dirige la réunion, avec la manière qu'il a de ne pas condamner Leboulet. La collusion entre le sous-ministre et son homme de main est évidente. Il ne fait plus de doute que Leboulet a requis ces données au bénéfice de consultants extérieurs.

Ce mercredi-là, le sous-ministre Pierre Lenoir perd la confiance de ses directeurs de recherche.

*
* *

Mᵉ Durivage, le directeur des études juridiques entré en fonction voilà quelques jours à peine, sort interloqué du meeting, le premier auquel il assiste. Tandis que le groupe s'engage dans le souterrain reliant le *bunker* au parlement, il souffle à Jean Tibert :

– En quarante ans de vie professionnelle, je n'ai jamais assisté à une telle altercation.

Leboulet, mal à l'aise, presse le pas et cherche des alliés. Bientôt, le vieil avocat aux cheveux blancs se décide à l'apostropher :

– Richard, je n'accepte pas qu'on mène le procès d'un collègue dans une réunion interne. Nous, les directeurs de recherche, sommes tous égaux. Ton insistance à acculer un collègue contre le mur, comme ton refus de répondre au sujet des études dont tu as la charge, voilà qui n'est pas acceptable. Comment peux-tu nous infliger un tel supplice ? On ne demande pas à quelqu'un de justifier chaque détail d'une recherche dont il a la responsabilité. De plus, on répond aux demandes d'information des autres.

Leboulet réplique :

– Les documents de Luc m'ont été demandés pour des contrats informatiques confiés hors de la fonction publique.

L'avocat enchaîne :

– J'ai assisté hier à la réunion qu'a présidée Louis Lebonze, le Secrétaire général du Conseil exécutif, au Comité sur la souveraineté. Je peux te dire, Richard, qu'il n'aurait jamais accepté un tel comportement ; il n'humilie pas un subalterne. Ce n'est pas sa façon de faire. Chaque question est abordée de façon à ce que le responsable du dossier propose lui-même les changements appropriés. De plus, pourquoi réclamer une documentation écrasante pour une maison extérieure qui n'a pas fait ses preuves, qui a produit jusqu'à maintenant un travail de bien peu de valeur ?

Les autres s'éloignent de Thomas Durivage et de Richard Leboulet à grandes enjambées. Personne, à part le juriste, ne parle au mouton noir. Au barrage des agents de sécurité, il faut bien se regrouper pour montrer patte blanche. Thomas, Richard et Frédéric arrivent les derniers au restaurant *Le Parlementaire*.

En principe, les déjeuners raffermissent l'esprit d'équipe. Pierre a réussi le contraire, sans apparemment s'en rendre compte. Il a joué la ligne d'autorité et refusé de blâmer un subalterne, préférant mettre en tutelle son premier adjoint, le haut fonctionnaire de carrière. Jacques et Frédéric s'assoient de chaque côté de Richard. Miguel se dit que cela va se jouer à six contre deux désormais. Il n'y a plus d'espace entre les épaules des six collègues face à Richard Leboulet et Pierre Lenoir. Dans un effort pour atténuer la portée des événements, le patron conseille le lièvre de Charlevoix.

Parmi les événements qui font l'histoire, il en est qui se déroulent sur les champs de bataille ou dans les arènes publiques. Miguel Cortès a grandi au milieu des récits de la guerre d'Espagne. Ce que son père lui racontait de l'espoir républicain et de la terrible répression franquiste tenait de l'épopée. Il s'est senti anéanti par le *Guernica* de Picasso, comme si c'était sur lui que les bombes avaient plu. Sa formation en économie lui a appris que les événements se tissent aussi dans l'ombre. Ce matin, il découvre un volet de la politique. Le passage à la souveraineté donne lieu à des affrontements sur tous les terrains.

Celui qui vient de survenir entre les responsables des recherches et le sous-ministre n'est pas le moindre.

– Et vous Miguel, le lièvre, ça vous sourit ?

Miguel pense qu'il a faim de gros gibier.

*
* *

À partir de ce jour-là, Élisa ne répond plus aux questions sur les rendez-vous de Pierre Lenoir, ni à quoi que ce soit sur le secrétaire général associé. Avec Margot à Québec et Marie-Chantal à Montréal, le moulin à rumeur tourne rondement.

Tôt le lendemain, Bianca, la comptable, sort du bureau d'Élisa en furie. L'autre vient de lui remettre une pile de comptes de dépenses, remplis de travers. Elle doit tout reprendre à zéro. La jeune femme va se vider le cœur chez Guy, son ami :

– Quand on pense qu'on l'a fait venir de l'extérieur de la fonction publique pour devenir la secrétaire de direction du sous-ministre, c'est renversant, quelqu'un qui ne sait même pas remplir un compte de dépenses ! Comment le défenseur de Leboulet peut-il avoir embauché une assistante aussi incompétente ? Elle a habilement omis d'inscrire, dans son curriculum vitæ, son travail à Valcartier, au Centre de recherches pour la Défense nationale. Tu te rends compte ? Auparavant, elle a même travaillé au siège social du ministère de la Défense à Ottawa. Or, voilà que cette recrue des officines de la Défense du Canada fait le saut subitement aux études référendaires du gouvernement du Québec. Et cela se passe au moment où son mari occupe encore un poste d'administrateur à Valcartier, pour l'armée canadienne. Tu ne trouves pas ça incroyable !

Guy fait comme s'il s'opposait aux arguments de son amie :

– Voyons, Bianca, tu ne trouveras pas mieux que l'armée canadienne comme force au service de la neutralité ! Chypre, la Bosnie...

– :... et le Québec pendant la crise d'Octobre !

– Trêve de plaisanterie : avec de telles accointances, comment peut-elle travailler au secrétariat chargé des études du OUI ? Cela ne me rentre pas dans la tête. Comment justifie-t-on un tel saut d'Ottawa au ministère des études référendaires du Québec ?

Cela relance Bianca :

– En plus, elle n'a même pas démissionné du ministère de la Défense. Elle a seulement demandé un congé sans solde et, crois-le ou non, elle l'a obtenu, pour travailler au sein d'une instance souverainiste. Elle peut retourner n'importe quand à la Défense nationale. Pour moi, cette Élisa est au cœur d'une affaire à la John Le Carré.

Frédéric arrive sur ces entrefaites pour demander un document à Guy. Bianca le prend à témoin, lui aussi, à propos des assistantes du ministre et du sous-ministre : se doute-t-il à qui il a affaire ?

– Margot et Élisa ont été recrutées hors des normes de la fonction publique québécoise, malgré les compressions budgétaires en cours ; nous sommes en plein régime d'exception ! Parmi tous ceux à qui j'en ai parlé, personne ne comprend comment une telle chose a pu arriver. Peux-tu m'expliquer ça, Frédéric ? L'une provient de l'armée terrestre, l'autre, du Centre de recherches pour la Défense.

Frédéric est éberlué. Guy reprend :

– Et voilà qu'elles cherchent toutes les deux à faire la loi au secrétariat des études sur l'indépendance du Québec. Ce n'est pas une situation normale, Frédéric.

Bianca devient intarissable :

– Depuis des mois, elles me posent plein de questions sur le processus d'imputabilité du Conseil du trésor et patati patata. Ça n'en finit plus, leurs interventions, dans tout ce qui ne les regarde pas !

Les deux collègues découvrent ce qui se discute depuis deux semaines au Conseil du trésor.

– Et ce ne serait déjà pas mal si Élisa arrivait à écrire une lettre sans fautes...

Frédéric est sidéré. Comment de telles collaboratrices ont-elles pu s'immiscer dans l'entourage immédiat du ministre ? Et comment gagner le référendum sur la souveraineté du Québec en confiant la mise en œuvre des études sur la souveraineté à des gens dont la conviction et la compétence paraissent pour le moins suspectes ? Nous réalisons un travail extrêmement délicat et confidentiel et voilà qu'on nous entoure de recrues en provenance du ministère de la Défense de la Reine, pense-t-il. C'est à peine croyable !

Guy reste discret en toute circonstance. Un fonctionnaire de carrière préfère ne pas faire de commentaire sur le personnel politique recruté par un ministre.

Ce qui ne l'empêche pas d'avoir la mine déconfite en sortant du bureau en compagnie de Frédéric.

*
* *

Ce jour-là, Margot expédie une note du directeur de cabinet à l'intention de tous les professionnels du Secrétariat à la restructuration.

Élisa l'a remise à Bianca. Ce n'était pas une bonne idée. Car la note sollicite la collaboration de Bianca pour que Richard Leboulet prépare les crédits budgétaires pour la Commission des Institutions de l'Assemblée nationale, prévue le 13 avril, au sujet des crédits du ministère.

Cette fois, Bianca se réfugie chez Luc, le secrétaire adjoint du secrétariat, où se trouve déjà Frédéric. Elle confie :

– Leboulet ne dispose pas de l'imputabilité budgétaire pour procéder à une telle préparation des crédits. Il ne connaît rien aux budgets, ni à la procédure de cheminement des dossiers administratifs au gouvernement. Cela n'entre pas dans ses attributions, s'emporte-t-elle.

Pourtant, Leboulet fera exécuter les calculs, les compilations et tableaux par Bianca. Elle devient en quelque sorte son adjointe pour un temps, ce qui paraît une irrégularité administrative à la jeune femme puisqu'elle agit à titre d'adjointe administrative du sous-ministre, Pierre Lenoir.

Après avoir entendu les confidences et les doléances de Bianca, Frédéric se rend d'un pas décidé chez René La Fayette, le directeur de cabinet du ministre, pour s'assurer que celui-ci se rend bien compte de l'incongruité de la situation. Il lui fait état des demandes du coordonnateur des études externes auprès du secrétaire adjoint et mentionne la piètre qualité des études déposées par Leboulet. Puis, il s'étonne que l'étude sur les communications que supervise Leboulet s'élève à 160 000 $, sans même la participation d'un seul expert.

– René, ne doit-on pas émettre un avis défavorable à ces études dirigées par Leboulet ?

– Si la qualité d'une étude s'avérait inadéquate, nous demanderions aussitôt une remise en chantier du document. Sois assuré qu'on ne paiera pas pour un document qui n'est pas valable.

Il paraît en outre hors de question d'enlever la préparation des crédits parlementaires à Richard Leboulet.

Avant de partir, Frédéric fait part de son étonnement au sujet de la provenance des secrétaires de direction du ministre et du sous-ministre.

– La Défense nationale, tout de même...

René lui répond aussitôt qu'il s'agit d'une affaire stricte-ment personnelle entre le ministre et Margot. Autrement dit, cela tient du secret d'alcôve. Le directeur de cabinet préfère fermer les yeux. Il ne croit pas ces deux dames dangereuses. De toute façon, il a l'air de penser qu'on ne peut pas éviter d'être espionné, à Québec, par des agents du gouvernement fédéral.

Frédéric hoche la tête : bon nombre d'idéalistes travaillent au Secrétariat, des indépendantistes convaincus, qui font très bien leur travail, mais il se demande si les idéalistes se trouvent au bon endroit pour un travail professionnel au sujet du passage à la souveraineté du Québec. Il pense : « C'est absurde de faciliter la vie comme ça aux longues oreilles du gouvernement fédéral. »

CHAPITRE 9

Le jeune Stéphane, la nation
et le voyage extraordinaire de Jules Verne

En ce jeudi midi, Frédéric s'accorde un répit, goûtant le premier soleil du printemps en compagnie de Stéphane Loiseau, le directeur de la communication pour la Commission nationale des jeunes sur l'avenir du Québec. Le jeune homme plein d'enthousiasme est déjà venu le visiter trois fois pour lui demander conseil. Il prépare la publication de fiches sur des questions d'histoire pour les étudiants et cherche à obtenir un impact maximal des publications des deux secrétariats. À leur sortie de l'édifice H, le *Calorifère*, ils empruntent le sentier improvisé par les employés entre les quartiers du premier ministre et le bâtiment de la Réserve navale.

Dès le chemin du parc des Champs-de-Bataille, les deux complices des deux secrétariats du Conseil exécutif bifurquent vers l'avenue du Cap-Diamant en longeant les fortifications. Celles-ci prêtent flanc à la caserne Connaught, quartier général de la 35ᵉ brigade de réserve de la Reine, une série de bâtiments militaires déployée jusqu'à la contrescarpe.

Les deux hommes montent la pente adoucie du glacis pour accéder au belvédère offrant une vue sur le fleuve. Là, ils s'appuient à la rambarde du kiosque à musique, au bout de la promenade des Gouverneurs, jetant un œil aux soldats qui portent la couronne d'Angleterre à leur béret, tout près, dans le bastion de la Citadelle.

Profitant de la fonte des neiges, les deux alliés politiques hument l'air du temps, près des quartiers de l'armée implantés dans les fortifications de Québec. De l'autre côté du fleuve, on aperçoit la Terrasse de Lévis, à même hauteur, inaugurée en 1936 par le roi George VI, venu avec sa fille Elizabeth. Cette plate-forme complétait les travaux entrepris par les Britanniques aux forts de Lévis et de la Martinière, au siècle précédent, pour parer une éventuelle attaque des Américains contre Québec.

En appui au château fort des militaires, le parc des Champs-de-Bataille forme à l'ouest une avancée sur la falaise. Dessiné pour le tricentenaire de la capitale, en 1908, par Frederick Todd, il rivalise avec l'œuvre du maître, Frederick Law Olmsted, l'autre parc qui domine le fleuve, mais des hauteurs du mont Royal.

À l'est du promontoire de la Citadelle, le fleuve change d'allure, envahissant presque avec indolence les battures de la rivière Saint-Charles, puis celles de Beauport et de l'île d'Orléans. L'œil de Stéphane embrasse l'évasement de l'immense voie d'eau ; Frédéric est fasciné par la position stratégique des militaires tout près : que font donc des soldats de la Reine dans le fort de Québec ?

Accoudé à la Citadelle, le Parc des batailles, selon l'appellation de Boucher de la Bruère, occupe les plaines où Abraham Martin menait ses vaches en pâturage au XVIIᵉ siècle, alors que le navigateur Martin observait la progression des bateaux dans les parages de l'île d'Orléans. Ses bêtes avaient brouté l'herbe de la côte Sainte-Geneviève et de la côte portant son nom, près de sa maison sur laquelle s'ouvrait un panorama sur l'Ancienne Lorette et Charles Bourg, du côté nord de la rivière Saint-Charles ; mais elles reluquaient le champ d'herbe fraîche des Ursulines, à la limite de Sillery. Alors le premier pilote du Saint-Laurent fit en sorte d'obtenir cette récompense, les plaines d'Abraham, pour sa connaissance du fleuve et son habileté à faire remonter les navires du Roy sans encombre à Québec. Sur les hauteurs d'Abraham, on disait que les vaches rassuraient tout le monde sur la quiétude du lieu.

À l'époque, Champlain avait envisagé de défendre ces champs du cap aux Diamants et de protéger l'arrière-pays au moyen d'un fort en bois. En 1620, il fit construire le fort Saint-Louis sur la falaise, le symbole du roi de France en Amérique. Peu après un conflit armé avec les Anglais dès 1629, le gouverneur Montmagny le jumela au château Saint-Louis. Puis, le gouverneur Louis d'Ailleboust l'agrémenta et le solidifia. En 1690 on connut encore un siège des Britanniques, contre Frontenac. Celui-ci obtint qu'on érigeât la redoute Royale, haute de sept mètres, en surplomb du fleuve, menaçant du feu de sa batterie tout ennemi qui s'y présenterait.

Le chef de la Résistance québécoise au XVIIe siècle avait en effet conjugué des postes de tir sur les hauteurs et, sur la plate-forme de la berge, dix canons veillant sur le chantier naval du Cul-de-Sac. À sa demande, l'ingénieur Villeneuve avait proposé un ensemble de défenses dont une enceinte fortifiée. Puis, Bois-berthelot de Beaucours érigea la redoute du cap aux Diamants. Il dressa les plans de la porte Saint-Louis, de la porte Saint-Jean, des batteries Royale, Dauphine et Saint-Roch. L'ingénieur dirigea jusqu'à cinq cents hommes de troupe pour élever les murailles. Dans la même veine, en 1709, Levasseur de Néré continua les travaux de défense, favorisant le remblayage des berges de la basse ville. Cet ingénieur entreprit la construction de la redoute du Bourreau, de la redoute Royale et de la redoute Dauphine. Québec se transformait en un bourg fortifié, bien avant Montréal.

Chaussegros de Léry prit la relève à compter de 1720. Il traça les plans d'une véritable citadelle, manière Vauban.

Toutefois, en raison de la paix signée avec l'Angleterre, la chose fut remise même si les Français de Nouvelle-France, au fait de l'humeur générale de leurs turbulents voisins du Sud, tenaient à leur fortification. À la fin, le gouverneur Beauharnois ordonna l'érection des fortifications en 1745. Alors, Chaussegros de Léry érigea la porte du Palais, non loin de la redoute Dauphine. Puis, il entreprit les Nouvelles Casernes, qu'il acheva en 1752. Et il érigea le demi-bastion de la Glacière, le bastion du Cap et il construisit des flancs casematés à même le bastion Saint-Louis, afin d'y loger des troupes aptes à défendre Québec, jour et nuit, tirant à travers les meurtrières en cas d'attaque. Des ouvrages protégeaient les portes et les murailles du tir des canons ennemis. Même si en 1759, au moment du choc décisif, les fortifications n'étaient pas parachevées, malgré le mandat donné en ce sens en juin 1757 par Vaudreuil, elles avaient bénéficié d'une attention continue sous le Régime français.

Frédéric et Stéphane contemplent l'ampleur de l'ouvrage défensif adouci par une pente nouvelle ainsi que le plan en étoile de la Citadelle. Ce qu'on en voit maintenant a été retouché par l'armée britannique. Après 1820, les approches de la Citadelle, érigée à même le château fort et pourvue d'une prison, s'enrichirent de glacis, ces terrassements qui obligeaient l'assaillant à s'exposer au tir des canons. Le tir ennemi ne pouvait toucher les parois de pierre à moins d'une extrême précision. Avec Vauban, l'enceinte, formée d'éperons reliés par des murs rectilignes, se défendait à partir de courtines. Les bastions, de par leur forme en saillie, protégeaient les fossés et les portes. Cette technique fit de la haute ville de Québec un fief imprenable, les travaux s'achevant en 1832, soixante-douze ans après la Conquête militaire des Britanniques.

Frédéric constate que, lors de l'insurrection de 1837, il aurait été suicidaire pour le peuple de Québec d'attaquer la Citadelle. Les deux hommes reprennent leur promenade en direction du Manège militaire de 1878, empruntant l'avenue George-VI, bifurquant à l'avenue Ontario, près de l'endroit où Montcalm, blessé mortellement, a été porté hors des plaines. De l'autre côté du parc se trouve la Cité Montcalm ; à la terrasse du même nom, où une statue lui est dédiée, dos aux plaines, l'homme de pierre regarde la Grande Allée, l'épée levée, abasourdi de sa bévue.

Au bout de l'avenue Ontario, les deux promeneurs empruntent à nouveau le sentier. Stéphane comprend que Montcalm s'est fait tirer dans le dos par un soldat anglais, à vingt-cinq mètres des fortifications, après qu'un colon français eut abattu Wolfe sur la butte à Nepveu. Le commandant des forces françaises, sur le point d'entrer dans la ville par la poterne Saint-Louis, s'apprêtait à poursuivre le combat dans le flanc casematé des fortifications, où il aurait dû se retrancher, dès l'arrivée des Anglais sur la falaise, au lieu de s'avancer avec ses hommes sur les plaines d'Abraham.

Stéphane et Frédéric s'approchent de la falaise, après avoir foulé les lieux de détournement du destin français de l'Amérique.

De l'autre côté du fleuve, trois navires mouillent sous les tubulures d'acier de la raffinerie de Saint-Romuald. Devant ce paysage de fer, Stéphane se lance dans le récit de la dernière opération de la Commission nationale sur l'avenir du Québec et du compromis que celle-ci a adopté sur la notion de « nation », en la remplaçant par celle de « peuple québécois ».

Le jeune homme blond, imposant, en contact avec les jeunes des universités, s'enflamme à l'évocation de ce débat :

– Les Anglais n'admettent pas que les Québécois forment une nation. Ils refusent le sens français des mots et la réalité qu'ils désignent. Remarque qu'ils s'acharnent depuis trente ans à employer le terme « séparatiste » même si le Rassemblement pour l'indépendance nationale s'est dit indépendantiste dès 1960. En retenant le sens anglais du mot *separatist,* ils refusent l'idée même de nation québécoise, sans tenir compte des expressions choisies par le Mouvement souveraineté-association, fondé à la suite de la visite du général de Gaulle et ainsi baptisé dans un esprit de compromis, et par le Parti québécois, créé dans sa continuité. De même qu'ils dénigrent l'option politique de leurs adversaires, les médias du Canada retiennent le sens anglais de *nation* signifiant « nation politique ». Pas question de reconnaître l'existence sociologique de la nation québécoise : dans leur esprit, il ne peut y avoir qu'une seule nation au Canada, comme aux États-Unis.

Frédéric évoque l'altercation extraordinaire de Pierre Elliott Trudeau avec le premier ministre du Québec, Daniel Johnson père, en 1968. Celui-ci, d'origine irlandaise catholique, fut abasourdi d'entendre cet autre Montréalais, Français par son père, Écossais par sa mère, nier l'existence de la nation québécoise. L'affrontement, télévisé en direct, assurait l'élection de Pierre Elliott Trudeau comme premier ministre du Canada. « La nation québécoise n'existe pas », a statué Trudeau, un an après les déclarations du général de Gaulle. Pour les Anglais, la question québécoise était réglée : il n'y a qu'une nation au Canada.

Stéphane se demande si la Commission régionale de Montréal sur l'avenir du Québec, au terme de ses délibérations récentes, ne vient pas de donner raison implicitement à Pierre Elliott Trudeau. L'impétueux jeune homme rapporte que les commissaires ont planché sur une notion de peuple québécois qui soit inclusive des cent vingt groupes ethniques débarqués depuis trente ans sur l'île de Montréal, pour lesquels c'est « en retenant le français à titre de langue commune et officielle du peuple québécois » que le dénominateur commun peut s'énoncer.

C'est ainsi que « peuple » paraît sur le point de se substituer à « nation », une notion qui a survécu à la Conquête britannique.

– N'est-ce pas un recul sur ce qui définit l'identité des Québécois ? Il ne me paraît pas évident que les Anglais reconnaîtront davantage la nouvelle formulation. Allons-nous glisser de compromis en compromis ? Et pour quel résultat ? Ils ne veulent rien savoir du peuple québécois, pas plus que de la nation québécoise.

Comme beaucoup de jeunes, Stéphane s'interroge sur l'esprit de concession, trop élastique à son sens, des leaders souverainistes. Frédéric le laisse se vider le cœur : il sait que son interlocuteur prend le pouls des jeunes dans toutes les villes du Québec, et les débats s'y multiplient.

Stéphane résume la situation :

– La politique culturelle d'Ottawa favorise le multiculturalisme. Or l'immigration provient essentiellement des pays du Commonwealth : l'immigration auparavant destinée à la Grande-Bretagne vient au Canada depuis les restrictions qu'a imposées Margaret Thatcher dans les années quatre-vingt ; le *melting pot* à l'Américaine et le ghetto à la manière britannique favorisent le glissement vers des institutions résolument britanniques. La référence française s'étiole. Il n'y a pas que le vocabulaire qui pose problème, l'idée anglaise de nation se substitue à l'acception française jusque dans la réalité. Dans la nation canadienne, les Français ne forment plus qu'une ethnie parmi cent vingt, soutiennent les idéologues d'Ottawa. Les autres provinces peuvent ainsi affirmer que le ciment de la nation se solidifie dans les institutions britanniques d'Ottawa.

Les vibrations d'un lacquier qui fend l'eau parviennent sur la falaise.

– Le français peut être parlé au Québec, soit, mais pas imposé aux nouveaux venus, en vertu de la Charte des droits de la personne adoptée à Ottawa. On doit leur laisser le libre choix de la langue, à ces immigrants du Commonwealth, qui prêtent le serment d'allégeance à la reine d'Angleterre. Chacun obtient ainsi la liberté d'apprendre la langue qu'il veut pour travailler, même à Montréal. Ainsi s'articule le dogme Trudeau, observe Frédéric.

Le navire se faufile dans le rétrécissement du fleuve, entre la Pointe-à-Puiseaux et l'avancée de Saint-David-de-l'Auberivière. Stéphane teste encore davantage son argumentation :

– Le Canada est devenu la principale terre d'accueil des immigrants en Amérique : de 1985 à 1995, le Canada a reçu, en proportion de sa population, quatre fois plus d'immigrants que les États-Unis et dix fois plus que la Grande-Bretagne.

Frédéric ne réplique pas. Il y a eu auparavant quatre grandes vagues d'immigration britannique qui ont fait du Canada un pays définitivement anglais. Stéphane poursuit :

– La question des réfugiés paraît cruciale dans les circonstances : pour des motifs humanitaires qu'il serait mal venu de contester, ils ne sont pas tenus de connaître le français avant d'arriver dans leur ville d'accueil. Logiquement, ils devraient arriver au Canada par les villes donnant sur les océans, soit Halifax ou Vancouver ; or ils viennent à Montréal, plutôt qu'à Calgary, Winnipeg ou Halifax. On en compte 125 000 depuis le référendum de 1980. C'est énorme pour une ville de deux millions d'habitants, qui a du mal à rester française. L'immigration vient en sus, 30 000 immigrants par an au Québec, contre 100 000 pour la France, un pays dix fois plus populeux. Au total, les immigrants arrivés chez nous depuis quinze ans se chiffrent à un demi-million. Ils proviennent notamment de cinquante-quatre pays du Commonwealth, donc avec une propension immédiate à l'anglais. C'est absurde. Montréal n'a pas une telle capacité d'intégration à la langue française.

Après un regard à Fréderic qui se contente d'écouter, Stéphane conclut :

– La chose me paraît claire : Ottawa a entrepris de diminuer le pourcentage de Québécois français sous le flot des immigrants de langue anglaise à Montréal. Si on n'y prend garde, les Français seront minoritaires sur l'île de Montréal.

Frédéric laisse Stéphane s'époumoner. Le sujet de l'immigration reste délicat. Les chiffres sont accablants, certes, mais ils ne rendent pas totalement compte d'un phénomène complexe et devenu indissociable du monde contemporain. Les flux migratoires ont de tout temps contribué à façonner les peuples. Et l'accueil de ceux qui sont victimes d'oppression ou d'exactions politiques est une responsabilité planétaire. C'est le dosage qui pose problème. Même les nations européennes, fortes de quarante ou cinquante millions de citoyens s'alarment. Il est normal que Stéphane s'inquiète, mais Frédéric, profitant des lieux, préfère aborder autrement la question de l'identité québécoise et examiner au profit de son jeune collègue la problématique du pouvoir militaire qui veilla à la première grande vague d'immigration britannique du XIXe siècle.

– Tu vois, Stéphane, la Citadelle incarne le lieu de tous les complots britanniques, le lieu où la force militaire a imposé ses diktats aux citoyens français établis sur les rives du Saint-Laurent depuis deux cent trente-cinq ans. C'est là qu'a pris naissance la répression du haut commandement britannique.

C'est au tour de Stéphane de rester coi, d'écouter l'homme aux cheveux poivre et sel, la petite quarantaine, l'emmener ailleurs.

– Dès les trois premières années de l'occupation, cinq cents Britanniques ont débarqué pour prendre le contrôle des fournitures de l'armée, puis du négoce des pelleteries. Le pouvoir économique changeait de main. Les militaires ne faisaient confiance qu'aux hommes de Londres. Ceux-ci avaient pour mission de drainer l'économie française. Ce phénomène, la prise en charge du commerce, s'étendit sur plus de vingt ans, soit une génération. Après avoir gagné la guerre, ils ont exclu les Français du contrôle de l'économie.

Stéphane a vaguement entendu parler de la prise de contrôle de l'économie par les Britanniques. Frédéric ajoute :

– Au moment de la guerre d'indépendance des Américains, le gouverneur Carleton modifia le plan initial en faveur des loyalistes qui arrivaient de Nouvelle-Angleterre et du New York. Ces anti-Yankees tombaient à point nommé pour bloquer toute menace d'insurrection des Français d'Amérique. En leur offrant des centaines de milliers d'hectares, d'abord dans les Cantons de l'Est, puis dans le canton de Hull, à Saint Andrews au nord de Montréal, et enfin dans le Haut-Canada, en leur cédant des terres à l'ouest, au sud et au nord de Montréal, il enserrait la ville dans un étau. Ensuite, il envoya des immigrants à Montréal. Carleton reçut en récompense le titre de Lord Dorchester. Il avait circonscrit les habitants français de Montréal à un réduit, dans les faubourgs de l'est, en face du fort de l'île Sainte-Hélène.

Frédéric s'avance sur la contrescarpe pour défier la Citadelle :

– Dès 1791, il accordait aux loyalistes une assemblée parlementaire, faisant du Haut-Canada une province distincte du Québec. Tout de suite après la Révolution américaine, on attribuait autant de pouvoirs aux Britanniques qu'aux Français du Bas-Canada, pourtant établis depuis deux siècles, et dix fois plus nombreux.

Stéphane tend l'oreille à cette approche, nouvelle pour lui.

– Après les offensives américaines de 1812 et 1816, on décida de construire cette nouvelle Citadelle de pierre au sein des fortifications de Québec. Ces ouvrages militaires visaient à bloquer toute menace d'insurrection des habitants, tout ralliement aux Yankees, les indépendantistes auxquels avait eu à faire face l'Angleterre. Après tout Montréal était devenu pendant six mois une ville américaine.

Du doigt, Frédéric montre la résidence du gouverneur de la Reine, dans les fortifications, un bâtiment contenant plus d'une centaine de pièces.

– On a conçu dans ces lieux l'idée d'une Union des deux Canadas, sur la foi du rapport Durham à la jeune reine Victoria, qui formulait l'intention d'assimiler les Français. Celle-ci a entériné la chose en 1840 et l'a rendue effective avec le départ massif des Irlandais pour Québec, pendant la grande famine : des centaines de milliers d'Irlandais qui s'embarquaient, sur des bateaux insalubres, surtout après la guerre civile de 1838 dans les campagnes du Québec. Si j'étais cynique, je dirais que la couronne faisait d'une pierre deux coups.

Stéphane voit l'activité des officiers dans la Citadelle. Il a tendance à coller ces propos à la réalité immédiate, la vue des uniformes l'incite à prendre feu. Frédéric le ramène aux combats perdus, il évoque les différents complots fomentés dans cette Citadelle.

– L'un des épisodes a été décrit par Jules Verne au tout début de son roman *Famille-sans-Nom,* un titre qui fait référence au destin même des familles de la Nouvelle-France, quand leur pays a été incendié et soumis à la spoliation.

– Verne a écrit sur le Québec ?

– Un de ses meilleurs livres ! Il l'a intégré au cycle des *Voyages extraordinaires.* Il considère les prémices de 1837, puis il décrit l'insurrection des paysans, armés de fourches et de mousquets, dans le combat inégal mené contre la perte de leur identité. Le héros tombe à la fin, dans sa lutte pour recouvrer le pays perdu.

Le jeune homme blond se tient légèrement voûté, les yeux fixés sur les soldats de garde debout sur les murs, intrigué par ce récit dont il n'a pas entendu parler à l'école. Frédéric joue à fond la carte professorale :

– Les officiers britanniques ont poursuivi sur la même lancée en déménageant la capitale dans By Town, la jeune ville orangiste. En 1874, dans la nouvelle Confédération, la garnison prenait le chemin d'Ottawa. On assista alors à une nouvelle vague d'immigration, exclusivement de Grande-Bretagne, cette fois.

On débarquait des bateaux à Lévis, au terminus des océaniques et du chemin de fer. Cette vague allait durer cinquante ans et elle fit du Canada un pays anglais, d'un océan à l'autre, avec pour toute poche de résistance le territoire du Québec.

Le jeune homme voit les militaires traverser l'histoire.

– Le dernier acte s'est joué en juillet 1944 : le gouverneur général du roi au Canada, Lord Athlone, le cousin de George VI, a commis l'affront de ne pas convier le général de Gaulle, déjà présent à Québec deux semaines plus tôt, à la rencontre qui allait réunir, dans la Citadelle, le premier ministre du Canada, Mackenzie King, le premier ministre britannique, Winston Churchill, et le président des États-Unis, Franklin Delano Roosevelt. C'était une affaire strictement entre Anglo-Saxons : nul besoin du chef de la France libre pour décider de la stratégie du débarquement sur les côtes de France en vue de libérer la Normandie et Paris ! Que veux-tu : la longue tradition de lutte contre la France dans cette Citadelle n'allait pas changer pour la raison que le chef de la Résistance française était présent le 12 juillet 1944 à Québec. Six semaines plus tard, le 25 août, les hommes de de Gaulle libéraient Paris.

Un bateau des garde-côtes jetant l'ancre en bas du cap Diamant attire le regard des deux promeneurs. Frédéric enchaîne :

– Comment ne pas redouter un chef français dans l'enceinte de la Citadelle de Québec, c'est ce qu'on se sera dit... Que des Français du Canada aient été placés sur la ligne de feu, lors du débarquement de Normandie, sous le commandement d'officiers britanniques, c'était en définitive un de ces menus détails dont l'histoire est friande pour les Canadiens.

Stéphane prend la parole pour le dernier bout de chemin :

– Ça me fait tout drôle de penser que la Citadelle est à proximité du *bunker* où travaille Jacques Parizeau. Tu imagines le roman d'espionnage qu'on pourrait écrire ? Les lieux sont là qui existent : la résidence du gouverneur général, celle du commandant militaire, les maisons de chefs militaires dans la haute ville, les logements de fonction, rue De Bernières, rue Saint-Louis, rue du Corps-de-Garde, sans parler de l'immense souterrain, qui reste interdit de visite, sous la Citadelle.

Cette fois, c'est Frédéric qui paraît étonné. L'armée est donc restée à ce point présente dans la capitale. Mais il n'en a pas fini avec Jules Verne, dont le roman jette sur l'histoire des Français d'Amérique un éclairage singulier. L'écrivain conçut l'œuvre à la suite d'une correspondance suivie avec l'historien François-Xavier Garneau. Malheureusement, l'éditeur Hetzel se limita à un tirage de 7 000 exemplaires, quinze fois moindre que pour *Le Tour du monde en 80 jours*. Difficile de nos jours de trouver des exemplaires du livre, et encore s'agit-il d'une édition indigne. C'est qu'il n'était pas porteur de victoire mais dénonciateur d'oppression. Le récit explorait le destin d'une insurrection qui s'achève dans la défaite, avec la mort du héros combattant. Autrement dit, le roman de Verne annonce la fin tragique d'un peuple, après la disparition du leader des insurgés. Dans les faits, c'en était fini du parti des Patriotes et le terrain était prêt pour l'implantation d'une Confédération de quatre provinces. Le déficit politique des Français d'Amérique n'a pas cessé de se creuser.

– C'est sur une scène survenue dans le jardin de Lord Gosford, le gouverneur qui avait sa résidence dans ce qui s'appelle le Jardin du gouverneur, que s'ouvre ce *Voyage extraordinaire* en Amérique française : « Sir John Colborne, le colonel des armées britanniques de la colonie, conversait avec Lord Gosford, le gouverneur général du roi d'Angleterre, avec le colonel Gore, et avec Gilbert Argall, l'inspecteur de la police secrète des Britanniques, au crépuscule du 23 août 1837. » Verne qualifiait de roman scientifique ce récit qui couvre ce que les Britanniques appelaient « la rébellion », et les patriotes « l'insurrection générale ».

Le cimetière de la résistance que sont les plaines d'Abraham sert de cadre à ce que relate Frédéric.

– Ce récit va au fond des choses. Il porte la marque des grands récits de Verne. On sent que l'auteur a humé la couleur du froid quand il vint, en train, de New York à la frontière du Canada, suivant quasiment les traces du général Amherst, d'Albany à Niagara, avant que celui-ci bondisse sur Montréal. Mais Verne tourna peut-être vers l'ouest dans les parages de Laprairie, dans ce train à vapeur qui faisait l'aller-retour New York-Niagara en soixante-douze heures, dans la neige. Ce voyage fou a pu inspirer à Verne le récit de la révolte des familles françaises qui n'avaient plus de nom, dans un pays rayé de la carte, la Nouvelle-France. Il imagina un chef qui mobilisait les Français de ce pays pour une insurrection générale, un leader en qui ils avaient confiance, un inconnu, un Jean-sans-Nom, combattant de premier rang qui disparaissait après chaque combat, un chef ayant perdu jusqu'à son nom en raison d'un père qui avait trahi les siens, lors d'une première insurrection, avant de se pendre. Jules Verne se lança dans ce récit infernal où le combat impliquait des hommes naviguant sur un trois-mâts sur le fleuve, de Rivière-du-Loup à Québec, de la rivière des Iroquois à la rivière des Outaouais. Il évoqua Saint-Ours sur le Richelieu, le Lac-des-deux-Montagnes et Laprairie. Le Vaudreuil de Verne appuie le héros sans nom, quatre générations après la guerre de Sept Ans perdue par son ancêtre aux mains de l'Angleterre. Bref, les insurgés, des paysans mal armés, forment bloc dans le pays avec un sans-culotte à leur tête, le Jean-sans-Nom d'une révolution, un Jean-sans-Nom qui ne doit pas éveiller l'attention ni des Britanniques ni de la police secrète, pour porter le coup décisif à l'envahisseur.

Stéphane ne dit rien, il mange son sandwich, assis, incrédule, sur le banc du belvédère : il n'avait jamais entendu parler de ce livre auparavant.

– On peut penser que Jules Verne passa près de Caughnawaga, autrefois une mission des Jésuites, auparavant leur seigneurie, puis à Saint-Regis, la nouvelle frontière du New York et du Québec, territoires dévolus aux Iroquois désormais. Qui sait, il imagina peut-être son héros après avoir parlé à des habitants de villages où s'arrêtait le train.

Le jeune homme fait un voyage inédit en écoutant son aîné :

– Et si Jules Verne avait écrit les notes de *Jean-sans-Nom* dans le *no man's land*, entre Huntingdon et Fort Covington, en bas des Adirondacks ! Il rêva d'un Jean-sans-Nom qui voyageait sur le fleuve, qui préparait la révolution de village en village, combattant au pied du sault Montmorency au lac des Deux-Montagnes, à Laprairie et remontant le fleuve. Verne raconte le combat d'un héros qui se déplace du bas du fleuve à Montréal et qui se rend tout en haut du Saint-Laurent, où il va mourir près du fort Niagara, l'ancien verrou de la Nouvelle-France, le chemin perdu vers la Louisiane, un pays fondé par les hommes partis de Montréal au XVIIᵉ siècle.

Devant les falaises qui tombent dans le fleuve, lyrique, Frédéric se laisse aller à la confidence envers son jeune ami inquiet du sort de la nation québécoise :

– Jules Verne, le futuriste, l'innovateur, l'homme du récit de la découverte des entrailles de la terre, l'écrivain des *Vingt mille lieues sous les mers*, s'avança tout au nord des terres imaginées par Chateaubriand.

– Imaginées ?

– Une partie importante de ses *Mémoires d'outre-tombe* est consacrée à son voyage en Amérique. Il y raconte notamment sa rencontre avec George Washington et le long voyage qu'il fit jusqu'aux chutes du Niagara, guidé par un Iroquois. On pense maintenant que les deux épisodes relèvent de l'invention. Que sa relation soit fidèle ou fausse, il reste que Chateaubriand a frappé les imaginations et contribué à façonner l'image que l'on se fait de l'Amérique indienne.

– Dans le cas de Verne, on peut parler de pure fiction, non ?

– Ce qu'un romancier invente peut parfois en dire plus que ce que rapporterait un récit collé aux faits. L'étudiant d'histoire que j'ai été, dans une autre vie, a été formé dans l'esprit de la fidélité des documents fiables, mais il s'est peu à peu permis de sortir des histoires officielles pour aller tâter de la subjectivité sur laquelle sont construits les romans. Disons que je suis devenu sensible à ce qui émane des idéaux des personnages.

Frédéric n'a pu s'empêcher de sourire en se livrant à son aveu. Comme le jour où il était accompagné de Miguel et de la jeune Bretonne dans le port de Montréal, il est envahi par la curieuse impression que le présent, le moment qui se tisse patiemment à la suite des grands événements, n'est en définitive que de l'histoire en cours de fabrication. Dans cette histoire il est plongé, comme les petites gens du roman de Verne. Il pourrait en être ainsi de ses concitoyens si, par les études du Secrétariat, il parvenait à leur faire prendre conscience de la grandeur du moment – et pas seulement de la faisabilité de l'entreprise.

Mais il veut faire amende honorable devant Stéphane :

– *Famille-sans-Nom* a beau raconter des événements inventés, il s'appuie sur le repérage et la documentation auxquels Verne était attaché. C'est pourquoi ses romans d'anticipation sont si justes. Il voyagea entre Canada et États-Unis sur la frontière perdue, au lieu où le héros sans nom allait sceller son destin avec une belle Amérindienne, dans une chute entre trois pays, la Nouvelle-France, les États-Unis d'Amérique et le Haut-Canada des loyalistes, auparavant fief des Français et des Hurons. Ce combattant en quête du pays menait ses compatriotes dans une guerre de libération, comme les Américains l'avaient fait, aidés des Français, de 1775 à 1783, dans la conquête de leur indépendance. Le destin du héros imaginé par Verne s'achève ainsi, dans la cataracte du Niagara, après une mission impossible à la tête des Patriotes, pour rendre aux habitants français leur pays arraché par les armes, la Nouvelle-France, mourant à la source même du fleuve. Le héros tombe avec une Amérindienne dans la chute où le fleuve prend naissance. L'identité de la nation française d'Amérique était à ce prix, pensa le chef des hommes sans nom, avant de tomber dans l'infini, lui, le héros des combattants, le nouveau symbole du pays assassiné.

*
* *

À Québec, les rencontres acquièrent l'allure officielle qu'elles ne sauraient avoir à Montréal. Le bureau du sous-ministre, au fond du Secrétariat, offre une vue étonnante sur la muraille de béton striée du *bunker* et le chemin du parc des Champs-de-Bataille. Un tableau abstrait en garde l'entrée. Sur la droite, une table ronde sert aux réunions. Depuis quelques semaines elle est fréquemment assiégée.

Pierre Lenoir, René La Fayette et Frédéric Chevalier, respectivement secrétaire général associé, directeur de cabinet et conseiller en communication, y discutent d'une stratégie de communication. René, méticuleux, achève de lire le document de Frédéric sur place. Pierre prête l'oreille tout autant aux propos de ses collègues qu'à la télédiffusion des débats de l'Assemblée nationale. On se demande ce qu'il fait au juste. Une corneille croasse.

Pierre attend que René prenne position. Il n'a pas lu le texte mais il hume d'où vient le vent. Avant de faire son nid, il laisse René s'avancer. C'est convenu à l'évidence. D'ailleurs, René paraît dans son élément. Il arbore un sourire à certains passages, tandis qu'une ride ne quitte pas son front. D'entrée de jeu, Frédéric précise que la stratégie élaborée s'appuie sur les données du sondage Léger & Léger. Pierre fait semblant de lire, en regardant la télévision du coin de l'œil. Ça l'ennuie, tout au moins tient-il à le faire savoir.

Le document fait le point sur le lancement des études, la résistance de l'opinion et les défis des chercheurs. En vue d'établir la crédibilité des auteurs, on offre le texte intégral de chaque étude dans une nouvelle collection.

Frédéric parle de placer dans les quotidiens des encarts destinés à résumer les études. Il aura besoin d'un budget pour la publicité et d'une ligne téléphonique pour répondre aux demandes de renseignement en collaboration avec Communication Québec. Enfin, il suggère la mise en place de trois instances de rétroaction.

– La communication ne consiste pas seulement à parler. Il faut aussi se placer à l'écoute.

Le synopsis s'achève sur trente-cinq lancements. Le prochain concerne *L'union monétaire Canada-Québec* ; le 13 avril, le thème en est *Le Québec souverain et ses marchés extérieurs*. Une étude sur les sièges sociaux prend le relais précédant un exposé sur lequel les opposants ne manqueront pas de se jeter : *Le partage de l'actif et la dette*. En mai, les conférences de presse abordent plutôt des sujets spécifiques, *La souveraineté et l'Outaouais,* les PME, l'agroalimentaire, les textiles, les régions limitrophes.

En juin, on en revient à la macroéconomie : *L'impact de la souveraineté à court terme sur le budget* ; suivi de *Les droits acquis par les résidents du Québec dans les régimes de retraite de la fonction publique fédérale* et de *La part du Québec dans le bilan de succession* ; les études sur la fiscalité suivent de même que *Le transfert de tous les champs d'imposition fédéraux*. Avec l'étude R&D, recherche et développement, on en arrive à dix-huit lancements en trois mois.

– On définit les paramètres du débat économique. Cela ouvre de nouveaux fronts, lance Frédéric.

Seule réaction de Pierre Lenoir :

– C'est intéressant.

René, lui, se montre prudent. Il ne donne pas son opinion avant d'avoir entendu l'exposé complet. Tout au plus demande-t-il ici et là des éclaircissements. Trente-cinq lancements éventuels : Frédéric l'a surpris par le nombre.

– Une opération aussi gigantesque, ça te mène tout droit au casse-pipe. On multiplie les risques pour rien, glisse-t-il, en attente de réaction.

– Il faudra couper. Mais où ?

Quant au projet d'encart dans les journaux, cela nécessite des autorisations. Or le cabinet du PM vient d'affecter une nouvelle directrice des communications à ces questions. Une telle requête ne se place pas du tout dans ses priorités. L'inverse paraît plutôt à l'ordre du jour, une présence très discrète du ministre dans les deux semaines à venir.

Avec le plan, il n'y a pas de relâche.

– Belle perspective ! dit seulement René.

Frédéric soutient que l'été représente le moment idéal pour le lancement d'études économiques.

– Durant cette période, les journaux se trouvent à court de nouvelles. En publiant une ou deux études par semaine, nous leur offrons de l'inédit, de la matière pour des reportages, dans une période morte.

Il suggère de nourrir les chaleurs de juillet et d'août avec *L'évaluation des études sur la part du Québec dans la dette fédérale,* puis avec *L'impact de l'évolution des dépenses publiques fédérales,* de même qu'avec *La défense d'un Québec souverain.* Il y a encore une étude sur *Le territoire maritime,* une autre sur *L'espace aérien québécois,* puis un rapport sur *Les Postes,* un sur *La libre circulation des personnes et des biens,* et un autre sur *La citoyenneté, la nationalité et le passeport.* Finalement, d'après le schéma proposé, on lance les *Aspects juridiques de l'adoption de la monnaie canadienne.*

– Ainsi, on construit des fondations référendaires en disposant des objections pendant l'été. Le débat s'engage, les gens se font une idée de ces questions austères, avant l'affrontement politique. Si on met les chercheurs à la disposition des médias durant cette période calme, cela permettra en septembre de passer à autre chose. On aura donné les paramètres pour éviter que la discussion ne se fasse sur le terrain de l'adversaire.

Pas de réaction. « Manifestement, se dit Frédéric, cela ne passe pas. »

En septembre, vient le sprint final, cinq lancements avant le déclenchement de la campagne référendaire : *L'étude de réorganisation administrative du Québec souverain,* puis *La stratégie de rapatriement de la dette,* ainsi que *La comparaison de la situation budgétaire avec les pays de l'OCDE,* de même que *Le bilan des dépenses fédérales* ; et finalement, voici *Les modalités d'expression de la déclaration de souveraineté.*

Frédéric conclut :

– Le 17 septembre, nous aurons lancé trente-cinq études sur la transition d'un Québec souverain. Autant de chercheurs, autant d'opinions. Le débat aura évolué, le public aura entendu une gamme d'experts sur la reprise en main de notre économie, de notre défense, de notre diplomatie, de ce que les Québécois ne peuvent pas façonner à leur manière dans le carcan des politiques d'Ottawa.

Toujours pas de réaction.

– Après l'économie, on parlera des enjeux culturels et politiques. Les Québécois sauront que nous sommes prêts pour la souveraineté.

Une note en bas de page émet l'hypothèse d'un scénario court si le référendum se tient dès juin : on retient dix lancements, quinze au maximum. Une autre note mentionne que plusieurs sujets d'inquiétude pointés par les sondeurs restent à découvert.

Réservant d'abord ses commentaires, René vient voir Frédéric peu après la réunion et lui demande de prévoir les lancements prioritaires en la présence du ministre. Une liste courte, quoi ! Bref, il sollicite un arbitrage sur ces lancements de celui-là même qui les propose.

C'est ainsi que la bataille des études économiques se règle dans le bureau du ministre, soit précisément entre le directeur du cabinet et le ministre. Frédéric a commis une erreur ; il vient de perdre l'occasion d'en discuter avec le ministre. Il se croyait tout à l'heure à une présentation préliminaire, mais c'était la présentation définitive.

Le jugement tombe une heure plus tard. Achille Leblanc n'accepte aucun lancement sans sa présence. Pour douze études, le ministre exige un calendrier court ; il fait savoir clairement qu'il participera à chacun de ces lancements. Par conséquent, les autres études tombent à la trappe. « Le sondeur vient de perdre sa bataille », pense Frédéric. Il propose à René une ultime rencontre avec le ministre. Refusé. Celui-ci a pris connaissance du document, de la même manière que du sondage Léger & Léger, à distance.

*
* *

L'atmosphère s'échauffe au début d'avril, la route réserve des surprises où on ne les attend pas. Tout à coup, ça fait boum à cent vingt kilomètres à l'heure.

La suspension de l'automobile en prend un coup, dans les trous, alors que le chauffeur tombe des nues. Il risque la crevaison à tout moment, voire le dérapage. Heureusement, en partant dès 17 h, Frédéric ne voit la fin du jour qu'au bout de la route. Voilà sa récompense. Au crépuscule, le voyage Québec-Montréal paraît nettement moins pénible que pendant la nuit.

L'accès au pont Laporte se fait au ralenti, dans la confluence des voitures, mais cela permet de regarder le fleuve, qui se déverse en dessous des longs câbles d'acier. Il voit la grande étendue d'eau encaissée entre les falaises de Cap-Rouge et de Saint-Nicolas, avec des chalets qui s'alignent avant qu'apparaisse la rivière du Cap-Rouge. De l'autre côté du fleuve, une forêt protège la falaise.

Devant Frédéric, le fleuve rétrécit à deux kilomètres, moins qu'à Montréal. C'est le monde à l'envers, ce fleuve, pense Frédéric. Le cours d'eau coule vers l'est mais il a du mal à prendre sa direction finale et sa pleine dimension. La marée remonte en amont de Québec, à travers cette tourmente de falaises. À dix kilomètres de Québec, le paysage reste sauvage, on se sent déjà loin de la ville, malgré les fardiers qui roulent par centaines, en direction de Drummondville, la ville des camions, puis vers Montréal ou vers le New Hampshire via la Transquébécoise.

La voiture franchit la Chaudière, là où une presqu'île s'avance vers le fleuve. Des glaces obstruent encore la rivière dans l'avant-dernière boucle, freinées par le cap Saint-Nicolas ; du pont de la Chaudière, on voit des eaux boueuses roulant la neige tombée de la décharge des camions. Au-delà, plusieurs ponts se succèdent rapidement. Partout les eaux sont grosses. Les fissures surgissent au travers de la route, avec les camions qui arrivent du Nouveau-Brunswick et de la Gaspésie. Ceux-ci rejoignent les colonnes venues de Québec ; au viaduc suivant, ceux de la Beauce et du Maine s'ajoutent.

Plus loin, la Bécancour garde, elle aussi, des traces du froid. De nouveau le changement de climat opère à hauteur de la Nicolet. Soudain, sans prévenir, le vert prend un ton plus léger, il s'imprègne de la sève des arbres. On gagne dix jours, d'un coup, sur la Transcanadienne, à cent vingt kilomètres de Québec au-delà de Daveluyville. Frédéric voudrait que l'hiver s'étire, que le calendrier tombe en panne : il lui semble qu'il n'aura jamais assez de temps pour accomplir sa tâche. Spontanément, il se met à chantonner François Villon revu par Félix Leclerc :

Ô si j'eusse étudié au temps de ma jeunesse folle
J'eusse à bonnes mœurs dédié et semé en des couches molles

La chanson lui rappelle Michèle. Il en a un pincement au cœur.

CHAPITRE 10

Le virage de « Lucien »
et le ghetto montréalais de James McGill

Le vendredi 7 avril, en fin de journée, le congrès du Bloc Québécois s'ouvre dans une atmosphère survoltée à Montréal. Le chef du parti, Lucien Bouchard, prononce un discours décisif devant 2 000 militants. Il réclame un virage de l'option du OUI en insistant sur la nécessité d'une association économique avec le Canada. Dès lors, le virage devient le motif prédominant dans les médias et parmi les souverainistes, ce qui nécessite le réexamen de l'option défendue à Québec.

Le leader souverainiste suscite un fort courant de sympathie dans la population, à la suite de la maladie qui a causé l'amputation de sa jambe gauche en décembre 1994. L'homme a frôlé la mort voilà quatre mois seulement, il a enduré le martyre dans quatre opérations successives et a fait preuve d'un courage admiré de tous. Lucien Bouchard, un homme politique déjà populaire depuis sa démission comme chef de l'aile québécoise du gouvernement Mulroney, désillusionné par le reniement du compromis du lac Meech par les premiers ministres de trois provinces, est devenu un héros du peuple. Il dépasse même René Lévesque au titre de champion de la défense des droits des Québécois et de la souffrance assumée. Son opinion dicte les débats.

Ce vendredi-là, son discours, livré en présence du premier ministre Jacques Parizeau, change le cours des événements. Après avoir décrit la conjoncture de 1995, il déclare :

« Il faut féliciter le gouvernement d'avoir institué les commissions régionales et nationale. Leurs travaux ont démontré que nos concitoyens et concitoyennes n'étaient pas prêts à répondre à la question référendaire. Ne serait-ce qu'à cet égard, elles auront rendu au Québec un service inestimable, à savoir de lui épargner un référendum prématuré parce que tenu dans des conditions insuffisamment propices. »

Deux semaines plus tôt, le 24 mars, les exécutifs du Parti québécois et du Bloc Québécois s'étaient réunis dans une suite de l'hôtel Delta, avenue du Président-Kennedy, à Montréal ; les deux chefs de parti et leurs cabinets avaient discuté âprement, sans parvenir au compromis souhaité. Depuis lors, des rumeurs ont filtré au sujet de cette rencontre, même si l'existence de la réunion n'a pas été révélée officiellement.

La tension était à couper au couteau, ont raconté des participants à leurs proches. Le chef bloquiste a décidé de s'y prendre autrement, en présence de Jacques Parizeau et d'une large audience. Il force la main au premier ministre, il prend à témoin l'opinion publique, en ce 7 avril 1995. Voilà l'événement déterminant de la pré-campagne. Bouchard accule son allié contre le mur et celui-ci s'en souviendra. Lucien Bouchard ponctue devant ses partisans :

« Tout en rejetant le *statu quo* du régime fédéral, les Québécois ont conclu à l'impossibilité de toute réforme conciliable avec leurs aspirations de peuple. Par conséquent, ils savent que tout pas en avant les mène à la souveraineté et, réciproquement, que seule la souveraineté peut les faire avancer. Ce pas, ils tardent à le faire mais la dernière chose qu'ils veulent, c'est de compromettre définitivement la solution souverainiste, la seule qui leur reste ouverte. C'est l'unique ressort politique qui puisse provoquer les changements attendus. Aussi ne souhaitent-ils pas dire NON à la souveraineté dans un référendum qui brusquerait leurs hésitations et ne répondrait pas à leurs interrogations. Ils sont prêts à dire OUI à un projet rassembleur. »

Ainsi s'amorce, sous l'impulsion du leader souverainiste à Ottawa, le virage de l'option référendaire, en présence du premier ministre du Québec. Placé devant le fait accompli, Jacques Parizeau sourit en se grattant le menton mais ne dit mot aux journalistes. Car Lucien Bouchard met toute la pression sur ceux de ses alliés qui divergent d'opinion avec lui. Le geste paraît dangereux, mais l'homme suit son impulsion.

« Il faut saluer l'annonce faite avant-hier par le premier ministre, puisqu'en fixant le référendum à l'automne, il dégage l'espace requis pour la prise en compte des résultats de la consultation. Cette consultation fait voir deux constats préliminaires. Premièrement, tout échec référendaire est à proscrire. Le précédent de 1982 en dit assez long sur le scénario de ce qui attend un Québec affaibli par un autre NON. N'allons surtout pas nous complaire dans les victoires morales et les défaites honorables, euphémismes qui ne masqueront jamais la réalité et les conséquences de ce qui ne serait pas autre chose qu'un échec pur et simple. »

La consultation de la Commission sur l'avenir du Québec devient même la référence de base pour le virage demandé. Lucien Bouchard précise l'esquisse de l'union économique et il se sert aussi, sans la nommer, de l'étude de Rogers & Wells rendue publique trois semaines plus tôt par David Bernstein et William Silverman :

« En accédant à la souveraineté, le Québec bénéficiera des nouvelles règles de libéralisation mises en œuvre par l'Organisation mondiale du commerce, qui a récemment remplacé le GATT. Dans les faits, le Québec est assuré au minimum d'un accès garanti de ses produits au marché canadien. En continuant d'être membre de l'ALENA, le Québec aura accès aux marchés américain et mexicain aux mêmes conditions que le Canada, après des négociations qui le confirmeront comme nouveau membre à part entière de l'Accord de libre-échange nord-américain. Au sujet de l'issue de ces négociations, comment peut-on imaginer un instant l'exclusion du Québec de la zone de libre-échange que le président américain veut étendre de la terre de Baffin à la Terre de Feu ? »

Le chef du Bloc Québécois dégage le consensus des commissions régionales sur l'avenir du Québec. Il s'appuie sur le sentiment qui se dégage des interventions écoutées de son lit d'hôpital et de chez lui en convalescence, ce qui lui donne la légitimité de milliers d'intervenants pour ce virage :

« L'examen des recommandations des commissions régionales ainsi que les discussions tenues à la Commission nationale sur l'avenir du Québec révèlent que nos concitoyens veulent donner des assises plus élaborées à l'union économique Québec-Canada. »

Les journalistes cherchent tous le chef de cabinet et l'attaché de presse du premier ministre Parizeau. Ils ont disparu. Le désarroi se fait sentir dans l'entourage du premier ministre alors que le président du Bloc Québécois inscrit sa démarche dans la foulée des leaders de l'Europe :

« Au sujet de cette Europe occidentale qui est passée du Marché commun à six, en 1958, à l'Union européenne à quinze d'aujourd'hui, on entend dire les choses les plus extraordinaires par des personnes qui devraient mieux savoir. Ce n'est pas nouveau. Dès 1967, c'est-à-dire dès la fondation par René Lévesque du Mouvement souveraineté-association, l'exemple européen fut brandi comme argument contre la souveraineté du Québec. Celle-ci, disait-on, n'allait pas dans le sens de l'Histoire qui s'orientait plutôt vers des institutions supranationales. On le disait en 1967, on l'a répété en 1980, et on le répète aujourd'hui. Il y a un seul ennui avec cette répétition : elle repose sur une base chancelante et une lecture très sélective de la réalité. »

Le compromis proposé par Lucien Bouchard s'inspire de ce qui se passe à Bruxelles. Le leader s'adresse aux Québécois pour resituer le projet de Québec dans le contexte du changement en Europe :

« Chacun des quinze membres de l'Union européenne a véhiculé un projet national, fondé sur des aspirations, une culture et des manières de faire communes. Dans ces divers projets, il y a un point commun fondamental : l'Union européenne. C'est un projet que justifient les convergences entre les Quinze, fondées sur une intégration économique de plus en plus poussée et sur des valeurs de civilisation commune. Mais ce n'est pas un projet qui cherche à dissoudre les liens que crée l'appartenance à une communauté ou à réduire au second rang les projets spécifique-ment nationaux. Les nations européennes ne l'accepteraient pas et s'empresseraient de bloquer les intrusions non souhaitées de Bruxelles. Car elles conservent, quoi qu'en disent certains ténors fédéralistes, de vastes pans de souveraineté. Il est grotesque d'entendre un ancien ambassadeur du Canada à l'ONU affirmer, le plus sérieusement du monde, que le Québec est déjà plus souverain, dans plusieurs domaines importants, que les pays de l'Union européenne. »

Durant ce week-end du congrès du Bloc Québécois, le OUI amorce le bond le plus spectaculaire de la campagne de 1995. Sous de gros titres, les journaux commentent le coup d'éclat de Lucien Bouchard, le virage imposé au premier ministre Parizeau. La tension se fait vive, le lundi 10 avril, dans les bureaux du Conseil exécutif.

Dans un tel contexte, les études de Pierre-Paul Proulx et de Georges Mathews arrivent à point nommé.

*
* *

Miguel Cortès descend au rez-de-chaussée de l'édifice Strathcona, un immeuble victorien érigé avec des pierres ocre d'Écosse, rue Sherbrooke, et qui faisait partie du campus de McGill jusqu'à récemment. Le nom le fait grincer des dents, avec sa référence au lord qui enfonça le dernier crampon de la ligne intercontinentale des chemins de fer du Canadian Pacific. Héritage de l'*establishment* de la Confédération, cette maison, jumelée au troisième gratte-ciel d'aluminium de Montréal, donne son point d'appui à la nouvelle avenue McGill College.

Devant le Strathcona, Frédéric rejoint Miguel. Les deux hommes traversent la rue de Lord Sherbrooke, en prenant bien garde de ne pas glisser sur le verglas déposé par la nuit. Bientôt, ils franchissent le portail Roddick, l'entrée officielle du campus McGill, la plus ancienne université de Montréal. Les arbres, devenus fragiles comme du cristal, ploient sous le fardeau de verre. Pire, des centaines de branches jonchent le sol après un terrible coup de vent. Les deux collègues s'étonnent de l'état pantelant des grands érables, des hêtres, réputés les plus forts, et des chênes, pourtant protégés des vents du nord par la montagne.

Le bocage massacré s'étend vers le pavillon des Arts et l'aqueduc McTavish, tout en haut. Frédéric pointe le manoir Ravenscrag au-delà, autrefois la propriété de Sir Hugh Allen, le magnat du chemin de fer, des lignes maritimes et de la banque, une propriété désormais intégrée à la Faculté de médecine de l'Université McGill.

– Les arbres paraissent foudroyés même à mi-hauteur du mont Royal, glisse Frédéric, dépité.

Le campus de l'Université McGill mène aux propriétés de Hugh Allen, Simon McTavish et James Frobisher, les grands négociants de fourrures du Régime anglais, avec James McGill. Miguel et Frédéric empruntent l'allée centrale dévastée par le verglas. Les arbres du parterre qui se déploie devant eux présentent des centaines de branches pendantes, cassées aux points faibles. Ils paraissent déformés sous le poids écrasant de la nuit pluvieuse et du froid qui a suivi. Sur la gauche, un édifice récent de dix étages, le McLennan Library, précède le Redpath Library, un vénérable immeuble gris, et le Redpath Hall, inspiré directement du Victoria and Albert Museum à Londres, devenu l'Institut de recherche sur le monde arabe à Montréal, doté d'une grande bibliothèque. Sur la butte, le Redpath Museum domine le jardin, surélevé, massif, devant la Faculté de droit, le modernisme intercalé entre les édifices victoriens. Une branche cassée est restée accrochée au toit du musée.

À la droite de l'allée principale se profilent les immeubles récents, la bibliothèque de chimie, contiguë à un petit gratte-ciel affecté à la physique nucléaire. Un pavillon des années cinquante abrite l'Institut de recherche sur les pâtes et papiers. À McGill, l'*establishment* a pris solidement racine.

Miguel aperçoit, entre ces édifices universitaires aux noms des chefs de la grande industrie, le Royal Victoria College, une institution vénérable créée pour le soixantième anniversaire de pouvoir de la reine Victoria, qui enseigne ce que toute jeune fille protestante de bonne famille doit savoir. Un Holiday Inn fait intrusion dans ce paysage traditionnel, tout au bout. En s'avançant dans l'allée, les deux marcheurs arrivent, d'un pas prudent, au MacDonald Physics Building, un édifice de pierre de 1896, dont le portique grandiose précède le MacDonald Chemistry Building, de style Empire, celui-là. Devant, le pommier rose a été abîmé par le verglas. Frédéric montre encore le monument de pierre devant le pavillon des Arts :

– Regarde, le buste de granit de James McGill à l'avant du plus ancien pavillon du campus : c'est sa stèle funéraire transportée du cimetière protestant de la rue Dorchester, à sa fermeture en 1875. La glace n'a pas collé au buste du fondateur.

Le colonel du bataillon écossais, né à Glasgow en 1744, débarqué à Québec en 1766 pour assurer le négoce de la Royal Navy, est décédé à Montréal en 1813, doté d'une immense fortune. James McGill avait cédé, peu avant sa mort, sa terre sur le flanc de la montagne, « le plus beau site de Montréal », disait-on, afin qu'on y érigeât une université anglaise réservée aux protestants, dans le voisinage des propriétés de ses amis, John Redpath, Simon McTavish et Hugh Allen, à la condition expresse qu'on donne son nom à cette institution de l'Empire, peu après la deuxième tentative des États-Unis de mettre la main sur Montréal. Pourtant, en 1775, les Américains avaient obtenu la signature de James McGill pour que la ville fasse partie de l'Union, un geste que, par ce don à l'Empire, il s'efforçait de faire oublier à la fin de sa vie.

Le colonel McGill, le plus ancien officier de la milice de Montréal, major de la ville lors de l'offensive américaine de 1812, avait fait fortune dans le négoce des fourrures au lac Huron, de même qu'aux postes de traite de Détroit et Toronto. L'homme avait obtenu du gouverneur militaire des terrains à l'ouest du Vieux-Montréal, puis dans le Haut-Canada, dont 40 000 acres dans les cantons de Stanbridge, à Kingston et à York, le futur Toronto. George III avait été bon pour lui.

Échevin de Montréal et député de Montréal-Ouest à l'Assemblée législative du Bas-Canada, dès le début de l'Assemblée, en 1792, ce grand propriétaire foncier incarnait l'*establishment* écossais dans la capitale. Il participa au débat inaugural sur la langue d'usage à l'Assemblée législative du Bas-Canada, quand le journal *La Gazette* était imprimé moitié français, moitié anglais. McGill insista pour qu'on utilise seulement l'anglais au Parlement de Québec, « la langue qui plaisait au roi ».

À vingt mètres, une plaque a été apposée sur le pavillon où Wilfrid Laurier compléta ses études de droit en 1864. Laurier s'inscrivit à l'université anglaise, la seule à l'époque, ce qui ne l'empêcha pas, peu après avoir obtenu son diplôme d'avocat, de s'opposer à l'idée même de Confédération.

Les deux insoumis contournent la butte devant le MacDonald Engineering Building, reconstruit en 1906 après l'incendie qui rasa la Faculté de polytechnique. Miguel montre la sculpture du phénix, en haut du portail :

– Cet oiseau-là illustre bien Montréal, ville anglaise qui renaît de ses cendres à chaque génération, malgré la résistance des Français, glisse-t-il.

Ça lui fait un drôle d'effet, à lui, le descendant d'un républicain espagnol, de voir les symboles de l'Empire dominer le centre-ville, au pied du mont Royal. Ils bifurquent légèrement devant le McConnell Engineering Building, un immeuble érigé dans l'esprit des années soixante et qui ressemble à un édifice du gouvernement fédéral par son architecture, ses lions dessinés dans la pierre et sa hauteur réglementaire, dix étages. Ils y croisent des étudiants qui portent le coupe-vent et la casquette de baseball, cheveux courts et vestes identifiées à McGill Engineering, des vestes jaune et bourgogne, et qui causent avec des filles à l'air vaguement *granola*, vêtements de laine au corps. De jeunes Chinois et des Pakistanais discutent avec des Américains, si on en croit leur accent ; il leur est possible d'étudier à Montréal en anglais, pour dix sous.

Enfin, Miguel et Frédéric franchissent l'autre guérite des gardiens, rue Milton. À l'angle d'University Street, un immeuble pointe vers le ciel, avec une courbe qui surprend, le Chinese Christian Church, une petite église de brique érigée en 1962, sur pilotis, « prête à s'envoler », dit Frédéric, reliée par un corridor au Presbyterian College, qui mène au Montreal Diocesan Theological College, le séminaire anglican, une construction de brique aux fenêtres cintrées de pierre.

Voilà McGill dans toute sa splendeur victorienne.

À l'ouest, on a ajouté une trentaine de villas au campus universitaire, les maisons Ross, Elpspeth, Meredith, Hosmer, des splendeurs du Golden Square Mile de la dernière partie du XIXe siècle, l'âge d'or du quartier. Au sud, on voit une immense école avec des autobus scolaires garés devant, le Montreal High School for Girls, qui date de 1881 selon l'inscription dans la pierre. Il accueille des jeunes filles des pays du Commonwealth, de l'un ou l'autre des cinquante-quatre pays de ce qui constitua l'Empire britannique.

À flanc de colline, au nord, les maisons de pierre se côtoient jusqu'à la prestigieuse avenue des Pins, creusée à mi-hauteur dans le mont Royal. Le porche du Royal Victoria Hospital semble prendre possession de la montagne, avec le Allen Memorial Institute juste à ses côtés. Ce palais, résidence de Sir Hugh Allen, établi sur un domaine de 609 000 pieds carrés, selon la description qu'en fit la *Gazette* en 1870, surpassait « en grandeur et en valeur toutes les demeures existantes au Canada ». Elle devint l'édifice de la CIA dans les années 1950, celle-ci recrutant sur le campus même, pendant la guerre du Vietnam.

À l'angle d'University Street, les édifices religieux gardent l'entrée de la rue de John Milton, le poète anti-puritain, entre le Royal Victoria College et le Royal Victoria Hospital. Les deux promeneurs s'avancent dans la rue de l'écrivain engagé tandis qu'une neige légère tombe sur la ville. Frédéric jette un œil à la tour des étudiants, la University Tower, un ouvrage de dix-sept étages, recouvert de briques pâles et doté de petits balcons dont la peinture s'effrite. La tour abrite au rez-de-chaussée une autre institution du quartier, le *McGill Pizza*.

De l'autre côté, un grand immeuble rouge, fort élégant, orné de pierres autour de l'entrée, a été subdivisé en logements ; de style georgien, le Marlborough, du nom du vainqueur de la bataille de Blenheim, offre ses salons et ses appartements à la coterie. Frédéric explique à son collègue l'origine de ce nom :

– Dans le ghetto McGill, on tient à rendre hommage au duc anglais qui, en 1704, dans la Prusse natale de George Ier, réduisit l'armée du Roi-Soleil à néant, cinquante ans avant les attaques d'Amherst et de Wolfe contre Louisbourg, puis contre Québec et Montréal. Le généralissime Malborough n'a strictement rien à voir avec ce pays. Le phénomène se répète à satiété : dans le Vieux-Montréal on honore les généraux qui vont défaire Napoléon, l'amiral Nelson et le général Wellington ; dans le quartier Côte-des-Neiges, on commémore Trafalgar, et Waterloo dans les Cantons-de-l'Est, pays des loyalistes. Imagine, à l'inverse, des édifices ou des statues qui commémoreraient ici des généraux français s'étant illustrés en Europe contre les armées de Prusse, d'Autriche, de Russie ou... d'Angleterre. Tu vois le panorama...

Après un moment de silence, Frédéric ne peut se retenir de piquer le petit-fils de républicain au vif :

– Tu n'as jamais songé à lancer une souscription pour que soit érigé un monument à Franco ?

Après l'immeuble dédié à la gloire d'un général d'Empire vainqueur des Français, les autres immeubles de pierre paraissent en piteux état ; de l'autre côté de la rue, la petite rue Lorne monte en pente douce vers l'avenue des Pins, agrémentée d'une dizaine de maisons de pierre qui montrent leurs pignons de bois. En haut, des tours à appartements s'agrippent à la colline. Voilà le quartier du poète Milton.

À l'angle de la rue Lorne, les deux hommes passent encore le café Yayas, une maison blanche délabrée, à côté du marché Bissonnette Coca-Cola, le commerce français du quartier, qui se protège des envahisseurs avec des grillages. Miguel sourit devant cette incongruité ; une maison mal rénovée reste debout avant la rue Aylmer, nommée en hommage au gouverneur militaire, l'homme qui fit charger la foule des Français par la troupe en 1832, place d'Armes.

Miguel, sociologue presque autant qu'économiste, fait remarquer :

– Ces résidences datent de la reine Victoria. Les nouvelles fortunes se sont d'abord installées sur le flanc du mont Royal, dans The New Town qu'on a rendu distinct du Vieux-Montréal. Tout le gratin, les Simpson, les Redpath, les McTavish, a habité par ici avant la construction de Westmount. Quand j'ai découvert ça, j'ai été soufflé de la structure coloniale persistante de Montréal, du ghetto McGill jusqu'à la ville de Montreal West.

Frédéric ne fait pas de vagues à ce propos. Il corrige simplement :

– Les Montréalais ne s'en rendent plus compte. Ça fait partie de leur réalité. Pendant le siècle de l'occupation militaire, de 1760 à 1860, la bourgeoisie britannique, établie dans le Vieux-Montréal, s'est déplacée, d'abord au plus près des casernes militaires, près de Saint James Street et de la rue du duc de Wellington, avant que de belles maisons soient construites près des grands magasins de la rue Sainte-Catherine ; à partir de 1840, après l'écrasement de l'insurrection, elle s'est installée en haut de la rue Sherbrooke, d'où le quartier Milton. Westmount a pris le relais du Golden Square Mile des Britanniques à partir de la Confédération. La petite-bourgeoisie a ensuite abadonné ce quartier pour le West Island après la Deuxième Guerre. Et depuis trente ans, McGill s'est ouvert aux étudiants étrangers. L'institution a eu peur du McGill français qui n'a pas réussi en 1969. D'où l'appellation de ghetto McGill, à trois rues seulement du boulevard Saint-Laurent et des quartiers pauvres.

On voit encore des maisons de briques rouges, marron, ocre ; l'îlot anglais a bon goût.

– Les étudiants de McGill forment une entité distincte de Montréal, ajoute Miguel.

– Voici la principale et la plus ancienne agglomération étudiante à Montréal, dit Frédéric ; les étudiants viennent presque tous de l'étranger et des autres provinces ; ils parlent anglais entre eux comme s'ils habitaient Boston. Imagine l'incongruité à Toronto d'un immense campus et de son quartier adjacent où on ne parlerait que français !

Miguel ne peut s'empêcher de faire remarquer à son ami :

– Ils vont tous voter au référendum, ces étudiants venus des États-Unis et des autres provinces, qui paient des frais de scolarité moins élevés ici que chez eux, en raison du soutien de l'État aux universités. Les Québécois, y compris les pauvres, contribuent à payer leurs études, mais dans les faits ils résident en Ontario, en Nouvelle-Écosse ou en Colombie-Britannique. Ce qui ne les empêchera pas de voter au Québec, contre le Québec français. Tu penses bien qu'ils ne vont pas s'abstenir de voter. Ils n'ont qu'à dire aux recenseurs qu'ils habitent le Québec depuis trois ans. Personne ne vérifiera leurs dires. Rien n'a été prévu par le législateur pour vérifier la provenance des étudiants, étant donné que les députés libéraux s'opposent à l'instauration d'une carte d'identité. On va se faire passer facilement 10 000 NON avec ce vote du quartier McGill ; personne ne dira rien pour ne pas être *politically incorrect*. Ajoute à cela les 20 000 Franco-Ontariens qui déclarent leur domicile à Aylmer, Hull ou Gatineau, chez des parents, alors qu'ils résident en réalité du côté ontarien. Et les 20 000 Canadiens qui s'inscrivent à Westmount et dans le West Island de Montréal, chez des membres de leur famille, même s'ils habitent en réalité en Ontario ou dans l'Ouest canadien ; tout cela suffit pour perdre le référendum. Moi, je trouve les députés du OUI trop permissifs avec ceux qui n'ont pas le droit de vote. Une carte d'électeur réduirait cette tricherie éhontée. Cela se fait dans tous les pays d'Europe, sauf en Angleterre. Tu vois où on prend ses modèles au Canada. Ne pas s'inspirer de l'Angleterre relèverait de l'insurrection !

Devant la *World Book Shop*, les deux collègues croisent une nouvelle grappe d'étudiants.

– Quartier sympathique mais complètement réfractaire à la souveraineté du Québec, il n'y a pas le quart des résidents qui parle français ici. Disons que ça influe sur la sensibilité politique...

Miguel et Frédéric empruntent la rue Durocher et se dirigent vers l'immeuble ocre de l'INRS. Ils passent devant le Milbrooke, un immeuble à logements, en face du Saxony, les années quarante jouxtant l'INRS. À côté, le Château Concord, une tour à appartements de douze étages, surplombe l'institution. Trois tours cramoisies dominent encore l'INRS, dont le Terrasse Embassy, un immeuble rococo, décrépit, avec des balcons protégés par des vitres opaques qui empêchent d'y voir à l'intérieur. Ainsi va le quartier, de beaux immeubles délabrés et des immeubles victoriens se mêlant à des tours de mauvais goût, comme si on s'était inspiré du Hong-Kong des années soixante. Par contre, en raison de la qualité de son architecture, l'édifice de l'INRS a été rénové, enclave de l'Université du Québec dans le ghetto McGill. Là, contrairement à l'uniformité politique ambiante, on retrouve des opinions diverses. On dirait un oiseau montrant la tête, englué dans une couche d'huile.

La plupart des universitaires de l'INRS restent disséminés aux quatre coins de la ville. Ils ont étudié souvent à l'Université de Montréal, sur l'autre versant de la montagne, ou à l'UQAM, implantée il y a vingt-cinq ans dans le quartier populaire de la rue Saint-Denis. Ainsi, depuis 1969 le quartier ouvrier du centre-sud est devenu le quartier étudiant de l'UQAM. Rien à voir avec McGill.

À l'ouest, l'Université Sir George Williams s'est implantée dans le quartier des sièges sociaux, à cinq kilomètres, à vol d'oiseau, au sud de l'Université de Montréal. La vieille université française paraît repliée de l'autre côté de la montagne, et ses étudiants se logent dans Côte-des-Neiges, le quartier qui compte dorénavant le plus grand nombre d'immigrants à Montréal. Ainsi s'articulent les solitudes étudiantes de Montréal.

– La Faculté de droit de McGill incarne le fer de lance de la bataille contre la souveraineté, lance Miguel. Les juristes s'affairent à prévoir la partition du territoire et un partage de la dette qui écrase le Québec. Au cas où.

Miguel et Frédéric entrent à l'INRS. On les attend dans une petite salle meublée d'une longue table.

– Pour les professeurs de McGill, dit encore Miguel, la souveraineté, c'est un plan du diable. Rien de plus normal pour des descendants de militaires britanniques venus expressément avec leurs armes lors de la Conquête. Ils conservent en eux des relents du colonialisme britannique. Ils veulent la soumission des Québécois même si les militaires britanniques ont quitté Montréal depuis un siècle. Les Anglais considèrent maintenant que le Canada, c'est leur pays.

*
* *

Pierre-Paul Proulx vient, lui, de l'autre côté de la montagne, plus précisément du département d'économie de l'Université de Montréal. Il présente son rapport d'étape devant les coordonnateurs de l'INRS et du Secrétariat à la restructuration. Assiste à la réunion le juriste Ivan Bernier de l'Université Laval. Ce dernier interroge l'invité sur le modèle juridique d'association économique à privilégier avec le Canada. Les théories sur la mondialisation occupent la moitié de l'exposé initial du professeur Proulx. Ensuite, il examine les liens intra-industriels des économies québécoise et ontarienne, plus importants à ses yeux que les liens établis par convention politique. En revanche, les liens intra-industriels du Québec avec les Prairies, de même qu'avec les Maritimes, lui paraissent secondaires. Pour lui, l'axe Québec-Ontario se compare au tissu industriel entre le Québec et le Nord-Est des États-Unis, sans plus. Selon lui la prochaine poussée industrielle se fera bien davantage vers le sud de Montréal que vers l'ouest. Le phénomène est déjà en cours.

– Les échanges intra-entreprises et intra-industries entre le Québec et l'Ontario représentent les deux tiers du commerce du Québec avec le Canada.

Il donne l'exemple d'une usine montréalaise qui transforme la matière première et expédie le produit transformé à Toronto ; la marchandise réusinée revient au Québec où on la manufacture de nouveau pour la réexpédier à Cornwall. Là, le produit semi-fini de nouveau modifié revient à Lasalle, avant d'être renvoyé à Toronto.

– Les changements politiques ne modifieront pas cette réalité industrielle, conclut-il.

La réalité économique du Québec s'inscrit dorénavant dans le contexte de la mondialisation du commerce et en parallèle avec les spécialisations développées à une échelle régionale.

– Le Canada fait face à cette réalité mais ne réussit pas à établir des politiques de développement régional appropriées au nouveau contexte de mondialisation, dit-il encore. Cela tourne plutôt au fiasco !

– Bref, résume Miguel, l'interrelation des économies du Québec et de l'Ontario en souffre, car les politiques régionales du Canada tiennent plutôt compte de la mobilité de la main-d'œuvre et d'axes excentriques qui vont vers les Maritimes et vers l'Ouest.

– Ainsi, les priorités de développement régional restent brouillées pour le Québec : notre modèle de développement diffère complètement de celui des autres provinces en raison de la captivité de la main-d'œuvre de langue française. Le carcan canadien n'autorise pas un développement important des régions du Québec.

L'invité enchaîne naturellement sur la raison pour laquelle il en est arrivé à un point de rupture par rapport à la Confédération.

– Au début des années 1980, j'étais sous-ministre associé à l'Expansion économique régionale du Canada. Quand les premiers ministres des dix provinces réunis au lac Meech ont été incapables de ratifier l'entente qui paraissait acquise, j'ai fait le saut du côté de la souveraineté. Dans le contexte de la mondialisation, seules des politiques régionales définies de manière originale peuvent efficacement soutenir la nouvelle industrialisation. Seul le Québec souverain saura y parvenir.

Le chercheur identifie les modèles d'association économique. Pierre-Paul Proulx privilégie le deuxième cran, l'union douanière, au-delà de la situation actuelle avec les États-Unis, mais en deçà des relations actuelles avec le Canada. Il soutient que l'union douanière incarne le modèle le plus profitable pour le Québec dans le contexte de la mondialisation des marchés. Par contre, la libre circulation de la main-d'œuvre des autres provinces ne lui paraît pas souhaitable pour le Québec.

– La tendance continentale conduit à l'union douanière de l'Amérique du Nord. Elle va diminuer le chômage au Québec. Seul le reste du Canada tire avantage de la libre circulation actuelle des personnes, principalement l'Ontario. Le Québec n'en a pas besoin, au contraire.

Me Bernier écoute et pose des questions sur l'évolution de l'Accord de libre-échange avec les États-Unis. On sent que Me Bernier cherche à s'ajuster à la position Proulx. Pas l'inverse. L'argumentation de l'économiste a porté : le juriste de l'Université Laval semble en reconnaître le bien-fondé, car il n'émet aucune restriction. Il n'est pas celui qui indique la route. Miguel se méfie, persuadé qu'en privé il défend de tout autres thèses. Le problème, avec les avocats, c'est qu'ils sont susceptibles de changer d'opinion au gré du mandataire qui les emploie. Dans un contexte comme le nôtre, la même situation peut être estimée d'un point de vue canadien ou québécois, selon l'identité de celui qui commande l'évaluation, avec les variations que cela suppose. Entre le droit et l'économie, le cœur de Miguel ne balance pas longtemps !

– L'imbrication des deux économies me fait penser à des jumeaux au moment de la naissance, conclut le professeur Proulx. Cette interrelation dépasse ce qui existe entre l'Allemagne et la France. Les États-Unis agiront pour rapprocher les parties et le Mexique suivra le cap. On peut même dire que les États-Unis et le Mexique feront en sorte que le Québec ne puisse être exclu de l'Accord de libre-échange de l'Amérique du Nord. Bref, une renégociation n'aura pas lieu.

Telle paraît la force de l'exigence économique entre le Québec et l'Ontario : le Canada n'est pas en bonne posture pour refuser le Québec dans l'Accord de libre-échange.

Cette position clarifiée, le dîner accorde un répit. Miguel et Frédéric font route vers un restaurant espagnol de l'avenue du Parc.

– Je t'invite, lance Miguel.

*
* *

Après le repas, au tour de Georges Mathews d'exposer l'état de sa recherche. Il livre d'abord une réponse à William Robson, l'économiste de l'Institut C. D. Howe, auteur d'un pamphlet à propos de « l'abandon forcé du dollar canadien par un Québec souverain ».

Georges Mathews échafaude son raisonnement économique de manière classique, servi par une belle plume : le texte coule de source, subtil et pamphlétaire. Cependant, l'auteur a le défaut d'avoir écrit des discours pour Lucien Bouchard. En outre, la rumeur parle d'un différend avec l'économiste Jacques Parizeau, premier ministre du Québec.

L'utilisation du dollar actuel par les deux partenaires est susceptible d'avoir des effets plus favorables sur l'économie du Québec que l'utilisation centralisée prévalant en ce moment car les conditions seront réunies pour l'adoption de nouvelles politiques monétaires. Georges Mathews lit :

« Le dollar canadien est également québécois. Si les Canadiens ne veulent plus du dollar actuel, c'est leur droit. Mais il appartient aussi aux Québécois. Les Canadiens ont la possibilité de créer le nouveau dollar canadien mais ils n'ont pas la possibilité d'empêcher les Québécois de conserver l'usage du dollar canadien actuel. »

Dans la foulée, Mathews continue sur l'avantage de conserver le dollar canadien pendant une période de transition :

« L'union monétaire canadienne comprend deux volets principaux : une monnaie unique et un espace financier lisse grâce à une liberté totale de circulation du capital et à l'existence d'une seule association canadienne des paiements. On reconnaît au Canada anglais que le Canada serait libre de ne pas accepter le second mais qu'il peut difficilement empêcher le Québec d'utiliser le dollar, même au prix de nombreux contrôles, qui s'avéreraient fort coûteux pour lui-même. Cela est exact : quelque 23 % de la masse monétaire circule au Québec et les banques canadiennes, pour ne mentionner qu'elles, ont des responsabilités légales à l'égard de leurs clients québécois, qui ont dans ces banques des dépôts ou des actifs en dollars canadiens. Mais il y a une autre question aussi intéressante qui permet de mieux comprendre encore la nature de la monnaie : le Canada peut-il, après la souveraineté du Québec, avoir une monnaie différente de celle du Québec ? »

L'économiste envisage un scénario extrême pour les besoins de la démonstration : étant donné la résolution de Québec de conserver le dollar canadien, supposons un moment que le Canada anglais veuille, par une opération surprise, créer une monnaie distincte du dollar canadien. Celui-ci continuerait néanmoins à avoir cours au Québec. On aurait alors le dollar canadien au Québec et un nouveau dollar au Canada...

Voici dans cette éventualité l'analyse de Georges Mathews :

« Le gouvernement canadien réussit à remplacer tout le numéraire, c'est-à-dire la monnaie de papier, circulant au Canada anglais par un numéraire bien différent sur le plan graphique, baptisé le nouveau dollar canadien. Le vieux dollar canadien ne circulerait qu'au Québec et n'aurait plus cours légal au Canada. Techniquement il y aurait alors deux monnaies différentes au Canada et au Québec. Mais justement, la monnaie n'est pas une simple question technique. Le numéraire canadien (et le fiduciaire par voie de conséquence) est en effet un contrat qui lie la Banque du Canada à son détenteur. En d'autres mots, une dette de la Banque du Canada. La preuve en est que, dans la comptabilité de celle-ci, le numéraire figure dans la colonne des passifs. Et lorsqu'elle remplace les billets existants par de nouveaux, elle établit la valeur qui lie les seconds aux premiers et qu'elle est tenue d'honorer pour tous les détenteurs, où qu'ils soient sur la planète. Et si par hasard elle était encouragée par un gouvernement musclé à ne pas le faire au Québec, les banques canadiennes le feraient pour leurs clients québécois par simple souci commercial. »

– Aucun doute, souffle Miguel à l'oreille de Frédéric : le Québec s'en tirerait avec tous les honneurs du point de vue monétaire.

Georges Mathews en rajoute une couche :

« Soulignons ici que les raisons pour lesquelles le Canada ne peut pas empêcher le Québec d'utiliser la monnaie canadienne expliquent également que le Québec ne puisse pas en pratique introduire une monnaie québécoise sans fermer ses frontières. En fait une nouvelle monnaie n'est viable que lorsque celle qu'elle cherche à remplacer est discréditée (l'Allemagne de l'Est et les pays baltes constituent des exemples récents de cette règle). En réalité, l'union monétaire entre le Canada et le Québec pourrait jouer un rôle stratégique puisqu'elle serait probablement le grand déclencheur de la négociation entre les deux protagonistes. »

Au lieu d'être un facteur d'éloignement entre le Québec et le Canada, au point de vue économique, le dollar canadien agira comme régulateur, selon l'économiste. Il anticipe « l'immense pression venant de presque tous les milieux sur le gouvernement fédéral pour qu'il fasse quelque chose ». Il décrit finalement la portée de cette arme de négociation :

« Pour que le signal soit crédible, il doit être accompagné d'un geste concret ; reconnaître que l'union monétaire sera maintenue avec le Québec, quoi qu'il arrive, et qu'il y aura un partage équitable de la dette. À cette fin, il devrait y avoir une entente rapide sur un mémorandum monétaire fixant les grandes lignes de l'union monétaire et de la négociation à venir sur le partage de la dette. »

– Dorénavant, le Québec siégerait au bureau de direction de la Banque du Canada, ce qui n'est pas le cas actuellement, ajoute Miguel. Autrement dit, le Québec aurait enfin un poids dans la politique monétaire du Canada, après un siècle de Banque du Canada.

L'économiste Mathews envisage aussi la phase II de l'union monétaire :

« La dette fédérale constitue le meilleur ciment de l'union monétaire. Le mémorandum sur cette union doit donc en traiter. Ici aussi le Québec pourrait faire un geste. La position la plus dure consisterait à s'engager simplement à verser au gouvernement canadien les sommes annuelles pertinentes pour couvrir sa part du service de la dette. »

Dès lors, la position du Québec devient un argument pour influer sur la politique monétaire, ce qui lui a jusqu'ici échappé.

Miguel et Frédéric sortent rassérénés de l'INRS ce jour-là. Depuis le début ils désirent s'appuyer sur une forte argumentation économique. Ils ont l'impression qu'elle est en train de prendre forme.

CHAPITRE 11

L'éditeur, le pont Charles-De Gaulle et les retombées du virage souverainiste

– Tu n'es pas le premier à m'en faire la remarque.

L'éditeur Dumontier s'étonne de savoir Fréderic dans l'entourage d'Achille Leblanc. Fréderic explique qu'il n'a pas choisi de travailler avec le ministre, il voulait collaborer aux études économiques sur le passage à la souveraineté.

– L'objection économique, il faut la résoudre avant le référendum. C'est nécessaire pour gagner.

Dumontier n'aime pas le ministre, un homme qui n'a décidément pas la cote chez les intellectuels. Bientôt ils franchissent la porte du restaurant *Il Sole*, un endroit discret. À Frédéric de manifester son étonnement, l'air amusé :

– Moi qui croyais que tu avais choisi le quartier pour être à proximité de la librairie Gallimard et veiller sur ton fonds de commerce...

Dumontier a la réputation de s'assurer que ses parutions sont bien en vue dans les vitrines des grandes librairies. Un moment Frédéric porte le regard sur la foule qui s'agite autour d'eux, le temps de trouver comment ouvrir le jeu.

– Nous voulons lancer une nouvelle collection qui traite de l'économie québécoise dans la perspective de la souveraineté. Nous disposons d'une première étude que nous nous apprêtons à vulgariser sous la forme d'une *newsletter* à l'intention des juristes ; nous voulons aussi rendre accessible le texte intégral. L'étude servira de référence. Toute une série de recherches, une quarantaine au total, porte sur ce qui changera avec le passage à la souveraineté. Tu me vois venir : tu es l'éditeur tout désigné pour publier ces livres.

– Quarante études ! Oublie ça ! C'est impossible. Il n'y a pas de marché pour ça.

Au fond, la réaction n'étonne pas Frédéric. Tout de suite, Dumontier enchaîne :

– Tout ce que je peux publier, c'est une synthèse. On se charge de récrire le texte de façon littéraire. Je publie un tel livre sans problème, j'en fais un best-seller. Pas quarante études, ni dix. Un livre ! Vous n'auriez pas une étude sur l'impact culturel de la souveraineté ? Non ? Dommage. Pour ça, il y a de la demande. C'est le sujet qui intéresse les amateurs de lecture. Vous passez à côté du meilleur sujet pour nous.

Frédéric comprend qu'il a déjà perdu la partie.

– Dommage, j'ai un maquettiste qui travaille à la conception d'une collection pour les Publications du Québec. Vous auriez pu obtenir le contrat.

– La maquette, je peux vous la réaliser et pour moins cher qu'une agence. Vendre les livres, c'est une autre affaire.

– Je voudrais voir ces livres à côté de titres de librairie, insiste Frédéric. Il nous les faut aussi dans les tabagies et les gares. Ils représentent la documentation de base.

Dumontier écarte la proposition de la main :

– Tu rêves, mon vieux. C'est trop risqué. J'y laisserais ma chemise. Si tu y tiens, garde les Publications du Québec comme éditeur, c'est ta seule solution. Personne d'autre ne l'imprimera !

Malgré cela, Frédéric lève son verre :

– Tu aurais pu devenir l'éditeur de l'indépendance du Québec ! Je t'offrais une occasion unique. Si c'est OUI au référendum, tu auras manqué une occasion historique.

Dumontier feint de s'intéresser à son escalope au citron. La saison littéraire s'annonce intéressante pour lui ; il cherche des polémistes pour ou contre la souveraineté, afin de présenter les deux côtés de la bataille, comme il dit.

– Tu sais, j'en trouve plus facilement qui soient contre la souveraineté, c'est étonnant. Les opposants acceptent d'écrire. Les auteurs en faveur ont des réserves, ça niaise, gnan gnan ; ils ne sont pas d'accord avec tel ou tel truc au programme du Parti québécois, alors ils s'abstiennent, n'écrivent pas. Tu serais surpris du nombre d'écrivains qui pensent comme ça.

Décidément, ce n'est pas la bonne journée, pense Frédéric. L'éditeur ne s'arrête pas là :

– Je ne serais pas étonné de voir paraître dans une même maison des livres provenant des deux camps. Dans la population les avis sont partagés. Je te donne mon opinion d'éditeur : le public veut davantage lire le témoignage de gens connus, de têtes d'affiche qu'un chapelet d'avis d'économistes. Voilà où est le marché. Mon opinion de citoyen, maintenant : Parizeau devrait démissionner. Il n'est pas rassembleur. Les événements le dépassent. Qu'il laisse donc la place à Bouchard ! C'est lui qui fait bouger les choses, qui attire les foules. Bouchard doit devenir leader du OUI avec le petit Mario comme adjoint. Les gens le veulent comme chef, Bouchard, c'est tout à fait clair ! Tant que Parizeau reste à la barre, pas moyen de gagner la partie.

Frédéric se contente de répliquer :

– Décidément, tu tiens la grande forme. Au fait, que penses-tu du livre de Marcel Côté, paru chez Stanké ?

L'éditeur répond sans hésiter :

– Jamais je ne publierai un livre de Marcel Côté. Claude Ryan, ce serait différent, c'est un honnête homme. Une collection avec les tenants des deux thèses, des gens de bonne foi, ça me plairait assez.

Un instant Frédéric se demande si Dumontier parle d'un cas de figure ou s'il a dans ses cartons un essai de l'ancien chef du camp du NON au référendum de 1980. Les yeux malicieux de l'éditeur entretiennent le doute. Une fois dans la rue, Frédéric prend congé de lui après lui avoir remis un dossier de presse sur l'étude des Américains.

– Regarde ce qu'on peut tirer de ce document et dis-moi ce que tu en penses. De mon côté, je te tiens au courant de ce qu'on va faire.

En faisant un salut, Dumontier lève la jambe à la hauteur de la poitrine, pour sauter dans sa Jeep.

– Curieux sport, lui glisse Frédéric en éclatant de rire.

Avant de se glisser dans la circulation, l'autre se donne l'air d'un battant avec sa machine équipée pour traverser la forêt vierge de Morin-Heights. Sacré gamin !

*
* *

Les avocats David Bernstein et William Silverman, du cabinet Rogers & Wells, envoient au secrétaire général associé leur réponse à « l'opinion légale » que Charles Brower, du bureau concurrent White & Case, a signée, le 21 mars, pour le compte du Parti libéral. Ils le font dans un envoi daté du 30 mars et remis aux journaux le 3 avril. Bernstein et Silverman écrivent notamment :

« La principale source citée par Charles Brower dans la première section de son mémoire est celle du Restatement Foreign Relations Law des États-Unis, un parmi plusieurs *restatements* sur divers aspects du droit américain, ce qui représente l'opinion d'un groupe de juristes universitaires et d'avocats quant au droit prévalant aux États-Unis ou, à l'occasion, ce qu'ils estiment qu'il devrait être. »

Les juristes ajoutent que le mémoire de Charles Brower n'infirme pas les fondements de leur avis.

Si le gouvernement des États-Unis applique l'usage, il traitera le Québec comme État successeur aux traités et accords internationaux du Canada. Il en sera ainsi jusqu'à ce que l'un ou l'autre, Québec ou États-Unis, prenne la décision de mettre fin à l'application de certains traités ou accords à l'égard du Québec.

Frédéric soutient auprès de René La Fayette que cette seconde opinion offre matière à une nouvelle conférence de presse flamboyante.

– Nous gagnerons des points en faisant revenir Bernstein et Silverman devant la tribune de presse du parlement de Québec. Mieux : en faisant une mise en scène à Manhattan.

Mais René signale que l'étude de White & Case n'a pas été reprise par les journaux.

– Elle reste dans l'ombre. Les libéraux n'ont pas avancé d'un poil avec cet avis juridique ; il vaut mieux expédier seulement une note accompagnée de la lettre des juristes.

Frédéric se montre déçu : il souhaite que les juristes new-yorkais reviennent à l'avant-plan du débat référendaire. Seul le reporter affecté aux questions économiques du radio-journal de la CBC à Toronto, Michael Creighton, les interviewera par téléphone, à la suite du communiqué émis sur leur nouvelle opinion légale. Diffusion à 18 h. Pour garder informés les leaders d'opinion de Toronto. Sur les réseaux français, rien. Silence radio.

*
* *

Cinq jours après le verglas, les étudiants s'adonnent déjà au football sur le campus de l'Université McGill, entre les plaques de glace, les trous d'eau et les branches cassées. Ils courent, tòmbent, se blessent. Le printemps n'est pas arrivé qu'ils reprennent là où ils avaient laissé, dans les boues de l'automne. L'histoire de McGill est écrite sur ce terrain ravagé par l'entraînement hâtif contre l'Université Harvard, une maison d'enseignement plus jeune que McGill, qui fête déjà ses cent quatre-vingt-cinq ans. Quant à l'autre grande adversaire, l'Université York, de Toronto, elle n'a, elle, que cent ans.

Près du MacDonald Building, des bourgeons sortent enfin des arbres. C'est le premier lieu sur l'île où cela survient, car les pommiers à écorce rose y sont protégés du vent du nord par les édifices austères et la montagne abrupte.

Jean Tibert revient en toute hâte place Mercantile pour présider la présentation d'un rapport d'étape sur une étude financière dont il a la responsabilité.

Au portail McGill, il aperçoit le Queen Elizabeth Hotel, tout au bout de l'avenue McGill College, la nouvelle artère prestigieuse de Montréal qui s'en va tout droit à la place Ville-Marie. Cette voie relie en fait l'université au site de l'ancienne cour de triage d'Union Station, la grande gare depuis que le train circule à Montréal.

Le chef de cabinet adjoint, Éric Boulanger, participe cette fois à la réunion. Alain Paquet, professeur de sciences économiques à l'UQAM, représentant du Centre de recherche sur l'emploi, étudie l'évolution de l'endettement en recourant à l'approche économétrique. Il fournit des graphiques à la manière de son rival, Robin Richardson, de l'Institut Fraser, sur l'endettement des provinces de 1988 à 1992. Bref, il considère les ratios et les aspects théoriques de l'endettement.

Richardson a publié, en août 1994, une étude de trente-quatre pages, *The Public Debt of an Independant Quebec*, dans laquelle il a établi ee qu'on peut certes considérer comme le pire scénario du OUI. L'économiste de Vancouver a évalué la dette du Canada à 600 milliards de dollars, au 31 mars 1994, et attribué 25 % de ce montant au Québec, en retenant le pourcentage de la population au 1er avril 1992 – une première erreur, a déjà indiqué Jean. Cela donnait théoriquement une dette fédérale de 150 milliards pour le Québec, en 1994.

De toute évidence Richardson aime les chiffres ronds. Il a procédé à une évaluation grossière sur la base des comptes publics, au 31 mars 1993, et à sa propre estimation au 31 mars 1994. Aux livres, il grossit de cette manière la dette en propre du gouvernement du Québec à 94,6 milliards et la dette des municipalités à 18,6 milliards. Puis, il fixe la dette combinée de tous les gouvernements à 239 milliards pour les Québécois, soit 149,4 % du PIB présumé contre 159,1 % pour Terre-Neuve. Là encore c'est sur la base d'une approximation, au lieu des chiffres réels, qu'il évalue le produit intérieur brut du Québec à 160 milliards au 31 mars 1994, un chiffre nettement trop bas. Conclusion : c'est la pire province pour l'endettement, à part Terre-Neuve bien entendu.

Curieusement, Alain Paquet n'a pas rédigé de texte pour contrer ce propos délirant. Il privilégie l'examen des seuls ratios économiques. Assez sec comme étude...

– Le déficit se manifeste comme un stock de dettes, se contente-t-il de dire à ses juges, avant de quitter la salle. Un niveau maximal de déficit autorisé par le FMI donne un signal favorable sous 3 % du PIB. L'auteur considère qu'on dispose de dix ans pour régler le problème. Sinon le Canada deviendra une économie de type latino-américain.

Jean émet des réserves sur l'exposé. Éric ne paraît pas davantage impressionné.

– Cette étude prend la forme d'une série de tableaux et graphiques, une présentation strictement économétrique. On a besoin d'un texte qui traverse toute la période considérée, juge-t-il.

Tout le monde en convient.

– Un historien décrirait l'accumulation de la dette, pendant le régime Trudeau ; une telle démarche me paraît complémentaire, opine Jean.

Aussitôt, Frédéric lui suggère :

– Alfred Dubuc, de l'UQAM, est devenu le spécialiste de l'histoire économique du Canada. Il connaît bien tous les méandres de l'accumulation de la dette sous le régime Trudeau. C'est le grand historien de l'économie au Québec, et sa connaissance du sujet le rend apte à réaliser une telle étude rapidement. Ce dont nous disposons me paraît décidément trop mince.

Jean acquiesce. Sa bouille en dit long sur la présentation de son collaborateur.

*
* *

Pointe-du-Lac vaut le détour par l'autoroute de la rive nord. Celle-ci se colle au plus près du fleuve, chevauchant même les battures.

Au départ, Frédéric roule sur l'autoroute métropolitaine pour traverser la moitié est de l'île de Montréal, au milieu des raffineries, des tubulures d'acier qui crachent le feu sur des kilomètres et dégagent une forte odeur de soufre. L'horreur de l'industrie se réfugie à Montréal-Est, dans les faubourgs de la pétrochimie, depuis l'entre-deux guerres. Et il y a la reconversion due à la mise au rancart de trois des grandes raffineries multinationales.

Pourtant, la rivière des Prairies reste imprégnée de la campagne, près des quartiers maltraités par la chimie. En chemin, un flot de voitures rejoint l'autoroute, tout près d'un terrain vague, dirait-on, un parc industriel en fait, au bout du chemin qui vient du tunnel Louis-Hippolyte-La Fontaine. Frédéric aperçoit de noires collines, près de ce béton, et pense : « Le Bronx commence dans les parages des pylônes d'Hydro-Québec, à Rivière-des-Prairies, quand le prolongement du tunnel prend l'allure d'une impasse. »

Ce quartier de la misère a été annexé à Montréal, sous le maire Drapeau, dans les années soixante. La pointe aux Trembles, baignée par la rivière des Prairies, était autrefois couverte de terres fertiles. L'industrialisation a tout changé sur cette île jadis vouée à l'agriculture. Au lieu-dit Bout-de-l'Île, à vingt-cinq kilomètres du boulevard Saint-Laurent, qui divise l'île de Montréal en deux, apparaît soudain le pont Charles-De Gaulle – nommé en l'honneur de l'homme d'État qui suscita l'admiration des foules, et attira le plus grand nombre de Montréalais jamais rassemblés à un défilé –, un pont fréquenté par les travailleurs de l'industrie surtout, jeté sur la rivière des Prairies, à six cents mètres en aval du confluent avec la rivière des Mille-Îles, à l'extrémité de l'île de Laval.

À droite se profile le pont de fer où passa en réalité le général en juillet 1967, au milieu d'une foule en liesse, un pied sur l'île Bourdon, au bout de la rivière l'Assomption, l'autre à Repentigny. Il se pose avant que la rivière des Prairies ne rejoigne le fleuve. Le pont Legardeur, en mémoire de Le Gardeur de Repentigny – le capitaine de la Compagnie franche de la marine qui refusa de céder Beauport aux Anglais en 1759 –, relie la pointe aux Trembles à la pointe de Repentigny. Un peu plus loin, dans l'embouchure de la rivière des Prairies, l'île à l'Aigle se pose de travers. Cette île en cache une douzaine d'autres, dans le fleuve, des refuges pour les chasseurs. Car la sauvagine atterrit dans les parages, et les canards pilets, chevaliers solitaires, guifettes noires, dans toutes les anses de ces îles pourtant dédiées aux animaux domestiques : île aux Moutons, île aux Veaux, île aux Vaches, île aux Truies.

Non, le pont Charles-De Gaulle n'assure pas une sortie rapide de l'île de Montréal, car il se trouve dans le goulot d'étranglement de la seule autoroute à l'est de l'île. Frédéric pense : « Le grand Charles de Gaulle attend, immobilisé dans le bouchon, devant Charlemagne, la banlieue, que le passage se libère et que le cours de l'histoire s'accélère. »

À la confluence de ces trois cours d'eau, le paysage se désorganise, hésitant entre une rivière boueuse, la sauvagine et le déchet d'industrie. De l'autre côté du pont, les bungalows ont poussé, il ne s'y reconnaîtrait pas, le grand homme. Dans la seigneurie Le Gardeur de Repentigny, ils ravissent la place aux anciennes maisons de village. Cela s'arrête tout à coup : sur l'autoroute de la rive nord, la banlieue de Montréal se termine à la propriété des messieurs de Saint-Sulpice.

Peu après, voici la rivière Chaloupe, l'annonce des îles de Berthier. Le paysage change. Passé le ruisseau des Épinettes et la rivière Bayonne, l'automobile franchit le chenal du Nord, qui s'abreuve de centaines de ruisseaux, se formant dans les champs à cette période de l'année. Ce chenal s'élargit à la dimension d'une rivière au printemps, devant l'île de la Commune de Berthier. Une bande de canards se meut dans le ruisseau des Terres noires alors que des sternes virevoltent, les ailes baissées, se laissant tomber tels des avions de chasse. Tout près, un bac attend les chasseurs au bout de la rivière Chicot.

Dans les champs, l'eau gagne du terrain tandis que l'auto-route surélevée passe au-dessus des ruisseaux. L'automobile file, tel un oiseau au-dessus des champs d'eau. Au ruisseau Vert Bouteille, puis à la rivière Maskinongé, les pêcheurs viennent à l'affût des achigans qui fraient dans les champs inondés. Sur ces îlots, il y a bien 100 000 bernaches.

À Langue-de-Terre, les petits chemins inondés s'arrêtent sans prévenir. Seule l'autoroute passe, surmontant les champs mouillés, d'où on voit le fleuve qui s'élargit de cinq kilomètres. Des rats musqués s'activent dans les champs tandis que des oies des neiges prennent d'assaut le Cul-de-la-Baie. Ainsi, la plaine devient un delta qui se jette dans le fleuve parmi les centaines d'îles de Sorel, tandis qu'au sud, les rivières Yamaska et Saint-François se gorgent d'eaux nouvelles. À l'approche de la baie Maskinongé, le fleuve double sa dimension habituelle, les champs envahis par les alluvions.

Frédéric devine la batture Agômbama, face à la réserve des Abénakis, cachée dans les boucles de la rivière Saint-François, derrière de grands pins. Le fleuve s'étend sur vingt kilomètres de largeur, au mois d'avril, quand les eaux hautes s'approprient les champs de blé de Maskinongé. Louiseville franchie, à certains endroits selon l'angle, on perd l'autre rive de vue pour peu que le temps se charge d'humidité. Une autre extravagance du Saint-Laurent. Le temps passé entre la métropole et la capitale n'est pas perdu aux yeux de Frédéric : il sillonne le « pays improbable » et ressent ce qu'il faut faire advenir.

La voiture franchit maintenant la décharge du Brûlé alors que les glaces ravagent les joncs du lac Saint-Pierre. À Yamachiche, on frôle l'eau. La machine noire file sur la batture. À droite, des oiseaux décollent à la vue d'un renard roux, prêt à bondir, une patte en l'air. Plus loin, on s'affaire à retirer les cabanes de pêche sur les glaces fondantes de la rivière Yamachiche. L'autoroute se rapproche encore du Saint-Laurent devant la rivière aux Glaises. Puis, le fleuve s'approfondit, il se contient à quatre kilomètres de largeur seulement, vers Pointe-du-Lac.

Les dernières péninsules servent de refuge aux sarcelles et aux hérons qui vont s'y reproduire. À l'approche de Trois-Rivières, le bolide lancé vers l'est perd le fleuve.

Près du pont de la rivière Saint-Maurice, des bouts d'estacade surnagent, abandonnés depuis le temps où on faisait flotter le bois sur les rivières, vers les usines de papier. Chaque printemps, les glaces remuent les chicots, de sorte qu'un bouillon noir remonte à la surface.

La rivière des Prairies, le lac Saint-Pierre, puis la rivière Saint-Maurice fournissent les repères d'eau d'un voyage dans le temps, après la sortie de l'île de Montréal. Mais, il est un autre repère fluvial au-delà, sur l'autoroute de la rive nord, le plus beau pour Frédéric : en haut de la côte, au-dessus de Deschambault, le conducteur voit surgir les falaises de Lotbinière. Les navigateurs tirent un bord devant la pointe au Platon, la direction du fleuve se trouvant infléchie de quatre-vingt-dix degrés, avant que le fleuve soit contenu au nord, par le cap Santé, puis par le cap Donnacona, au bout de la rivière Jacques-Cartier. Jusqu'à Cap-Rouge, le fleuve poursuit sa lutte incessante contre caps et falaises de grès et d'ardoise, refusant d'être domestiqué.

Avant le pont de Québec, les falaises de Saint-Augustin annoncent le promontoire, qui commence pour de bon à la brisure de la rivière du cap Rouge. Pour son deuxième hiver en Amérique, Jacques Cartier s'était prudemment mis à l'abri, dans l'anse, à portée de pêche des esturgeons noirs, évitant le nordet qui, six ans plus tôt, avait tué tant de ses compagnons à l'autre extrémité du promontoire de Québec, à Limoilou, dont le nom rappelle le lieu-dit près de Saint-Malo où il était né, d'où il regardait la mer.

Dès lors, la victoire des falaises s'affirme sur le paysage pour quinze kilomètres, juste avant la mutation du fleuve en un vaste estuaire maritime, avec vingt kilomètres de largeur, pour de bon, au-delà de la capitale.

Depuis que Lucien Bouchard a réclamé le virage de l'option référendaire, de partout on s'échauffe. Dans la cale, la révolte menace. Des interrogations fusent sur l'association politique avec le Canada. L'unanimité est loin de se faire autour de sa position, car il va au-delà du compromis finalement consenti pour le Mouvement souveraineté-association, par René Lévesque, en 1967.

Cela sera impossible, ont de leur côté déclaré les premiers ministres de plusieurs provinces.

Ce ne sont pas eux qui créent la crise politique à Québec ; mais ils craignent comme la peste la force de ralliement de

Lucien Bouchard. Il n'empêche que la demande de Mario Dumont de garder un parlement conjoint avec le Canada reçoit mauvais accueil au sein des membres du Parti québécois.

Toutefois, le chef du Bloc québécois insiste pour qu'il y ait un accord ferme de tous les partenaires favorables à la souveraineté. Déjà, l'option de Mario Dumont a entraîné d'âpres discussions avec le premier ministre Parizeau. Mais en créant un relais de la souveraineté à la souveraineté-partenariat, la perception du vote change dans la population. Sauf que les tempéraments se manifestent au bureau du chef du gouvernement ; celui-ci résiste comme les vieux militants du parti. Bientôt, les échos en arrivent aux journaux.

Le Devoir titre, en effet, le 11 avril : « Le camp du OUI en proie à la bisbille, reconnaît Parizeau. Bouchard menace de ne pas participer à la campagne référendaire. »

Le journaliste Pierre O'Neill écrit :

« À l'issue de sa causerie devant la Chambre de commerce de Laval, le premier ministre Parizeau a spontanément admis hier que ses rapports avec le chef bloquiste se sont détériorés. "On me dit qu'à l'heure actuelle, la bisbille est prise dans le camp souverainiste. Je dis oui, peut-être que la bisbille est prise dans le camp souverainiste sur un certain nombre d'idées et d'objectifs." Participant à l'émission *Midi quinze*, sur les ondes de Radio-Canada, M. Bouchard laisse par ailleurs entendre qu'il pourrait refuser de faire campagne aux côtés du chef péquiste si ses conditions ne sont pas satisfaites : "Si on arrive à l'automne et qu'on ne change rien et qu'on se rend compte qu'on est toujours à 44 ou 43 %, est-ce qu'on fait un référendum pour le perdre ? Moi, s'il y a une chose que je ne veux pas – ce n'est pas moi qui vais décider –, mais s'il y a une chose que je ne souhaite pas, c'est assister ou participer, on verra, à une campagne référendaire qui nous conduirait de façon assurée à l'échec." »

Pierre O'Neill rappelle l'ampleur du désaccord des deux hommes, en faisant ce rapprochement :

« À l'occasion du congrès du Bloc québécois, en fin de semaine dernière, M. Bouchard avait semé la consternation dans les rangs péquistes en déclarant que le temps était venu d'effectuer un virage, mettant en avant un projet de nouveau partenariat, inspiré du modèle de l'Union européenne, entre le Canada anglais et un Québec souverain. Quelques heures plus tard, depuis Québec où il assistait aux États généraux sur l'éducation, le premier ministre servait au chef bloquiste une première réplique cinglante, lui rappelant qu'il était maître à bord. Une mise en garde qu'il a réitérée hier à Laval avec encore plus de fermeté. "Il y a quelqu'un qui a la responsabilité d'avoir à décider et je suis cette personne. Je vais avoir à décider et personne ne peut décider à ma place." Appelé à commenter la semonce du premier ministre par l'animateur Michel Lacombe, le chef du Bloc a déclaré : "M. Parizeau est le premier ministre du Québec, c'est évident. C'est lui le grand leader souverainiste. Je le sais. Je sais aussi qu'il peut tout décider tout seul. Mais pour gagner, il faut être ensemble." Plus tard en après-midi, à l'occasion de la réunion des Partenaires de la souveraineté qui s'est tenue au bureau du premier ministre à Montréal, les deux leaders souverainistes ont à nouveau croisé le fer et ont eu des échanges musclés, a-t-on appris. »

Ce matin-là, René La Fayette paraît de fort mauvais poil. La porte du chef de cabinet reste fermée pendant des heures. Il passe un temps fou au téléphone. Manifestement, la tournure des événements lui déplaît. Alors, de son bureau, il multiplie les contacts dans tous les coins du Québec. On discute ferme chez les directeurs de cabinet et les députés.

Pour un temps, l'opération des études référendaires est mise entre parenthèses. Tout devient fragile, comme sur le point de casser. Finalement, René confie à Frédéric, qui vient dans son bureau, aux nouvelles :

– Tu sais, il est orgueilleux, M. Parizeau, il ne faut pas lui marcher sur les pieds comme ça. C'est dangereux ce qui se passe. Si on veut lui imposer quelque chose qui ne correspond pas à la ligne du parti, on court à la catastrophe. Et s'il se braque, pas moyen de prévoir la suite. On doit éviter ça. C'est de notre responsabilité. Lucien Bouchard devrait ménager sa susceptibilité, au lieu d'attiser le feu. Il ne nous aide pas avec ses déclarations à l'emporte-pièce. Tu ne soupçonnes pas les efforts déployés par l'entourage de M. Parizeau pour arranger les choses.

CHAPITRE 12

Le Cercle de la Garnison
et le cinéma de la guerre de Conquête

Frédéric ne rentre à la maison que pour dormir, lorsqu'il ne séjourne pas à Québec en même temps que le ministre. Les amis, de guerre lasse, ont cessé d'inonder sa messagerie vocale. Y compris Michèle, à la voix si douce. Six semaines déjà qu'il est entré à l'emploi du gouvernement souverainiste. Il soupire : cela ne va pas s'améliorer à l'approche de la date du référendum.

En passant la porte Saint-Louis, il aperçoit tout de suite le lieu où il se rend, si intimement lié au malheur de Québec : le Cercle de la Garnison. Dès 1816, le Royal Engineer Office installa son poste d'observation dans ce club, qui allait devenir le Quebec Garrison Club, devant la toute première citadelle, une construction de bois achevée en 1779 par l'ingénieur militaire William Twiss. Cette citadelle a ensuite été érigée à la demande expresse de Frederick Haldimand, l'un des colonels de la Conquête, devenu le troisième gouverneur militaire de la colonie, au moment de la guerre d'indépendance américaine. Au club des officiers de l'armée britannique s'est récemment joint le Club universitaire.

C'est là qu'à la mort de George III, les Anglais envisageaient l'édification d'une citadelle imprenable. Les ingénieurs se trouvaient ainsi installés aux premières loges. Parmi les officiers anglais, on surveillait l'érection de la nouvelle place forte, en cette fin des années 1810, dans l'écho de ce que le gouverneur Murray, qui avait construit un blockhaus en toute hâte dès 1760, avait réclamé au roi en 1762 :

« Je crois donc que si Sa Majesté le jugeait à propos, la meilleure façon de fortifier Québec serait d'y ériger sur les hauteurs du Cap-aux-Diamants une citadelle, ce qui répondrait à tous les impératifs de défense ; ainsi une petite garnison pourrait se défendre pendant quatre mois contre les habitants de ce pays, dont on ne peut espérer la fidélité pour encore quelques années. »

Une formidable citadelle occupa ainsi la pointe de la redoute du Cap-aux-Diamants, le seul endroit qui pouvait rivaliser avec des batteries sur les plaines d'Abraham. On visait à corriger les faiblesses des murs aux bastions du Cap et de la Glacière. Alors, l'ingénieur conçut des retranchements, il forma des réduits et aménagea des blockhaus. Depuis le flanc du bastion de la Glacière, il érigea trois redoutes, en exploitant les échancrures de la falaise qui dominait le Petit-Champlain et l'Anse-des-Mères. Puis, il creusa des galeries pour les contremines, des galeries ramifiées qu'on pouvait remplir de poudre et faire exploser, sous le glacis au besoin, à l'approche de l'ennemi ! Après les attaques des Américains en 1775 et 1812, plus question de se faire surprendre. Les Britanniques avaient vu les Canadiens se rallier aux Américains très rapidement et leur avaient fait payer cher leur appui à l'insurrection ! Les officiers craignaient une nouvelle attaque des Américains, conjuguée à l'insurrection des Québécois à l'intérieur de la haute ville.

Le siège de Québec par le chevalier de Lévis, en mai 1760, avait laissé un goût amer aux Britanniques, comme, quinze ans plus tard, le siège du commandant Montgomery. Quand les

Américains foncèrent sur Montréal, en arrivant du Richelieu et de la rivière Châteauguay, de 1812 à 1816, les Britanniques eurent des maux de tête. La Révolution française les avait déjà effrayés. Et Napoléon avait des sympathisants à Québec. On avait décidé de mobiliser toute la colonie contre Napoléon, en imposant la fourniture de mâts et de poutres pour l'approvisionnement de la flotte britannique. Il était prudent d'avoir un château fort en haut du port de commerce : on pouvait y surveiller les ouvriers et les marins de la basse ville.

Sous Twiss, l'esplanade des fortifications avait été aménagée en un champ d'exercice militaire du long des remparts, de la rue Saint-Louis à la rue Saint-Jean, avec une zone interdite aux citoyens sur cinq cents mètres, du rempart au terrain des Ursulines, rue Saint-Ursule ; cela intimidait fort le peuple. En outre, la nouvelle muraille faisait sept mètres de haut, du bastion des Augustines au bastion du Séminaire, complétant l'étanchéité de la haute ville. Gother Mann prit la relève de William Twiss et proposa finalement deux redoutes sur les hauteurs d'Abraham, à une distance de 1 750 mètres des fortifications, pour attaquer les positions jadis occupées par Wolfe si jamais il venait à l'idée des habitants et des troupes américaines de se présenter avec le plan d'attaque de 1759. Cela aboutit à l'érection de quatre tours Martello sur la Butte-à-Nepveu, le point le plus haut des plaines et de la côte d'Abraham, en haut du quartier Saint-Roch. Il fit également construire la porte Prescott en haut de la côte de la Montagne et sept poudrières à tous les coins de la ville fortifiée.

Dès lors, seuls les Britanniques étaient autorisés à devenir propriétaires dans la haute ville. On pourrait y tenir un long siège et faire exploser la ville si nécessaire. En 1811, les remparts étaient terminés au pourtour de la haute ville, sur cinq kilomètres. Les fortifications de Québec surpassaient en ampleur celles de Montréal, qu'on détruisait à ce moment, la ville étant anglaise.

À partir de la côte du Palais, l'ingénieur avait fait ériger deux kilomètres de remparts additionnels, pour dominer la rivière Saint-Charles et le Sault-au-Matelot. Ainsi, la haute ville devenait-elle menaçante pour les Québécois des faubourgs. Du Petit-Champlain, du port de Québec, du bourg Saint-Sauveur, du faubourg Saint-Jean, on ne voyait plus que les toits des maisons de la haute ville et les hauts murs percés de meurtrières avec des bouches de canons. Cela imposait la prudence dans les faubourgs. La haute ville devint la ville cachée aux Québécois.

La guerre de 1812 avait tellement effrayé la troupe que Mann obtint des moyens démesurés. Pour rassurer les officiers, on leur procura cent hectares sur les plaines d'Abraham pour leurs exercices à cheval. Malgré cela, les militaires réévaluaient la défense de la haute ville.

C'est le septième gouverneur militaire, John Coape Sherbrooke, qui prit la décision stratégique, en 1816, de construire la citadelle. Le Colonial Office débouarsa les fonds nécessaires, ainsi que pour le nouveau fort de l'île Sainte-Hélène, devant le faubourg des Français de Montréal.

Sherbrooke choisit l'ingénieur militaire Durnford pour ériger la citadelle de Québec. Méfiants, les Britanniques n'embauchèrent que 10 % de civils dans la basse ville. On raconte que la garnison accomplissait elle-même les tâches de maçonnerie. Voilà ce qui nourrissait les discussions au Royal Engineer Office, de 1816 à 1820 : la méfiance des Britanniques envers les Québécois, soixante ans après la guerre de Conquête.

Jusqu'à la fin des travaux, en 1830, le chantier occasionna de nombreux dépassements de coûts. La défense de la colonie était à ce prix, disait-on à Londres, et sans doute n'avait-on pas tout à fait tort puisque ces forteresses et ces champs d'exercice militaires allaient servir à une démonstration de force dans les années 1830, pour contrer l'appel à l'insurrection lancé par les Patriotes de Louis-Joseph Papineau, le parti majoritaire au Parlement du Bas-Canada.

En 1806 on avait fait réaliser une énorme maquette en relief, par Duberger, pour l'école des ingénieurs militaires en Angleterre, d'où on menait l'étude de la configuration des lieux, avant que les officiers ne s'amènent au Royal Engineer Office, pour discuter sur place des détails de la deuxième citadelle. Il s'agissait pour Londres de ne pas perdre Québec comme Philadelphie ! Plus tard, on a profité de l'emplacement, de ce lieu d'observation privilégié pour surveiller le nouveau Parlement de Québec.

*
* *

Accoudé au bar du Cercle de la Garnison, le directeur des communications de la Commission de la capitale nationale, chargée de revaloriser la capitale du nouveau pays, si c'est OUI au référendum, regarde le jeu de boulingrin devant le glacis. Blond, élégant, l'ancien journaliste sirote un Perrier. Au-delà des ormes et des grands noyers, profitant du répit au milieu de la journée, de la douceur de l'ombre et de la quiétude du lieu, il laisse sa pensée s'égarer.

Il y a 10 000 ans, le promontoire de Québec était une île de douze kilomètres sur un, émergeant de la mer de Champlain. Le château fort se situe au sommet de cette île comme s'il avait été destiné par la géologie à former le cœur du système de défense de la Nouvelle-France. Un siècle après l'érection du dispositif conçu par le quatrième ingénieur des Fortifications, Chaussegros de Léry, un disciple de Vauban, le Britannique Durnford, verrouillait le tout en disposant des tours Martello en guise d'avant-postes sur les plaines d'Abraham.

Malgré cela, le gouverneur allait finalement conseiller à la Reine de déménager le pouvoir dans une nouvelle ville de garnison, peuplée entièrement d'orangistes, à la frontière du Haut-Canada. Cela n'a pas empêché le gouverneur de conserver sa résidence d'été dans la Citadelle. Et il l'utilise encore, cent vingt-cinq ans après le départ de Lord Dufferin. Il y garde cent vingt-cinq pièces pour les quelques jours de l'année qu'il y passe. En bas du cap Diamant, Ottawa se réserve en outre le quai de la Reine, pour les navires de guerre de la Marine et la Garde côtière.

Soudain, un hélicoptère surgit dans un vacarme assourdissant pour atterrir juste de l'autre côté du mur, et des généraux en descendent pour se rendre dans le périmètre du mess des officiers. Ce membre du Cercle de la Garnison se dit que les choses ont peu changé depuis que le Quebec Garrison Club a pris possession du Bureau des ingénieurs, tout de suite après le départ de l'armée britannique, en 1878.

À l'époque, le club ouvrit ses portes aux députés du troisième parlement de Québec, reconstruit cette fois sur le terrain du Cricket Club des officiers, tout près de la porte Saint-Louis. Avec l'ouverture du Cercle de la Garnison, les officiers de la Citadelle allaient parler directement aux hommes politiques et aux juges. Bref, le Parlement de Québec devenait quasi sous tutelle du Quebec Garrison Club.

Cette vision fait sourire l'homme chargé de revaloriser la capitale. Il pense aux fréquentations parlementaires de ce club au fil des ans. Dans les années 1880, le premier ministre Honoré Mercier avait affirmé haut et fort, après la pendaison de Louis Riel, le droit du peuple québécois à l'indépendance, mais il fut aussitôt traîné dans la boue. Ce rebelle avait pris le pouvoir dans la nouvelle législature, quinze ans après la Confédération, avec un nouveau parti politique, distinct des tories et des grits, les partis britanniques. Le Garrison Club se montra très actif à contrer ses prétentions. Honoré Mercier reste la figure de premier ministre qu'aime à se rappeler cet historien. Entre deux poudrières, on voit d'un côté les murs du Régime français, de l'autre les blockhaus érigés par les Anglais. Les quartiers militaires occupaient le terrain à l'intérieur des fortifications, sur 1 500 mètres, devant le parlement et jusqu'à la falaise nord de Québec, en surplomb de la basse ville et de la rivière Saint-Charles. Voici le lieu colonial par excellence, le poste d'observation qui assura la pérennité de l'Empire britannique au nord de l'Amérique.

Désormais, la casemate abrite les réservistes et le commandement des soldats de réserve de l'armée. Au-delà des casernes, qui portent le nom du duc de Connaught, frère d'Edouard VII, on aperçoit la maison du commandant de la Marine, chargé de la surveillance de la côte donnant accès à la citadelle. À dix mètres, de l'autre côté du haut mur, se profile le *bunker* du premier ministre Parizeau.

Dans le jardin, la contrescarpe s'estompe. Au nord, rue Saint-Louis, les officiers ont érigé un monument dédié aux combattants de la guerre des Boers, les 500 000 soldats de l'Empire qui ont écrasé les colons de l'Afrique du Sud, aux alentours de 1900. Le monument colonial de la mise au pas des Boers se dresse à l'avant du Quebec Garrison Club. Le parallèle reste saisissant.

*
* *

Denis parcourt d'un œil le journal de la capitale. En apercevant son invité, il lui met aussitôt la main à l'épaule pour lui souhaiter la bienvenue.

– Salut ! Ça fait plaisir de te voir. Alors, on prépare un autre lancement explosif ?

Frédéric se dit fasciné par la beauté étrange de cet endroit.

– Tu ne trouveras rien de comparable à Montréal. Ce club a une tout autre perspective. Rien à voir avec le Saint James Club, ni le Saint Stephen Club, les rendez-vous de la bourgeoisie. Il a été institué expressément pour assurer la sécurité des coloniaux.

Frédéric est traversé par une émotion forte et trouble. L'après-Conquête reste perceptible dans la place forte, protégée contre trois ennemis distincts, les Américains, les Français et les Québécois. Depuis qu'il a été engagé par le Secrétariat, depuis qu'il s'y est engagé avec toute sa fougue, il a fréquemment le sentiment de se trouver à un moment névralgique de l'histoire, dans un de ces épisodes dont il voit les traces en ce lieu même. Le Québec lui fait l'impression d'être une terre occupée, et le Québécois, de porter au plus profond de lui les marques de l'occupation. Pour un citoyen acquis à l'idée d'écrire un *nouveau* chapitre de l'histoire de son peuple, il sait que répond un autre citoyen qu'il faudra arracher à la prudence atavique de celui qui a vécu à portée de tir de l'occupant.

Machinalement, il ajuste sa cravate à pois et s'étonne de la netteté de l'intention :

– La contrescarpe montre le cinéma de l'occupation de Québec.

L'hôte sourit à cette vision des lieux.

– C'est vrai que ce site des ingénieurs militaires reste un lieu incomparable. Il n'y a aucune citadelle comme celle-ci sur toute la côte est des États-Unis. Même Philadelphie ne profite pas d'un tel dispositif. Le Bureau des ingénieurs britanniques a appréhendé toutes les attaques possibles contre Québec, après la chute de Philadelphie. Il a mis le verrou sur le Nord de l'Amérique.

– Dirais-tu que la Citadelle fut l'équivalent de la ligne DEW érigée contre l'URSS dans le Grand Nord pendant la Guerre froide ? Si je comprends bien, les fortifications françaises ne suffisaient pas aux Britanniques, si bien qu'ils ont ajouté un second niveau de protection à l'intérieur de la haute ville. Il n'y a pas à dire, cela ne ressemblait pas à une histoire d'amour entre les Anglais et les Québécois au XIXe siècle. On forçait les citoyens à passer par la poterne Saint-Louis. Il fallait être Monte-Cristo pour franchir tous les obstacles.

Denis connaît bien l'histoire du promontoire. Alors, il resitue ces lieux.

Les deux hommes se lèvent pour se diriger vers la salle à manger du Cercle, à l'étage ; dans l'escalier, ils passent devant les dessins de Richard Short, l'aide de camp de James Wolfe, qui avait saisi les différentes étapes du siège de Québec. Un de ces lavis, qui met en scène les maisons brûlées de la côte de la Montagne, à l'été de 1759, attire l'attention de Frédéric.

– Charmant, dit-il à la vue d'une gravure sur laquelle un éditeur a eu l'idée d'ajouter des pastels.

À table, il aperçoit par la fenêtre le mur adjacent à la porte Saint-Louis, le bastion des Ursulines. Il était venu discuter des préparatifs du référendum dans la capitale nationale ; les lieux en ont décidé autrement.

– Toi, l'un des historiens à avoir étudié de près la question à l'Université Laval, peux-tu m'expliquer comment on a pu mettre à mort la Nouvelle-France en dépit des fortifications ? C'est une chose obscure, un événement mis à l'envers dans son appellation même : on parle d'une guerre de conquête, au lieu d'une guerre perdue et d'une occupation militaire, en adoptant le point de vue des Britanniques, comme si nous n'avions pas existé en tant que Français de la Nouvelle-France, comme si nous étions de sang britannique ! Comment les Français, établis à Québec depuis cinq générations, ont-ils vécu la défaite ? Comme tous les Québécois, je ne parviens pas à comprendre, même deux cent trente-cinq ans après le choc. J'aimerais lire sur la question, mais c'est à croire que les historiens évitent d'écrire, qu'ils refusent de fouiller, en fermant les yeux sur la guerre de partisan, la destruction du pays, l'exécution des résistants, la déportation des soldats, bref sur le sort des vaincus !

À part Gaston Deschênes, le directeur du Centre de documentation de l'Assemblée nationale, qui s'est penché sur la dévastation de son pays, la Côte-du-Sud, quel historien consacrerait aujourd'hui plus de vingt ans à la question de la destruction du pays, comme Guy Frégault l'a fait, des années trente aux années cinquante, avec les moyens de l'époque, pour livrer un ouvrage extraordinaire, *La guerre de la Conquête* ?

L'historien est étonné par la requête. Il pensait s'entretenir de l'avenir de Québec, de tout ce qui devient possible dans la capitale du nouveau pays. Il va plutôt ausculter le passé, une période voilée, à mi-chemin entre Jacques Cartier et Jacques Parizeau, mais sans laquelle on ne peut comprendre la réalité actuelle. Il ne se dérobe pas même s'il y a longtemps qu'il n'a pas abordé la question. Elle a fasciné tant de Québécois pendant leurs études. Frédéric dit vrai : les historiens ont baissé les bras. Il s'agit d'un *no man's land* désormais. Il fixe son interlocuteur et plonge en lui-même avant d'aborder ce récit étrange.

– Québec n'était pas complètement démuni. Les Français se préparaient au siège de la ville depuis sa fondation. Cela avait continué sous les dix-sept gouverneurs français en poste après Champlain. En 1759, on en était au quatrième siège de Québec par les Anglais. Il y avait eu le siège des frères Kirke en 1629, contre une poignée de colons. Puis, l'amiral Phipps s'était amené avec une flotte de trente-quatre navires contre Frontenac en 1690. Mais Charles Le Moyne fils l'avait empêché de débarquer, il l'avait harcelé, du bord de l'eau, avec quelques hommes, de Beauport jusqu'à l'île aux Lièvres. En 1711, c'était au tour de l'amiral Walker de s'engager dans le Saint-Laurent avec trente-deux navires. Mais sa flotte s'échoua sur les récifs de l'île aux Œufs, en raison du brouillard. Bref, cela n'était pas nouveau les attaques contre la capitale. Québec se situait en amont de l'estuaire du Saint-Laurent, cela obligeait l'ennemi à remonter la voie d'eau, une protection naturelle. Champlain avait choisi ce site pour sa géographie, le meilleur endroit pour résister à une attaque et protéger l'arrière-pays. Bien sûr, une occupation de l'ampleur de celle de 1759, cela ne se prévoit pas, ni l'acharnement de l'ennemi, ni la pratique de la terre brûlée à une aussi vaste échelle, ni ce qui avait précédé : la destruction de tout ce qui restait de l'Acadie et du pays de Gaspé, en 1758.

L'historien goûte le vin qu'on vient d'apporter aux deux convives, un cru de la Loire, pays de ses ancêtres. Par où commencer le récit de cette centaine d'attaques des Britanniques contre la Nouvelle-France, contre tous les forts de la Nouvelle-France, l'un après l'autre, à partir de l'été de 1754, avant la déclaration officielle de guerre contre la France en 1756 ?

À vrai dire, le début de la guerre de Sept Ans est attribuable aux hostilités sur l'Atlantique et dans le Nord de l'Amérique. Il y eut cinq années d'actes de barbarie de l'Angleterre contre la Nouvelle-France, avant la chute de Québec. Cela a été préparé dans les états-majors de Londres, de Boston et d'Halifax.

Denis se remémore ses recherches pendant ses études – une vie antérieure, lui semble-t-il maintenant. Québec, voilà où tout bascula, une nuit d'automne. L'historien songe à la débâcle de 1759 comme à la première de toute une série, bientôt accompagnée de la perte d'espoir chez les Français du Canada, la résignation de tout un peuple qui s'est même dit « né pour un petit pain » après l'échec des insurrections de 1837 et de 1838. L'illustration flagrante d'une situation coloniale : Ottawa se charge de fournir le point de vue des vainqueurs dans les musées, une interprétation toute britannique de la Conquête.

– Ce qui expliquerait qu'on l'appelle ainsi, observe Frédéric.

Les lieux de fondation de la Nouvelle-France ont été transmis par l'occupant au premier ministre MacDonald, en 1871, un tory, un orangiste. Ce que Denis raconte, c'est plutôt le déroulement de cet été de feu et de sang, l'été de la peur, des combats, de bombardements sur la capitale, de coups de mousquets, de la résistance, des tortures, sixième été de guerre, de la Saint-Jean à l'été des Indiens, suivi de l'hiver de la défaite, et du printemps de la revanche des colons désespérés, puis d'une nouvelle dévastation sur le chemin de Montréal.

L'invité pense : « On n'entend pas la version des vaincus dans les discours officiels. Leur interprétation de l'histoire ne prévaut pas. Les vaincus se taisent. Après la défaite, ils parlent entre eux, en secret, de bouche à oreille, pour que l'occupant n'entende pas. Cela se fait de père en fils, lors d'une veillée, parfois sur un lit de mort. Une défaite racontée garde la marque du combattant, est imprégnée du sentiment tragique de celui qui l'a vécue, de la force de son récit et de la menace du garde-chiourme ; à la troisième génération, cela s'édulcore, s'estompe dans la légende. En émigrant à la ville, les fils oublient peu à peu ; puis les mariages avec l'occupant changent le regard. L'histoire des vainqueurs prend toute la place. Néanmoins, la trame de certains contes surprend parfois, les soirs de fête. »

Par où commencer ? Denis se lance dans l'histoire incertaine de ces paysans, ne sachant pour la plupart ni lire ni écrire, devenus des combattants en haillons. La guerre de Sept Ans leur a ravi leurs fils, leur ferme, leur pays, parfois leur femme.

Voilà l'histoire de la Nouvelle-France, ce qui précède un référendum à la fin du XXe siècle sur le pays français disparu à recouvrer :

– Tu sais, Wolfe a foncé sur Québec avec le tiers de la flotte britannique, la plus grande au monde. De 1755 à 1759, l'Angleterre a consenti un effort de construction navale inouï, elle a attaqué, sans déclaration de guerre préalable, les navires de ravitaillement et les navires de commerce français sur l'Atlantique afin d'affaiblir les colons de Nouvelle-France. Elle en a saisi ou détruit le plus grand nombre possible, causant la rareté et la cherté en Nouvelle-France. Puis vint une armada incroyable, des vaisseaux portant des mâts de soixante-cinq mètres, en partance de Portsmouth, le chef-lieu de la marine anglaise, et de Spithead. Tu imagines la terreur des colons en voyant surgir à l'horizon cette machine de guerre qui remontait le fleuve pour venir les combattre, des vaisseaux à cinq ponts avec cinquante, parfois soixante-dix et même quatre-vingt-dix canons.

Frédéric demande si la stratégie du premier ministre William Pitt consistait à battre la France principalement ici en Nouvelle-France.

— Tu y es, répond Denis. C'est pourquoi il y a eu un tel déploiement de la Royal Navy au nord de l'Amérique. Au début, la guerre de Sept Ans était mal engagée pour les Anglais autant en Ohio, au lac Ontario et au lac Champlain, en 1755, puis de nouveau en 1756 et en 1757, qu'en Gascogne et en Bretagne. Alors, William Pitt a obtenu des crédits extraordinaires du Parlement de Westminster pour doubler sa force de frappe maritime, en empruntant comme jamais. C'est cette flotte nouvelle qui a foncé sur Québec.

À la table du fond du Cercle de la Garnison, Frédéric écoute son ami dans l'attente du roman historique que n'a pas eu le temps d'écrire Alexandre Dumas. Il souhaite un roman d'aventure plein de péripéties sur la guerre de Conquête, autant que dans la trilogie *Les Trois Mousquetaires, Vingt ans après* et *Le Vicomte de Bragelonne,* composé de milliers de pages relatant en détail ce qui survint dans ces années tragiques, un récit à en perdre haleine, sur les héros morts pour la patrie. Par comparaison, le récit de l'historien est presque succinct, ce qui ne l'empêche pas de dégager des images fortes, à la manière d'un film. Par moments, le ton s'emporte, la flamme jaillit : il y a tant à soutirer à la pénombre des siècles !

— William Pitt changea la stratégie de l'Angleterre à l'égard de la France. Il a attaqué avec une brutalité extrême le point le plus vulnérable de la France, en entreprenant la guerre coloniale en Amérique, en y déplaçant le front principal de la guerre de Sept Ans pour réduire à néant ce pays nouveau, la Nouvelle-France.

```
  *
* *
```

L'historien reconsidère la stratégie du ministère de la Guerre, la misère des paysans, ainsi que les centaines de batailles contre l'Amérique française en sept ans.

Au mur, dans ce repaire d'officiers, Denis aperçoit des images anciennes et un tableau sombre, pas restauré, de la ville de Québec au XIXe siècle, donnant une idée de ce à quoi ressemblait la ville sous les Britanniques. Il se penche vers son ami pour lui confier :

– James Wolfe portait bien son nom : c'était un loup. Dès 1758, devant Louisbourg, avant que Pitt lui confie le commandement de l'assaut contre Québec, on avait vu de quoi il était capable. Avec le major Scott, il avait mené le débarquement des troupes de choc à l'île Royale, à la tête des rangers, ces soldats d'élite venus de Boston qui ne faisaient pas de quartier. Débarqué à la pointe à la Croix, il fit bombarder la batterie de l'îlot, ainsi que les navires de l'escadre française chargés de protéger le détroit. Les hommes de Wolfe se saisirent du bastion et pilonnèrent la ville autant que la forteresse. Il était comme ça, Wolfe ! Il faisait souffrir les civils pour arriver à ses fins.

Frédéric mange un saumon fumé de l'Atlantique dans une assiette aux armoiries de la reine Victoria, dont le père, le duc de Kent, a habité la haute ville de Québec, trente ans après la conquête. Il imagine la machine de guerre, libre de foncer sur Québec maintenant que Louisbourg est tombé.

L'historien en oublie son pâté de saumon d'eau douce, la ouananiche du lac Saint-Jean.

– À l'été de 1757, l'amiral Holmes était venu à Louisbourg avec une flotte de quinze vaisseaux de guerre et de nombreuses frégates. La Royal Navy disposait déjà de 900 canons pour cette première attaque, mais elle avait évité le combat face à la flotte de l'amiral de La Motte, d'égale force. Replié sur Halifax,

Holmes avait demandé au colonel Monckton de harceler les positions acadiennes tenues sur la rivière Saint-Jean par les rescapés de la déportation de 1755, soutenus par le capitaine Charles Deschamps de Boishébert, venu de Rivière-Ouelle. L'agresseur contre les Acadiens était dorénavant la très officielle Royal Navy. Celle-ci nettoyait la Baie Française de ce qui restait d'Acadiens.

Au printemps de 1758 la flotte royale revint sur Louisbourg, avec davantage de navires, d'hommes et de canons. Le premier ministre avait envoyé le vice-amiral Boscawen à la tête de 39 bâtiments de guerre, dont les marins s'ajoutaient aux 14 000 soldats commandés par Amherst, l'aide de camp du commandant en chef de la British Army. C'est dire l'importance que le commandement britannique accordait à la guerre coloniale contre les Français d'Amérique.

Néanmoins, un lieutenant de frégate français, Jean Vauquelin, réussit à entrer dans le port, le 9 juin 1758, forçant le blocus de Boscawen. Il prit part à la défense de la place à bord de l'*Aréthuse*. Vauquelin gênait les opérations de débarquement des Britanniques en les prenant à revers sous son feu. Il provoqua des pertes considérables et retarda les Anglais pendant plusieurs semaines, les empêchant de se rendre à Québec dès cet été-là.

Dans la nuit du 14 juillet, le lieutenant Vauquelin força une deuxième fois le blocus pour porter d'urgence une dépêche au ministre de la Marine, traversant l'Atlantique en dix-huit jours, un record. Vauquelin allait revenir en Nouvelle-France, dès mai 1759, pour ravitailler Québec avec trois navires, lui-même à bord de l'*Atalante*, se faufilant avant l'arrivée de la flotte ennemie.

L'historien goûte la ouananiche, une rareté. Son auditeur pense qu'on n'enseigne pas aux écoliers que des héros se sont dressés face à l'envahisseur pour défendre leur pays. Il songe à la statue de Vauquelin, à Montréal, tout en haut de la place

Jacques-Cartier, et à la conversation qu'il a eue avec Miguel à propos de Nelson, le vainqueur de Napoléon à Trafalgar, sur la Méditerranée, grâce à l'aide des Prussiens. Rien à voir avec le Canada, sinon que le pouvoir impérial n'a eu de cesse de rappeler ici que la France était partout vaincue, qu'il ne servirait à rien de redresser la tête contre la toute-puissante armée britannique. Ne fait-on pas la même chose dans la capitale, ne célèbre-t-on pas d'abondance les généraux anglais en donnant leurs noms aux rues : Moncton, Saunders, Murray ?

– Ce n'était plus qu'une question de temps. Le gouverneur de Louisbourg, Boschenry de Drucour, ne disposait, lui, que de 6 000 hommes. On se battrait donc à un contre trois. Néanmoins, le fort a résisté sept semaines.

Au débarquement de Wolfe, dans la baie de Gabarus, les Français brûlaient leurs navires dans l'espoir de stopper les vaisseaux de la Royal Navy. Wolfe répliqua en bombardant la ville. Les morts se faisaient nombreux : le commandant français décida de sauver la population. Amherst refusa d'accorder les honneurs militaires aux soldats français et réduisit Louisbourg en cendres.

L'historien achève sa ouananiche, et reprend sa description des généraux de la British Army.

– Après la capture de Louisbourg, Wolfe, alors âgé de 31 ans, a insisté auprès de son jeune commandant en chef de 32 ans, Jeffery Amherst, pour achever l'extermination des établissements français d'Acadie et du golfe du Saint-Laurent. Par lettre il a proposé explicitement de raser tous les établissements français de l'arrière-pays, ce qu'Amherst a accepté. Ainsi, le « général de brigade en Amérique » est parti vers Gaspé, le 29 août, avec l'officier en second de la Royal Navy, Charles Hardy. Comme Charles Lawrence, le gouverneur militaire du New Scotland, qu'on avait déjà récompensé pour la déportation des Acadiens en 1755 (une action non sollicitée elle non plus par le ministre de la Guerre, dira-t-on à Londres). Wolfe pouvait prendre toutes les initiatives. Il en donnerait d'ailleurs plus que ce que Pitt avait demandé : il a d'abord frappé les Acadiens réfugiés au Cap-Breton, puis ceux de l'île Saint-Jean, et il a rasé les maisons et les pêcheries de Percé, de la baie du Grand Pabos, de la pointe de Paspébiac et, enfin, de la Nouvelle-Rochelle, un établissement au fond de la baie des Chaleurs. À Pabos, rapporte le journal du capitaine Bell, son aide de camp, on a brûlé le manoir seigneurial, en plus d'une quarantaine de chaloupes, tandis que les pêcheurs fuyaient dans les bois. À Grande-Rivière, ce fut pire à cause de l'ampleur des établissements. La maison Bellefeuille était sise sur une petite île, on y a mis le feu ainsi qu'à soixante maisons et quatre-vingts chaloupes. Même chose pour 8 000 quintaux de poisson, les filets et le sel.

En même temps, le colonel Murray détruisait les établissements de la rivière Miramichi.

– Wolfe s'est ensuite rendu dans la baie de Gaspé avec des frégates, des vaisseaux de guerre et six voiliers. Il a habité une maison de la pointe Penouille et y a fait brûler deux cents bateaux de pêche, avec les chaffauds de séchage de morue, les entrepôts, les lignes et les filets des pêcheurs. Pendant qu'il se reposait, ses troupes se rendaient à Mont-Louis, sur la côte nord de la Gaspésie, rasant tout en chemin et ramenant des prisonniers par centaines. Sir Charles Hardy a poussé jusqu'au Bic avec des frégates et une soixantaine de voiliers de guerre. Au total, sur mille kilomètres de côte, après les incendies de Louisbourg, de l'île Royale et de l'île Saint-Jean, les établissements français de la Gaspésie avaient été réduits en cendres. Avant de passer à l'étape suivante, Wolfe a incendié la maison dans laquelle il avait habité et les établissements de la pointe de Grande-Grave, la fierté de la Gaspésie.

– Un homme de feu, observe Frédéric.

– La méthode était efficace. Robert Monckton lui, détruisait ce qu'il n'avait pas annihilé de l'Acadie en 1755, s'acharnant sur les établissements de la rivière Saint-Jean, dans la Baie

Française. Ensuite, il remonta la rivière Petit Codiac jusqu'au Coude, où ses hommes incendièrent les dernières maisons. Ce site du Coude a été renommé Moncton par la couronne en hommage au bourreau.

Monckton s'empara de deux hommes pour les faire parler. Au retour, il surprit plusieurs centaines d'hommes qu'il fit prisonniers à l'île de Sable et dont il brûla les maisons. Ainsi, l'homme de choc de la déportation des Acadiens de 1755, Robert Monckton, et l'homme de choc de la mise à feu de Louisbourg en 1758, James Wolfe, avaient semé des ruines, de Port-Royal à Canseau, puis de Louisbourg à Rimouski.

Dans sa lettre à Amherst, Wolfe avait nommé cette opération « l'offensive de la guerre de destruction dans la baie de Fundy et dans le golfe du Saint-Laurent ».

Frédéric se penche vers son interlocuteur alors que le financier à la table voisine l'observe, intrigué par la conversation, inhabituelle en ces lieux.

– Est-ce à la suite de cette destruction systématique que le premier ministre Pitt a choisi Wolfe pour mener les troupes britanniques à l'assaut de Québec ?

– William Pitt a nommé, à la fin de 1758, le plus impitoyable des jeunes officiers au poste de commandant en chef contre Québec. Ce fils de colonel, intégré dans la Royal Navy dès l'âge de quatorze ans, s'était plaint en 1757 du fait que son commandant avait refusé d'attaquer Rochefort, le port militaire français par excellence, malgré le débarquement de l'armée britannique sur l'île d'Aix, à proximité. Après la « bataille manquée » contre le port de la Charente, Wolfe aurait l'occasion de montrer ce qu'il savait faire à titre de commandant. Il a choisi à son tour comme généraux de brigade James Murray et Robert Monckton, en raison de leur rudesse en Acadie, alors que Townshend, un aristocrate, lui était imposé.

On a mis à sa disposition l'escadre bleue de la Royal Navy ; la fine fleur de la British Army et de la Royal Navy fonçait sur la capitale de la Nouvelle-France. Dès décembre 1758, George II, par la voix de son premier ministre, ordonnait les préparatifs d'une attaque sur trois fronts : sur le fleuve par la flotte de la Vieille-Angleterre et de Boston, sur le Richelieu par les soldats du New York, puis sur le haut Saint-Laurent qu'on descendrait jusqu'à Montréal.

L'amiral Saunders avait mis en place le blocus de Gibraltar contre la flotte de l'amiral de La Motte, en 1756, et il s'était tenu au large de Brest en 1758, prêt à l'attaque de vaisseaux français. C'est à lui que Vauquelin avait échappé. Pitt lui écrivit, le 12 janvier 1759, pour lui confier la flotte contre Québec, après avoir rencontré James Wolfe, qui lui parut pourtant fou, comme le rapporte son biographe Sir Christopher Hibbert, en 1959. En même temps, Pitt expédiait une missive au major général Amherst, lui demandant d'envahir le Canada par le lac Champlain, à la tête des troupes du Massachusetts et du New York. Pitt lui demanda enfin d'envoyer contre Montréal des armées par le chemin du lac Ontario, en descendant le fleuve.

Le 5 février 1759, Wolfe recevait sous scellé les ordres secrets de George II pour l'attaque contre Québec. Saunders et Wolfe quittaient Spithead le 16 février 1759, à la tête de la flotte de guerre.

À bord du vaisseau-amiral, James Wolfe écrivit à Jeffery Amherst pour lui faire part de son noir dessein :

« Si nous nous apercevons que Québec ne semble pas devoir tomber entre nos mains, je propose de mettre la ville à feu avec nos obus, de détruire les moissons, les maisons et le bétail tant en haut qu'en bas et d'expédier le plus de Canadiens possible en Europe et de ne laisser derrière moi que famine et désolation. »

– Les intentions étaient claires, observe Frédéric.

– L'escadre de Saunders aborda à Halifax le 30 avril 1759, y croisant l'escadre du contre-amiral Durrell ; 22 000 marins et soldats allaient appareiller sur 200 bateaux de la Royal

271

Navy. L'armada transportait plus de deux fois la population de Québec.

Louis XV avait fait un grand effort pour l'Acadie, en 1757, avec l'envoi de onze vaisseaux de guerre, sous les ordres du comte de La Motte, ainsi que de douze navires en provenance de Toulon et de Saint-Domingue. Mais la flotte de la France avait été endommagée sur toutes les mers par l'Angleterre. De nouvelles attaques au début de 1759 dans la mer des Caraïbes et dans la mer des Indes amenèrent l'irréparable.

– Et le deuxième front ?

– Le front au sud du lac George, c'était la frontière anglaise de l'époque. Amherst, le commandant en chef pour l'Amérique, réunit tous ses hommes au fort Orange, plus de 16 000 soldats.

De ce nombre, il affecta 5 000 hommes pour remonter la rivière Mohawk au fort Niagara et pour capturer les forts français des Grands Lacs, avant de descendre le Saint-Laurent jusqu'à Montréal. Il remonta lui-même l'Hudson à la tête de 11 000 soldats, pour atteindre le lac George et y préparer une attaque sur le fort Carillon, la frontière de ce que les Français appelaient le lac Saint-Sacrement. Vaudreuil avait envoyé trois bataillons et 1 000 miliciens, soit 3 500 hommes au total, commandés par Bourlamaque, pour défendre la frontière. Devant l'inégalité des forces, l'ordre au colonel était de faire sauter le fort Carillon, puis d'évacuer le fort Saint-Frédric, au sud du lac Champlain, et enfin de se retirer à l'île aux Noix, qu'on fortifia solidement en plein milieu du Richelieu.

L'été précédent, Montcalm, Lévis, Bougainville, Pouchot et Repentigny s'étaient battus comme des diables au fort Carillon : le 22 mai 1758, installés sur les hauteurs de Carillon et ne disposant que de 3 500 hommes face à l'armée de 15 000 hommes du général Abercromby, ils remportaient la dernière grande victoire française sur la frontière sud !

En 1759, la situation était différente. Bourlamaque devait se replier, la priorité étant la protection de Québec, sur le point d'être attaqué par la Royal Navy, avec plus de 1 000 canons. Il ne laissa à Carillon que 400 hommes, dirigés par le capitaine d'Hébécourt. Néanmoins, celui-ci opposa une défense fougueuse pendant quatre jours, forçant Amherst à s'arrêter pour solidifier sa position. Amherst allait renommer ce lieu Ticonderoga et Saint-Frédric devint Crown Point.

– Bref, la résistance du capitaine d'Hébécourt arrêta net l'armée d'Amherst, réplique Frédéric. C'est le héros de *Mission impossible*, celui-là !

– Le troisième front, celui de l'Ouest, s'organisait avec les 5 000 soldats du général John Prideaux marchant sur le fort Niagara. La garnison française s'y composait de 500 hommes, commandés par Pierre Pouchot.

Au-delà, de Lignery se dirigeait vers le fort Duquesne, le Pittsburgh de maintenant, pour protéger le dernier verrou du Mississipi, mais il tomba dans une embuscade après avoir tué Prideaux. Le 25 juillet, Pouchot capitulait, et la chute du fort Niagara signifia la perte de la route de la Louisiane pour les Français.

Montréal dut dès lors prévoir des renforts dans le Haut-Saint-Laurent, ce qui allait affaiblir d'autant Québec. Il restait aux Britanniques à s'emparer du fort Chouagen. Sur le haut du fleuve, le fort de la Galette restait français ainsi que le fort Lévis, sur une île à la tête des rapides du Galop, à seulement cent cinquante kilomètres de Montréal. On avait déjà perdu le fort sur la rivière Illinois et l'accès au Mississippi, puis on avait abandonné le poste de Toronto. Au début de l'été de 1759, la Nouvelle-France, ayant déjà perdu la route de la Louisiane, laissait 7 000 Français à eux-mêmes dans le sud.

Quant au gouverneur François-Pierre de Rigaud de Vaudreuil, le petit-fils du mousquetaire du Roy, de la dynastie des Vaudreuil, il s'inquiétait de la souffrance des colons. La famine sévissait depuis trois ans, amplifiée par les mauvaises récoltes, la crise économique en France et le piratage des navires de ravitaillement par les Anglais. Par conséquent, les prix des biens venus de France se multipliaient par sept en Nouvelle-France.

En août 1758, Vaudreuil avait ordonné aux miliciens du fort Frontenac de réintégrer leurs villages pour éviter de perdre la récolte. Aussi, la petite garnison réduite à soixante hommes, commandée par Payen de Noyan et de Chavoy, dut-elle capituler, après trois jours de résistance, devant les 3 000 soldats commandés par le lieutenant-colonel Bradstreet.

Dès lors, toute protection avait disparu dans le Haut-Saint-Laurent, sauf à la pointe au Baril et au fort de la Présentation.

William Johnson, l'officier chargé des questions indiennes, un Irlandais qui avait épousé une Mohawk et s'était approprié 200 000 acres dans le New York, put emmener Pouchot prisonnier. L'étau se resserrait sur la Nouvelle-France avec les attaques successives menées contre les forts du lac Champlain et du lac Ontario.

Comme si cela ne suffisait pas, la récolte fut désastreuse pour le quatrième été d'affilée. La position de l'ennemi se raffermissait sur trois fronts alors que la famine frappait les habitants de Québec.

*
* *

L'historien sourit à la vue de la truite de rivière qu'on vient de déposer devant lui. Il pense à tous les documents disparus qu'il cherchait dans les paroisses du long du fleuve. On garde les archives de la victoire, pas celles de la défaite, avait-il appris en découvrant qu'un grand nombre de documents manquaient à l'appel. L'histoire des vaincus n'est pas écrite, la défaite tisse la trame de la tragédie d'un peuple. Dans l'avant-propos à *La guerre de la Conquête*, Guy Frégault avait indiqué qu'il n'avait pas scruté toutes les archives françaises, se concentrant sur les sources américaines à Boston, à New York et à Washington, en plus des documents réunis à Ottawa. Depuis 1955, aucun historien de langue française ne s'est penché pour la peine sur la guerre de résistance contre l'occupation britannique. Il s'agit d'un *no man's land* historique.

Le point de vue des vainqueurs ne mentionne pas qu'il s'agissait d'une guerre d'occupation menée contre des civils, dans un pays étranger, une guerre menée par des mercenaires d'Angleterre, de Nouvelle-Angleterre, d'Écosse, de Saxe, du Brunswick et de Prusse. Mais dès avant la Révolution tranquille, les historiens québécois ont abandonné l'examen de cette question.

Pour Frédéric il est clair qu'on évite le sujet à l'Université Laval, davantage encore à l'Université de Montréal. Ce serait dangereux, pense-t-il, ce qu'on trouverait si on réexaminait la guerre menée contre le peuple français d'Amérique ! Alors il est tout oreilles devant ce récit inhabituel de l'invasion britannique.

L'arrivée subite de la flotte royale britannique dans les eaux du Saint-Laurent terrifia les habitants. Le 8 juin 1759, la flotte passait déjà le cap de Raye, la pointe ouest de Terre-Neuve et, dès le 12 juin, elle atteignait Anticosti, poussée par des vents favorables. Ce n'est que le 16 juin qu'elle rencontra de la brume près de Rimouski. Depuis Halifax, la navigation avait été facile. Les navires de guerre s'étaient donné rendez-vous au Bic, la limite des destructions de l'été précédent. La Royal Navy s'y regroupa avant d'affronter une journée de mauvais temps dans les parages de l'île aux Basques. Dès Tadoussac, le beau temps était revenu pour le malheur des colons. On avait tant espéré du brouillard à l'embouchure du Saguenay.

– Les riverains se croisaient les doigts pour que les navires ennemis heurtent les hauts fonds de l'îlet Rouge, qu'ils s'échouent sur la batture aux Alouettes ou qu'ils se fracassent sur les récifs de l'île Blanche ! Mais on ne signalait que la perte d'une barge de transport. L'escadre bleue de la Royal Navy passa entre l'îlet Rouge et l'île Blanche en eau profonde, sans subir de dommages.

Il faut dire que l'avant-garde guidait la flotte vers l'île aux Coudres où elle était parvenue, à la fin de mai, en éclaireur. Elle sondait l'estuaire. L'armada anglaise passa sans encombre près des îles du Pot à l'Eau-de-Vie. Dès le 21 juin, les marins de la Navy aperçurent Kamouraska.

On apprend les détails de l'expédition dans le journal du capitaine John Knox, un document de quelque 1 300 pages rédigé à bord de la frégate Richmond, à l'intention du général en chef, Jeffery Amherst, et du premier ministre britannique, William Pitt, pour célébrer les hauts faits d'armes en Amérique. Ce journal n'a jamais été traduit en français.

Le 23 juin 1759, l'escadre bleue rejoignait sept navires de guerre déjà à l'ancre dans le passage de l'île aux Coudres. En aval du fort courant de la rivière du Gouffre, ils s'étaient mis à l'ancre, en face de Saint-Joseph-de-la-Rive, en attendant le renversement du courant de dix nœuds. La Royal Navy ne s'attarda pas dans ces parages inhospitaliers : les habitants avaient enlevé l'un des pilotes des éclaireurs anglais en mettant des canots à l'eau, à la nuit tombée. En outre, du cap aux Corbeaux, ils leur tiraient dessus, sans grand succès, faute d'une batterie puissante.

Québec disposait d'un poste d'observation au Petit Cap Tourmente, la résidence d'été du Séminaire de Québec, à mi-chemin entre l'île aux Coudres et Québec. Les éclaireurs scrutaient l'horizon, envoyant des messagers dans la capitale. Mais, le malheur arrivait avec le vent chaud du sud-ouest, comme l'indique le journal de l'officier.

En effet, le jour de la Saint-Jean, la Navy emprunta le chenal du Nord, les derniers quatre-mâts glissant près du Grand Pilier de l'île aux Coudres. Munis de petites voiles, les navires avançaient avec précaution, franchissant les obstacles un à un, menés à marée montante par des barques de sonde chargées de reconnaître les hauts fonds. Ils approchaient du petit cap à l'Abattis. Les vaisseaux auraient dû heurter des cailloux à marée basse, se disaient les vigiles du Petit Cap Tourmente. Mais un seul d'entre eux, un schooner, frappa un rocher. À 15 h, les Britanniques forçaient un Français, que le colonel Carleton avait fait enlever à l'île aux Coudres, à indiquer le chenal.

Le capitaine Knox écrit dans son journal que ce pilote souhaita à voix haute que le scalp du barreur de la Tamise ornât la palissade de Québec. Knox rapporte que si l'amiral n'était pas intervenu, le pilote français aurait été jeté par-dessus bord. L'homme avait même ajouté que la Royal Navy ne pourrait pas prendre la Traverse du Sud sans son aide et que lui n'allait pas indiquer le chemin.

Pendant ce temps, au Petit Cap Tourmente, les vigiles regrettaient que le plan de l'officier de marine Dubois n'ait pas été suivi à la lettre, qu'aucune batterie ne tirât du cap Maillard, ni du cap à l'Abattis, pourtant inatteignables par des tirs en provenance de l'eau en raison des récifs.

Un autre officier, parti le 22 mai pour l'île aux Coudres, Tarieu de La Naudière, avait eu la tâche de construire des « cageux » porteurs d'explosifs, pour attaquer l'ennemi. Mais, il n'a pu approcher son radeau, contraint de battre en retraite en raison de la surveillance continue des hommes du contre-amiral Durrell. Le 24 juin, des colons embusqués tiraient sur les vaisseaux ici et là. François Savard et ses hommes avaient capturé le fils Durell, mais la flotte du contre-amiral avançait. Les marins britanniques repérèrent le passage pour l'île d'Orléans, malgré qu'on eût changé l'emplacement des balises. Ainsi, la Navy évita-t-elle les battures aux Loups-Marins et les brisants du Cap-Brûlé. Un seul voilier s'échoua au cul-de-sac du Cap-Brûlé.

Les vigies du Petit Cap Tourmente voyaient les frégates et les vaisseaux de guerre, équipés de 20 à 90 canons, des machines à tuer montées sur plusieurs ponts, glisser sur l'eau, précédés de bateaux-sondes. Le *Neptune*, vaisseau de l'amiral Saunders, disposait à lui seul de 90 canons, soit davantage que la ville de Québec, en incluant les redoutes improvisées sur la rivière Saint-Charles et au camp de Beauport, à même les battures.

Lorsque le *Princess Amelia*, vaisseau de Durrell, menaça les habitants de ses 80 bouches de canon, devant le Sault-au-Cochon, les colons, cachés dans la montagne, croisèrent les doigts, pour qu'il touche des cailloux ; le beau temps aidant, la navigation réussit. On aurait voulu une batterie au cap Brûlé ; mais elle n'y était pas. On espérait que des navires passent à bâbord dans l'archipel de l'île aux Grues, entre Grosse-Île et l'île au Ruau, pour qu'ils s'y fracassent sur des roches à fleur d'eau ; toutefois, les voiliers attendaient prudemment la marée montante.

Pendant ce temps, le vent du sud soufflait en faveur de l'escadre précautionneuse. Au-delà de la pointe aux Prêtres, l'amiral Saunders vit le village de Sainte-Anne-du-Petit-Cap, doté d'un quai menaçant tandis qu'à gauche, le quai de Sainte-Famille, sur l'île d'Orléans, coupait le chemin de travers. L'amiral comprit que, s'il avançait dans le détroit nord de l'île, il serait bombardé des deux côtés par les colons. Saunders se dirigea plutôt vers l'île Madame en empruntant le chenal sud de l'île d'Orléans. À marée haute, il échappa aux récifs de la pointe Argentenay.

Le désespoir saisit les colons à l'avancée des 46 vaisseaux de guerre, ayant trois, quatre et cinq ponts, en plus des frégates, des schooners et des 119 navires d'appoint. La Royal Navy rejoignait le chenal de la Traverse, bien que le pilote Gabriel Pellegrin eût substitué aux balises de la Traverse de fausses bouées. Le gros temps de nordet qu'on avait souhaité n'était pas venu. La Navy évitait les écueils. De la Côte-du-Sud, les villageois de Berthier-sur-Mer et de Saint-Vallier-de-Bellechasse voyaient les gabiers manœuvrer, précédés de barques à fond plat.

Au bout de l'île d'Orléans, l'estuaire rétrécit soudain de seize kilomètres à cinq seulement. Les rives se rapprochent dangereusement quand on entre dans le fleuve. Sur la Côte-du-Sud, les habitants désertaient leurs maisons normandes à la vue de ces machines de guerre, fuyant dans les bois avec leur mousquet. Quant aux Britanniques, ils observaient les villages avec leurs lunettes d'approche, les moulins, les champs de blé, les bestiaux. Ils voyaient les bourgs de l'île d'Orléans et la terre ferme au sud du fleuve, Saint-Vallier, Saint-Michel-de-Bellechasse, Beaumont et l'Anse aux Sauvages.

Frédéric en redemande. Les histoires de navigation sur le fleuve se perdent dans l'oubli. Le fleuve a été pris en charge par la marine anglaise, puis les goélettes ont disparu. De nos jours, les océaniques viennent des pays du Commonwealth, avec des marins de l'océan Pacifique plutôt que de l'Atlantique. Son interlocuteur poursuit son récit sur la fin du monde français au nord de l'Amérique.

– Wolfe comprit que l'île d'Orléans constituait une position avancée au milieu du fleuve juste avant Québec. Il allait s'en emparer et y baser sa soldatesque.

Au matin du 26 juin 1759, après un violent orage, son navire s'ancra devant l'église de Saint-Laurent-en-l'île. Puis, à la marée montante, son vaisseau s'avança encore à l'extrémité ouest de l'île, tout près de Lévis, avant de se remettre à l'ancre vis-à-vis le milieu de l'île d'Orléans, à 15 h.

Le commandant en chef demanda que les troupes d'élite, six compagnies de rangers, se préparent pour le débarquement à l'aube. Puis, il fit arrêter son bateau à la rivière Maheu, à vingt kilomètres de la capitale, deux heures de navigation à la marée montante.

De Saint-Laurent-en-l'île à la Côte-du-Sud, le fleuve est large de trois kilomètres. Une protection pour la Royal Navy ! Les navires s'ancraient du long de l'île d'Orléans, sur vingt kilomètres. Une flotte de guerre prenait possession du fleuve, près de Québec. Au-delà de 200 navires, estima l'historien Charles Stacey, dans son récit publié à Toronto, pour le bicentenaire de la Conquête de Québec, en 1959.

John Knox eut le sentiment d'être arrivé au théâtre des combats.

Partie du cap de Raye, à la pointe de Terre-Neuve, le 8 juin, la Royal Navy s'était préparée à une navigation difficile. Or voilà que dès le 26 juin 1759 le *Dublin*, un vaisseau de 74 canons, s'avançait devant la pointe ouest de l'île d'Orléans, pour scruter les approches de Québec. Un navire du contre-amiral avait auparavant osé arborer un pavillon français, la semaine précédente, causant un arrêt du cœur à un prêtre, debout sur le quai, lorsqu'il avait constaté la supercherie.

De toute évidence, l'île d'Orléans et la pointe de Lévy s'avéraient indispensables aux plans de James Wolfe.

CHAPITRE 13

Le débarquement à l'île d'Orléans, les batailles de Lévis, Beauport, Deschambault et les attaques incessantes contre Québec

L'historien reprend son souffle. À vrai dire, il a du mal à raconter cette horreur, l'occupation des fermes de l'île d'Orléans. Le jardin de Québec, en plein milieu du fleuve, symbole de la fertilité de ce pays, devenait le lieu de guerre d'où la capitale allait être attaquée.

À point nommé, le maître d'hôtel apporte une nouvelle demi-bouteille de pouilly-fuissé et la fait goûter à Denis.

– Sublime, tranche-t-il à l'intention du sommelier.

Puis, penché vers Frédéric, sur le ton de la confidence :

– C'est le lieutenant Meech qui débarqua à l'île d'Orléans, en avant-garde, dans l'intention de reconnaître les lieux où allaient prendre position les six compagnies de rangers le lendemain matin.

John Knox écrit que les quarante rangers surprirent des habitants en train de charger des charrettes. Une escarmouche éclata ; les militaires eurent un mort et quatre blessés. Les rangers se réfugièrent dans une maison et retrouvèrent dans un sentier, au petit matin, le soldat tué, scalpé. Bien sûr, les rangers allaient se venger.

Le major Scott débarqua à son tour, accompagné de six compagnies, constituées de 1 600 hommes. Il avait pour tâche de nettoyer l'île, de faire des prisonniers et de brûler des maisons, pour l'exemple. Finalement, Scott, l'un des bourreaux de l'Acadie, fit rapport au général Wolfe que les habitants avaient quitté l'île. Knox écrit que ces terres produisaient du blé et des légumes, autant que les meilleures terres d'Angleterre.

Le 27 juin, James Wolfe se rendit, sous escorte et avec le major McKellar, son chef ingénieur, à la pointe ouest de l'île d'Orléans, pour examiner les positions françaises sur la rive de Beauport. L'armée française était retranchée du côté nord du fleuve, écrit Knox.

Beauport constituait le cœur du campement français. Des marins firent remarquer au capitaine Knox que, dans le camp français, pas un homme sur six ne portait l'uniforme. Autrement dit, il s'agissait d'une armée d'habitants, de volontaires, de partisans venus empêcher l'armée britannique de conquérir leur pays. Pas des soldats avec solde.

Le 28 juin, un détachement du colonel Carleton reçut l'ordre de compléter le nettoyage de la pointe ouest de l'île d'Orléans et de prendre possession de bestiaux pour nourrir les troupes, tandis que des compagnies de grenadiers se chargeaient des travaux d'abattis et érigeaient des palissades. Le colonel Carleton, qui dirigeait deux compagnies de rangers, chercha à faire des prisonniers. Mais ce soir-là, les Québécois attaquaient les vaisseaux à l'ancre.

La résistance envoyait cinq brûlots pour qu'éclate l'incendie des vaisseaux de guerre. On allait mettre le feu à cinq vieux bateaux chargés de poudre. À l'approche des brûlots, les vigiles montrèrent une grande excitation. Sous un feu nourri, le sieur Delouche embrasa trop rapidement son radeau. Par contre, l'officier du Bois de la Multière attendit trente minutes avant de mettre à feu son brûlot ; il fut abattu par le tir qui provenait des mâts dans la nuit. Les marins anglais repoussèrent deux radeaux en feu en s'approchant avec des barques. À cinq heures du matin, les brûlots flambaient encore. Wolfe rageait.

– Dès l'après-midi du 29 juin, Wolfe mit en alerte trois régiments de rangers et l'infanterie pour la première traversée de l'île d'Orléans au territoire de la Côte-du-Sud. À 17 h, un régiment mettait pied sur la grève de Beaumont.

À cause du reflux rapide de la marée, Monckton ne put disposer des autres régiments pendant plusieurs heures. Ses hommes firent des feux sur la grève pendant toute la nuit tandis des escarmouches éclataient : les rangers réussirent à scalper sept colons et à faire cinq prisonniers. Le récit de John Knox ne précise pas le sort fait aux prisonniers par les Anglais.

– La guerre coloniale, commencée quatre ans plus tôt avec la déportation des Acadiens, résume Frédéric, se poursuivait à Québec. Il fallait éradiquer la présence française en Amérique.

Au petit matin, d'autres rangers traversaient à Beaumont et prenaient d'assaut le coteau. À l'endroit où le débarquement tourna à la tuerie, la rive prit l'appellation d'Anse aux massacres. Ce matin de juin 1759, des rangers entrèrent dans une ferme pour se nourrir et, apercevant le feu dans la cheminée de la maison, ils incendièrent celle-ci sans délai. Une fois sortis, ils entendirent les cris de la femme et des enfants, cachés dans la cave, et qui brûlaient. Ils périrent tous, indiqua Knox.

Wolfe avait remis à son général de brigade Monckton un manifeste, déjà rédigé le 28 juin et qu'il avait signé au camp de Saint-Laurent-en-l'île, pour qu'il le placarde sur la porte de l'église de Beaumont, ce qu'il fit le jour du 30 juin. Le commandant appelait les habitants de la Côte-du-Sud à la trahison :

« Les laboureurs, colons et paysans, les femmes, les enfants, ni les ministres sacrés de la religion ne sont point l'objet du ressentiment du roi de Grande-Bretagne. Ce n'est pas contre eux qu'il élève son bras ; il prévoit leur calamité, plaint leur sort et leur tend une main secourable. Il est permis aux habitants de venir dans leurs familles, dans leurs habitations. Je leur promets la protection [...] Si, au contraire, un entêtement déplacé et une valeur imprudente et inutile leur font prendre les armes, qu'ils s'attendent à souffrir tout ce que la guerre offre de plus cruel. Il leur est aisé de se représenter à quels excès se porte la fureur d'un soldat effréné.

James Wolfe »

John Knox signale que les officiers ne s'attendaient pas à ce que les habitants collaborent avec les troupes d'occupation.

Très vite, les hommes de Monckton eurent à combattre. À Saint-Joseph-Pointe-Lévy, ils firent face à 600 soldats français, appuyés par 400 habitants et une quarantaine d'Indiens. Knox rapporte que trente Anglais furent tués dans les combats près de l'église. Les Français ramenaient leurs morts et leurs blessés, car les Britanniques n'en trouvèrent aucun.

Le 1er juillet, pendant la nuit, les Français disposaient trois nouvelles batteries flottantes sur le fleuve pour attaquer les rangers à Lévis. Tandis que les envahisseurs réquisitionnaient les maisons du village, la lutte s'engagea entre le moulin à farine de Nadeau et l'église. Le vice-amiral Saunders dépêcha d'urgence la *Trent* sur les lieux. C'est avec cette frégate de 28 canons, tirant à bout portant sur les colons, que les rangers prirent possession de la pointe de Lévy, au bout d'une heure et demi de combat. Cet après-midi-là, le capitaine Goreham et ses rangers scalpaient neuf partisans.

Ainsi se fit le débarquement de l'armée britannique à Lévis, le 1er juillet 1759.

Frédéric s'arrête de manger. Il découvre que le jour de la fête du Canada, choisi par Pierre Elliott Trudeau, une semaine après la Saint-Jean, coïncide avec les massacres d'habitants de Beauport et de Lévis.

Intervenu avec des renforts, le major Scott ramena sur l'île d'Orléans trente Français tués, indique Knox. Comment étaient-ils morts ? On présume qu'ils avaient été torturés, qu'on avait voulu les faire parler. Le lendemain, sur le chemin du retour, les Britanniques trouvaient quatre grenadiers scalpés. En réponse, le capitaine Goreham scalpa neuf partisans et Indiens venus attaquer le camp anglais. Pour sa part, Scott partit en direction de la Chaudière, avec plusieurs régiments, en quête de prisonniers. Un groupe d'Indiens l'attendait de l'autre côté de la rivière, profonde et à fort courant. L'opération de « renseignement » avait échoué.

Peu après, le colonel Burton, nommé commandant du nouveau poste de Lévis, se rendit sur le point le plus élevé de la falaise pour observer Québec et défier la capitale au moyen d'une grande batterie. Du cap des Pères, il s'apprêtait à ensevelir la capitale sous les boulets.

John Knox ajoute qu'on forma le camp militaire, en demi-lune, près de la pointe de Lévy. Protégés par une frégate, les marins y débarquèrent des mortiers et 27 canons, l'un de ceux-ci atteignant même 32 pouces d'ouverture. La mitraille allait péter en continu sur Québec. Le massacre se préparait.

Wolfe édicta des règles quant à la présence de femmes dans le camp fortifié de Lévis. Knox ne dit pas de quelle façon ces femmes arrivaient au camp. On présume qu'il y eut des viols.

– C'était un homme discret, fait remarquer Frédéric avec un rien d'amertume.

– Il ne précise pas davantage le nom du lieutenant qui tua deux enfants parce qu'ils criaient à la suite de l'enlèvement de leur père à l'île d'Orléans.

Le commandant constata que la position des Français paraissait solide, en bas de la falaise de Québec, et sur dix kilomètres, de la rivière Saint-Charles à la rivière Montmorency. Pour la contrer, le commandant britannique allait tenter de prendre Québec dans un étau.

Après l'île d'Orléans, la pointe de Lévy était donc devenue le deuxième camp de l'envahisseur. Tandis que les 15e, 43e, 48e et 78e régiments d'artillerie s'y installaient, le 35e régiment disposait un deuxième camp sur l'île d'Orléans, cette fois à la pointe ouest de l'île.

Le général de brigade Monckton reçut mission de bombarder et de détruire Québec. Dès le 3 juillet, les batteries de frégates tiraient sur la capitale alors qu'un détachement s'approchait de Beauport, pour être aussitôt pourchassé jusqu'à l'île d'Orléans par des Indiens et des Canadiens presque nus, en canot. Ça ne passait pas sur la rive nord !

Néanmoins, Wolfe tenait à une troisième position sur la rive nord, pour enferrer les Français. Dans ce dessein, il fit bombarder les batteries flottantes de Beauport pendant une heure et demie. Celles-ci résistaient. Le 8 juillet, alors que les ingénieurs achevaient l'énorme batterie de Lévis, le général de brigade Murray était chargé de préparer un troisième débarquement, cette fois juste au bas de la chute Montmorency, avec cinq régiments. Cela devait se faire à 2 h dans la nuit, pour surprendre les Français.

La British Army avait dépossédé les habitants de l'île d'Orléans, tué des citoyens, brûlé des maisons, puis attaqué Beaumont et fait feu sur les partisans pour les déloger et prendre la pointe de Lévy. Elle tentait maintenant de se redéployer aux abords de la chute Montmorency.

Frédéric glisse à l'historien :

– Le débarquement des Britanniques à Lévis, le 1er juillet 1759, cela me fait penser au débarquement des Marines au Vietnam.

*
* *

– Qu'est-ce qui arriva aux habitants sur le lieu de débarquement de l'armée britannique ?

– Wolfe fit incendier des maisons dès le début de la campagne militaire pour intimider les habitants, réplique Denis. Mais des officiers britanniques s'appropriaient les meilleures maisons de l'île d'Orléans pour les habiter eux-mêmes. La fierté de la Nouvelle-France servait de base à l'état-major britannique. Wolfe et Carleton firent de l'île d'Orléans le camp d'approvisionnement de la Royal Navy.

– Tel fut le geste initial des Britanniques au Canada, reprend Frédéric, le nettoyage de l'île d'Orléans, son occupation militaire et la mise à feu de ses maisons. L'avant-poste de la capitale, son potager, était incendié peu à peu, bâtiment par bâtiment. On fit de même à Lévis.

Une fumée noire montait qu'on apercevait de Québec, comme de Beauport et de Charlesbourg, les postes où les familles de l'île s'étaient réfugiées pour combattre l'envahisseur. De jour en jour, ils y voyaient les soldats de l'ennemi détruire leurs biens.

– En somme, conclut Frédéric, c'était comme si la ville de Boston était débarquée à l'île d'Orléans et qu'Halifax avait pris position à Lévis.

Il y avait 2 300 habitants sur l'île d'Orléans avant l'occupation des Britanniques, davantage qu'à Lévis. Des Acadiens, qui s'y étaient réfugiés, avaient fui de nouveau à l'arrivée de la Royal Navy. Ils savaient à qui ils avaient affaire. Tous les jours, des refugiés arrivaient à Québec, « des vieillards de quatre-vingts ans et des enfants de douze ans », raconta un témoin.

Le sieur Foligné écrivit que « l'on construisait des cageux », des « chaloupes carcassières armées chacune d'un canon de 24 et nombre de bateaux armés chacun d'une pièce de 12 ». Il ajouta : « Il fut déterminé d'échouer à l'entrée de la rivière Saint-Charles deux bâtiments dunkerquois sur lesquels on construirait des batteries pour la défense du fleuve. »

À compter du 6 juillet Wolfe fit bombarder la pointe de Lessé, à Beauport, par les frégates appuyées par une nouvelle batterie installée sur la pointe nord-ouest de l'île d'Orléans. Il voulait aussi disposer d'une batterie à l'ouest de la chute Montmorency pour atteindre sur son flanc ouest le camp français et l'adosser à la falaise. Le sieur de Boishébert, arrivé d'Acadie avec des Micmacs et des Etchemins, lui causait beaucoup d'ennuis en menant des incursions sur l'île. Parmi sa troupe se trouvaient des habitants déguisés en Indiens.

Dans la nuit du 9 juillet, on confia aux capitaines Leslie et Hatzen la mission de prendre position près de la chute Montmorency. Wolfe pourrait ainsi bombarder la capitale de trois côtés. Les travaux de retranchement étaient complétés à la pointe nord-ouest de l'île d'Orléans et à la redoute de Lévy. Le pilonnage pouvait commencer.

Le 12 juillet, Wolfe choisit une maison à L'Ange-Gardien pour établir son nouveau quartier général. John Knox, qui suivait Wolfe à la trace, signa son journal du 26 juin « à bord de la frégate Richmond, au large de l'île d'Orléans », puis le 30 juin « à l'île d'Orléans » et, à compter du 12 juillet, au « camp de Montmorency ».

Le commandant en chef des forces britanniques faisait la démonstration de sa force pour étouffer Québec, explique l'historien. Trois semaines après son arrivée, le 12 juillet 1759, le bombardement devint incessant sur Québec, à partir de 21 h.

La première nuit, 200 projectiles tombaient sur la ville. Wolfe sema l'effroi, endommagea les maisons du Vieux-Québec, la cathédrale, la résidence des Jésuites. Toutes les vingt-cinq minutes, la batterie de Lévis tirait sur Québec.

Le major de Québec, Jean-Daniel Dumas, leva un détachement de volontaires pour surprendre les Anglais sur la pointe de Lévy. La plupart n'étaient pas entraînés : alors, le débarquement tourna au désastre.

Le 14 juillet, par ordre de Wolfe, chaque régiment avait été autorisé à envoyer à la pointe de l'île d'Orléans une femme par compagnie. John Knox le précise à la page 328 de son journal de campagne.

Frédéric échappe :

– Comme si le feu ne suffisait pas, ils avaient ajouté le viol...

L'abbé Jean-Félix Récher relate la mise à feu des maisons de la veuve Morand, de la veuve Chênevert, de M. Cardenas, de M. Dassier et de Mme Boishébert. Il écrivit : « Les Anglais, voyant l'incendie commencé, tirent beaucoup de bombes et de boulets sur le feu pour empêcher nos gens de travailler à l'éteindre. »

Le 16 juillet, après une salve sur la ville, un émissaire des Français vint parlementer : « Nous ne doutons pas que vous allez démolir la ville ; mais nous sommes déterminés à empêcher votre armée de marcher en ses murs. » À quoi Wolfe répliqua : « Je serai maître de Québec, dussé-je rester ici jusqu'à la fin de novembre », rapporte Knox. Ce soir-là, Wolfe fit tirer sur les magasins de poudre des Français.

Le lendemain, 1 600 partisans franchissaient l'Etchemin pour attaquer l'armée anglaise à Lévis. La Navy répliqua en envoyant un vaisseau de 50 canons. Puis celui-ci profita de la marée et du vent pour remonter le fleuve avec deux sloops, trois barques et une frégate, mais celle-ci heurta une roche. Les Français tiraient à boulets rouges de la redoute du Cul-de-Sac, sans empêcher le passage du vaisseau.

Au matin, Carleton rejoignit ce vaisseau pour une attaque contre la pointe aux Trembles de Neuville, lieu des approvisionnements de Québec, où s'étaient réfugiés les marchands. Mais le major Dumas, envoyé avec 600 hommes, repoussa les Britanniques, le 20 juillet.

Le tir de la batterie anglaise de l'île d'Orléans s'intensifia, mais les batteries flottantes françaises de Beauport y répondaient. Puis, le 21 juillet, les rangers du capitaine Goreham s'établirent dans une maison de la rivière Etchemin pour fermer la position de la rive sud, à l'est de la capitale. À son tour, le poste de Goreham suscita l'installation d'une batterie française à la pointe à Puiseaux. Avant son achèvement, Wolfe se fit accompagner au poste de Goreham et une barge l'amena sur le *Sutherland* pour une reconnaissance des lieux, en amont de Québec.

En date du 23 juillet, le journal du curé Récher précise : « Les ennemis nous ont envoyé pendant la nuit au moins deux cents bombes ainsi que quantité de pots de feu, ce qui a embrasé la cathédrale ainsi qu'une vingtaine de maisons des environs qui ont toutes été réduites en cendre. » À la treizième nuit de bombardement, le 24 juillet, le pauvre homme parlait de 15 000 projectiles tombés sur la ville à ce jour.

Pendant ce temps, le colonel Carleton, le futur Lord Dorchester, tenta un débarquement à la pointe aux Trembles, avec le bataillon des Royal Americans et deux de ses régiments. Mais le commandant français de l'artillerie, Le Mercier, le bloqua. Il le harcela de Portneuf et de Deschambault, car il avait disposé 300 canons et mortiers sur la falaise depuis Québec ; ses soldats défendaient ce territoire. Le 23 juillet, il réussit par un feu d'artillerie bien dirigé à empêcher des vaisseaux de forcer le passage.

Au-delà, Bougainville se chargeait avec 500 hommes de protéger la côte jusqu'à Deschambault. À cheval, il avait suivi les mouvements des vaisseaux à Saint-Augustin, à Neuville et à Deschambault.

Pour placer Québec en étau, Murray fut chargé de pousser une reconnaissance en haut de la chute Montmorency, jusqu'à cinq milles dans l'arrière-pays. Le colonel de Repentigny y fut dépêché d'urgence, tuant 45 hommes du 35e régiment de Murray, et il y construisit un fortin. Pendant ce temps, les Québécois envoyaient des batteries flottantes à l'embouchure de la Chaudière pour attaquer l'ennemi, blessant quelques Anglais dans l'attaque.

Le colonel Fraser et ses 500 Highlanders furent alors chargés de capturer 250 prisonniers, des femmes surtout, à la pointe aux Trembles. Sur la rive sud, le major Dalling fit de même ; il ramena à la pointe de Lévy 300 hommes par la rivière Etchemin, le 25 juillet, avec des bovins, des moutons et des chevaux. On ne sait pas ce qu'il advint de ces captifs. Dalling faisait des prisonniers pour les faire parler ; il négocia seulement la libération des femmes de la pointe aux Trembles contre le passage de barques anglaises remplies de ses prisonniers.

– C'était une sale guerre, la guerre de Conquête, lâche Frédéric.

Le 30 juillet, la brigade de Monckton reçut l'ordre de tenter un grand coup en attaquant le camp de Beauport, tandis que le général Murray devait amener ses soldats à mettre pied à terre près de la rivière Montmorency. Mais sa brigade fut vigou-reusement repoussée par le commandant en second des forces françaises, le chevalier de Lévis, qui assumait le commandement du flanc gauche sur les battures de Beauport.

En même temps, Louis Le Gardeur de Repentigny, commandant des milices, bloqua le débarquement des soldats amenés par les frégates et bateaux de transport. Les Britanniques essuyèrent 433 morts et blessés dans ce premier grand engagement entre les deux armées. Un colonel, 6 capitaines et 19 lieutenants anglais avaient été blessés, signale John Knox.

Un autre officier britannique, James Thomson, écrivit au soir de sa vie un récit étonnant de quarante-huit pages, *A Short Authentic Account of the Expedition Against Quebec in the year 1759 under Command of Major-General James Wolfe*.

Il relate en ces termes cette journée désastreuse pour les Britanniques : « Il y a eu un débarquement sur la côte de Beauport à trois quarts de milles de l'embouchure de la rivière

Montmorency. À dix heures, à la marée haute, deux vaisseaux de quatorze canons touchèrent la rive pour tirer sur les deux redoutes des Français, près des chutes. Puis, le *Centurion*, un navire de guerre de soixante canons, est venu dans le chenal nord pour les attaquer d'un autre angle. Alors, deux brigades ont franchi la rivière, à la marée qui baissait. »

Les hommes de Lévis les stoppèrent net. Même l'ami du général en chef, le colonel Carleton, se permit une critique, cinglante, contre la tactique de Wolfe. Le front de l'est perdait de sa pertinence aux yeux des généraux. On commença à parler d'évacuer le camp de Montmorency.

Outré par la défaite, Wolfe envoya le jeune Murray avec un détachement chargé de détruire les vaisseaux français réfugiés en amont, à Batiscan. Il devait autant que possible établir le lien avec le général en chef, Jeffery Amherst, venant de New York. Mais James Murray, bloqué par le chevalier de Bougainville, ne put atteindre ni les uns ni l'autre. Il se vengea en causant des dommages considérables, obligeant Montcalm à envoyer de nouveaux hommes en amont de la capitale. Les troupes diminuaient d'autant à Québec.

L'Écossais James Thompson conclut de la bataille de la rivière Montmorency : « Peu après, il y eut un manifeste publié par le général, établissant que les Canadiens qui continueraient à porter les armes après le 10 août verraient leurs habitations brûlées. »

Wolfe donnait l'ordre d'intensifier la terreur dans les campagnes.

Le 8 août, Murray fit deux nouvelles tentatives pour débarquer sur la pointe aux Trembles, où ses marins essuyaient les coups de feu de trois batteries. À marée basse, un navire s'échoua sur les roches. La seconde tentative, à marée haute, fut repoussée par Bougainville qui y avait rassemblé ses forces. Murray rapporta que 140 de ses hommes y périrent, y compris 30 marins. Le 9 août, Murray écrit à Wolfe : « L'objectif naval ne sera pas rempli, je le crains, nous voudrions que l'eau nous porte beaucoup plus loin en amont. » Alors, il atterrit sur l'autre rive, à Saint-Antoine-de-Tilly.

Les 400 hommes du major Dalling tombèrent dans une embuscade de partisans, à Sainte-Croix-de-Lotbinière. Par représailles, celui-ci incendia ce village et Saint-Antoine-de-Tilly. Pendant ce temps, Scott brûlait les fermes de la Chaudière et Monckton, les maisons normandes de Beaumont. C'était devenu une guerre de destruction.

On répondait par le feu, sur cent kilomètres, aux défaites des troupes anglaises sur les battures de Beauport et à la pointe aux Trembles.

Pour sa part, le curé Récher raconta que « le 9 août, à trois heures du matin, des pots de feu mirent le feu à deux endroits sur la basse ville. Avec les vents du nord-ouest, un incendie général éclata pendant lequel il y eut cinquante maisons brûlées. Tout n'était plus que ruine dans la basse ville de Québec en août 1759 ».

Wolfe faisait bombarder la basse ville de Québec et brûler les villages tandis que ses hommes capturaient des otages. Le 18 août, 1 000 Anglais débarquaient à Deschambault et se rendaient à la maison du capitaine de milice. On porta une torche à sa maison et à deux résidences voisines. Jean-Daniel Dumas arriva en hâte pour l'affrontement et les Anglais perdirent une vingtaine d'hommes. Alors, une nouvelle bataille vint tout près d'avoir lieu à Deschambault, car les hommes de Bougainville accouraient eux aussi. Mais, au dernier moment, le général James Murray réussit à se replier sur la pointe Lévy.

Montcalm dut dès lors laisser son aide de camp, Bougainville, avec 1 200 soldats, à la pointe aux Trembles, pour défendre le lieu d'approvisionnement de Québec. Le fabuleux Bougainville surveillait un territoire très étendu, qui allait de la rivière Jacques-Cartier aux plaines d'Abraham, soit soixante kilomètres de falaise et de grève. Bref, les troupes françaises se dispersaient. Il avait refoulé les débarquements de Deschambault et de Saint-Augustin, mais Wolfe réussissait à dégarnir le front de Québec.

Puis Wolfe intensifia la terreur à l'est.

À compter du 9 août, les rangers du capitaine Goreham rasèrent les maisons de Baie-Saint-Paul, pourtant à cent kilomètres de la capitale, sur la côte de Charlevoix. Le 14 août, ils brûlèrent la Malbaie.

Plus près de Québec, sur la côte de Beaupré, le 22 août, le général Murray mit le feu à L'Ange-Gardien, le pays qu'il avait occupé pendant le mois de juillet, près de la rivière Montmorency. À Château-Richer, le curé de Saint-Joachim et une vingtaine de paroissiens parlementèrent avec le chef des rangers. Ils se firent massacrer. Le curé Portneuf fut scalpé, indique John Knox, parce que les rangers estimaient qu'il commandait les Indiens sur l'île d'Orléans. Bref, c'était un curé de la résistance.

Malcolm Fraser des Highlanders cite dans son journal un autre personnage du même acabit que Goreham : « Le barbare capitaine Alexander Montgomery » fit saisir 30 hommes au presbytère et il ordonna que ces prisonniers soient tués de sang-froid et scalpés, y compris le curé. Fraser se révolte contre ce geste, car il se trouvait au nombre des victimes deux citoyens à qui il avait promis la vie sauve.

Cela fera dire, deux siècles plus tard, au vénérable directeur du service de recherche de l'armée canadienne, le colonel Charles Stacey, dans *Quebec 1759, The Siege and the Battle* : « Cet officier régulier de l'armée britannique était au moins aussi sauvage que les rangers. » Il ajoute encore : « À cette époque, le 15 août, Wolfe avait commencé à s'attaquer lourdement au peuple infortuné dans les paroisses le long du Saint-Laurent, sur toute la zone dominée par la flotte britannique. C'est une histoire désagréable. »

Pour sa part, le brigadier général Townshend écrit dans une lettre à sa femme, le 6 septembre : « I never served so disagreable a Campaign as this. Our unequal Force has reduced our Operations to a Scene of Skirmishing Cruelty & Devastation. It is war of the worst Shape. A Sceene I ought not to be in, for the future believe my dear Charlotte I will seek to reverse it. General Wolf's Health is but very bad. His Generalship in my poor opinion is not a bit better. »

La Nouvelle-France était incendiée à perte de vue. À Québec, sur la côte de Beaupré, dans le pays de Charlevoix et sur l'île d'Orléans. Sur la rive sud, c'était pire sur la côte de Lévis, sur la côte de Lotbinière, et sur toute la Côte-du-Sud, jusqu'à Kamouraska : la Nouvelle-France avait été mise à feu et à sang. Tout le pays brûlait à l'est de Québec.

La Royal Navy avait attaqué l'ouest de la capitale, jusqu'à trente kilomètres en amont. Murray avait livré deux combats majeurs contre l'armée française, l'un au pied des chutes Montmorency, l'autre sur le rivage de Neuville et il les avait tous deux perdus. Alors, il faisait détruire les seigneuries et les fermes. Habitants et seigneurs se trouvaient plongés dans une grande misère.

– C'était le régime de la terreur, signale l'historien, en martelant ses mots.

Le voisin de table est suspendu aux lèvres du conteur, surpris de la virulence du récit. Et ce n'est pas fini :

– C'était un dégueulasse, Wolfe. L'historiographie britannique le traite de neurasthénique, et c'est une politesse. Les Anglais lui ont attribué tout le mauvais traitement infligé à la Nouvelle-France. En réalité, ses généraux, ses colonels, ses majors ne valaient pas mieux que lui, ni Murray, ni Monckton, ni Carleton, ni Haldimand, ni Meech, ni le terrible Saunders qui s'était fait la main en Acadie. L'attaque de Québec a été menée en incendiant le pays, en détruisant la propriété des habitants. Cela se fit sous les ordres de James Wolfe, de James Murray et de Robert Monckton.

Frédéric regarde le voisin de table qui paraît perplexe ; aussitôt, il reprend la balle au bond :

– Si je comprends bien, l'occupation de Québec, c'est une histoire de feu et de sang ; on a affamé les habitants, on les a privés de leur ferme, on les a menacés, parfois torturés, souvent scalpés et tués ; quant aux femmes, enlevées par des soldats, elles étaient amenées dans des camps britanniques. Le plan d'attaque de Wolfe, Murray et Monckton reposait sur la destruction du pays et le martyre de ses habitants, tous deux ordonnés par le haut commandement britannique.

– Le coup était en effet prémédité. Dès 1758 Wolfe écrivait à Lord George Sackville : « Même si je ne suis ni inhumain ni rapace, cela me ferait plaisir de voir la vermine canadienne saccagée et pillée. »

Charles Stacey juge sévèrement le wolfisme :

« Les habitants étaient plongés dans un affreux dilemme. Par la loi du Canada, chaque homme d'âge militaire était un milicien. À ce titre il était de son devoir d'arrêter l'envahisseur, comme l'avait ordonné Vaudreuil... D'un autre côté, les Britanniques n'étaient pas préparés à considérer comme légitime la résistance des habitants, réclamant leur neutralité ; et maintenant, ils appliquaient contre eux un degré de sévérité que de nos jours nous appellerions du prussianisme. »

Dans cette sale guerre contre Québec, il y avait les 13 500 marins de la Royal Navy et les 8 500 soldats de la British Army, soit 22 000 hommes de guerre, qui faisaient face à une garnison militaire française composée de 2 000 soldats français, 1 500 hommes de la Compagnie franche de la marine, 1 000 Indiens et 10 500 habitants accourus de la colonie, avec leur fusil de chasse, pour défendre Québec.

Frédéric lève son verre rempli du vin de la Loire :

– À la mémoire de nos ancêtres qui ont combattu vaillamment l'envahisseur !

*
* *

L'historien attaque sa soupe de fruits en racontant que Wolfe tomba malade après la sévère défaite que lui avaient infligée les hommes de Lévis et de Repentigny sur les battures de Beauport. Alité à son quartier général de Montmorency, du 19 au 27 août, en raison d'une « pénible attaque de dysenterie », doublée de « gravelle et de rhumatisme », à ses dires, il dut mettre ses plans en veilleuse. À telle enseigne que le 27 août, il écrivit à ses trois généraux de brigade pour leur demander d'élaborer un plan d'attaque.

Wolfe attira leur attention sur l'absence de vivres dans la capitale, ce qui l'amenait à suggérer deux variantes à l'opération ratée de Beauport quand on avait tenté de prendre le camp en étau, de l'est et de l'ouest : on pourrait attaquer le camp de Beauport de front et remonter la rivière Montmorency pour frapper aussi les retranchements français derrière Beauport et Charlesbourg ; l'autre plan privilégiait plutôt l'assaut contre les troupes françaises, près de la rivière Saint-Charles, à marée basse, par les battures. Dans tous les cas, on délogeait Montcalm et ses hommes à l'est de la capitale, avant d'envahir la ville par les pentes douces.

Ses généraux se consultèrent et firent parvenir cette réponse à Wolfe :

« Nous sommes d'opinion que la stratégie la plus susceptible de porter un coup décisif serait d'amener les troupes sur la rive sud et de porter les opérations en amont de la ville : lorsque nous serons établis sur la rive nord, nous imposerons au général français nos propres conditions de combat ; nous nous placerons entre lui et ses approvisionnements, entre lui et l'armée qui fait face au général Amherst. »

Un plan appuyait cette lettre. Pour la première fois, les généraux mettaient des éléments de stratégie sur papier. Leur raisonnement paraissait sans faille, d'autant qu'ils s'étaient concertés avec l'amiral de la marine. Les généraux de brigade proposaient de quitter le camp Montmorency et d'envoyer des hommes pour préparer un débarquement à la hauteur de Saint-Augustin. Wolfe accepta, rapporte l'historien du bicentenaire de la Conquête, Charles Stacey : « Wolfe ordonna l'évacuation du camp de Montmorency, le 31 août 1759, après la destruction de la ferme ayant servi au haut commandement, à L'Ange-Gardien. »

L'amiral Saunders envoya des renforts à ses hommes déjà en position en amont de Québec. Il s'agissait des prémices du nouveau plan. Wolfe écrivit à sa mère :

« Mon adversaire s'est prudemment enfermé derrière des retranchements inaccessibles de sorte que je ne puis l'atteindre sans répandre des flots de sang et, cela, pour obtenir peu de résultats peut-être. Le marquis de Montcalm est à la tête d'un grand nombre de mauvais soldats et j'ai sous mes ordres un plus petit nombre d'excellents militaires qui ne demandent pas mieux que de lui faire la lutte – mais le vieux renard est prudent, et il esquive l'action, incertain qu'il est quant à la conduite de son armée. Il faut être du métier pour comprendre les inconvénients et les difficultés au milieu desquels nous travaillons, étant donné l'exceptionnelle rudesse naturelle du pays. »

Wolfe faisait allusion à ce que la plus grande partie de l'armée de Montcalm se composait d'habitants ayant pris les armes pour défendre leur pays. À l'exception du détachement cantonné à l'île d'Orléans, Wolfe regroupa son armée à la pointe de Lévy puis, les 5 et 6 septembre, le corps principal prit place sur les vaisseaux destinés à se rendre en amont de la capitale, à la faveur de la nuit. Les troupes débarqueraient, le 9 septembre, entre Deschambault et Saint-Augustin.

Toutefois, des pluies diluviennes obligèrent les généraux à annuler l'opération au dernier moment.

Alors, Wolfe monta à bord d'un vaisseau ; il abandonna le plan prévu, modifia tout. Pour sa part, Montcalm restait persuadé que l'attaque viendrait du côté de Beauport et que le gros des troupes françaises devait y demeurer, même si les troupes anglaises avaient quitté effectivement le camp Montmorency. À l'autre extrémité du promontoire, le colonel Bougainville restait avec 3 000 hommes sur les hauteurs de Saint-Augustin, protégeant les convois de ravitaillement.

Par ailleurs, le colonel Bourlamaque commandait une troupe de 3 000 hommes sur le Richelieu, pour parer une éventuelle attaque du général en chef Amherst, venant du fort Orange. Quant au chevalier de Lévis, le commandant en second, il avait été dépêché d'urgence à Montréal, avec 800 hommes, à la nouvelle de la chute du fort Niagara. Après l'emprisonnement du commandant Pichot, Montcalm avait aussi dû envoyer les commandants d'artillerie Le Mercier et Lapause pour solidifier le fort Lévis, en haut des rapides du Long-Sault, sur le Saint-Laurent. Bref, les troupes s'étaient éparpillées. On craignait que les Anglais ne percent les dernières lignes de défense établies en haut de Montréal, le fort de la Pointe-au-Baril, le fort de la Galette et le fort Lévis.

Depuis lors, Montbeillard remplaçait Le Mercier pour commander l'artillerie à Québec. Par conséquent, moins de troupes françaises se trouvaient dans la capitale en septembre qu'au début de l'attaque, en juin. Et elles se disséminaient sur une longue bande linéaire, de Beauport jusqu'à Saint-Augustin.

Wolfe, le jour des fortes pluies, arrêta sa décision : ils débarqueraient près du Petit-Champlain, soit à cinq kilomètres de Québec, dans l'anse au Foulon. Un sentier y montait dans la falaise, près d'un ruisseau, tout juste à deux pas du poste de garde de l'anse des Mères, où se trouvaient une centaine de soldats français.

Depuis le 13 août, ordre avait été donné d'augmenter à 40 pièces la batterie de la pointe des Pères, du côté de Lévis.

James Thomson raconte : « Cela était conduit pour favoriser un abordage par eau ou pour causer le plus de dommages possible à la ville si on ne pouvait la prendre, car il paraissait difficile de faire un bon débarquement sur une côte naturellement aussi forte, si fortifiée et défendue par un nombre supérieur d'hommes. »

Murray était revenu au camp de la pointe Lévy et avait fait rapport qu'il avait tenté un débarquement le 25 août, à la pointe aux Trembles de Neuville, au cours duquel il avait eu 140 hommes tués, incluant 30 marins.

Le 12 septembre, Wolfe eut un échange de notes cassantes avec ses officiers. Après une entrevue avec Monckton, il déclara même à l'aide de camp chargé du journal de campagne, Thomas Bell, que deux de ses généraux étaient des lâches tandis que le troisième lui paraissait un scélérat. Qu'on ne fût pas d'accord avec lui ne l'empêcherait pas de déclencher l'opération décisive à l'anse au Foulon. Il avertit ses généraux, Murray, Monckton et Townshend, que le débarquement était prévu pour le soir même.

Pour tromper l'adversaire, les Anglais remontèrent le fleuve jusqu'à Cap-Rouge, y montrer le plus gros vaisseau de la Royal Navy, le *Sutherland*, confinant l'armée de Bougainville à l'immobilité. Les autres navires multipliaient les mouvements de diversion tandis que des frégates faisaient un vacarme d'enfer avec des tirs de canon, trompant la milice de Beauport et le commandant de la garnison de Québec, Jean-Baptiste de Ramezay, lui-même alité. La Navy faisait croire à une attaque combinée aux deux extrémités du promontoire de Québec tandis qu'elle allait frapper en plein centre, au milieu de la nuit, à deux kilomètres de l'anse des Mères.

Montcalm, lui, avait écrit, le 2 septembre, à Bourlamaque, en poste au fort Saint-Jean, qu'il attendait des mouvements militaires sur trois lieux successifs :

« Quant à la situation ici, je pense que Wolfe agira comme un joueur de tope et tingue, qui, après avoir joué sur la gauche de la tope, joue sur la droite, puis au milieu. Nous ferons de notre mieux pour le mettre hors jeu. »

Québec et Beauport placés sous le feu, l'opération décisive était déclenchée. Dès minuit, des barques de transport de troupe s'éloignaient des vaisseaux à l'ancre près de Cap-Rouge, à la faveur de la marée baissante. Le succès de l'opération reposait sur l'effet de surprise, car une opposition aurait rendu le débarquement à l'anse au Foulon impossible. Or la surprise fut complète. Les Français attendaient un convoi de ravitaillement au poste de l'anse des Mères : apercevant une flottille de barques sans drapeau, ils se convainquirent qu'il s'agissait de leurs embarcations.

Aussitôt, le lieutenant-colonel Howe neutralisa le vigile et mena une première unité tout en haut de la falaise par une action improvisée, délogeant les hommes de la batterie française, les prenant par surprise, au milieu de la nuit. Trois compagnies anglaises neutralisaient le poste de garde, tandis que des soldats français tiraient des coups de feu, atterrés, et tentaient de s'enfuir pour prévenir le commandement de la ville.

À 3 h du matin, le *Lowestoft*, le *Squirrel* et le *Seahorse* descendaient le fleuve avec 1 800 hommes à bord, en direction de l'anse au Foulon. En sens inverse, le *Stirling Castle's* avait quitté la pointe Lévy depuis 23 h pour se rendre devant l'embouchure de la rivière Saint-Charles et distraire le gros de la troupe française. Les marins anglais bombardèrent ce poste français jusqu'à 4 h du matin, couvrant les coups de feu échangés à cinq kilomètres en amont.

À 4 h, les bateaux plats traversaient de Saint-Nicolas-de-Lévis à l'anse au Foulon. Puis, au changement de marée, ce fut au tour des barques de transport de franchir le fleuve pour une troisième vague de troupes, cette fois en provenance de Lévis.

Le vice-amiral Saunders allait dire : « Ce fut une opération décisive. »

Avant l'aube, Wolfe se rendit à l'anse au Foulon, à bord du *Neptune*.

L'historien repousse le plat devant lui et met ses deux mains sur la table :

– La Royal Navy a feinté avec succès à Saint-Augustin, à Cap-Rouge et à Beauport ; en même temps, elle a pilonné Québec dans un bruit d'enfer. Cinq vaisseaux de guerre montaient la garde devant Beauport, et Québec était enseveli sous les obus. Ainsi, les habitants de la capitale étaient bernés par cette triple diversion, sur les trois pointes d'un triangle, et par le bruit incessant de la canonnade.

*
* *

Au lever du jour, 4 800 hommes de Wolfe sont sur la falaise, au-dessus du poste de garde de l'anse des Mères, sur les plaines d'Abraham, à trois kilomètres des fortifications, hors d'atteinte des canons du bastion Saint-Louis. Il leur reste à neutraliser une batterie à l'ouest des plaines.

L'officier d'artillerie Montbeillard, qui tenait le journal de Montcalm, décrivit une série de malentendus qui empêchèrent de parer l'attaque de manière efficace :

« Dans la soirée, je suis allé au quartier général de M. le marquis de Montcalm, qui m'a ordonné de faire déplacer deux pièces d'artillerie pour le lendemain sur les hauteurs de Beauport afin de remplacer celles qui avaient été envoyées à M. de Bougainville. Nous avons marché longtemps, visitant nos retranchements... Une heure après minuit, M. Dumas m'a envoyé un mot disant qu'un grand bruit de bateaux avait été entendu et que des troupes se dirigeaient vers les retranchements. Je suis immédiatement monté le long de la ligne et j'ai fait en sorte que les batteries soient prêtes à attaquer. Vers trois heures du matin, une patrouille arriva en canot et nous assura que des bateaux ennemis étaient près de la rive de la Canardière. Je déplaçai un petit canon de ce côté et la milice de Québec s'avança sur la grève. Un autre canot fut envoyé pour obtenir des nouvelles sur les déplacements de l'ennemi... Alors, la ville donna un signal préconvenu pour indiquer que quelque chose d'important était survenu. Un peu avant l'aube, des coups de mousquet furent entendus venant d'au-delà de Québec ; nous n'avons pas eu de doute qu'un convoi de provisions que nous attendions avait été découvert et capturé. Par quelles fatales circonstances, lorsque la cité sonna l'alerte, personne n'envoya voir ce qui se passait et pourquoi le régiment de Guyenne qui devait camper sur les hauteurs de Québec était-il encore dans notre camp ? »

Un peu avant l'aube, un Canadien, l'un des hommes du capitaine Vergor, arriva en courant à la Canardière, terrorisé, pour rapporter que l'ennemi était établi sur les hauteurs. Personne ne crut un mot de son histoire. Vaudreuil fut averti par une note du chevalier de Bernetz, commandant de la basse ville, que les Anglais avaient débarqué à l'anse au Foulon, mais il pensa qu'ils avaient rembarqué sur leurs barges de transport, étant donné qu'il n'entendait plus de coups de mousquet.

La note du chevalier était datée de six heures moins le quart. Une heure plus tard seulement, Vaudreuil signait une note pour Bougainville dans laquelle il évoquait « quelques petites fusillades ». En dernière heure, il ajoutera finalement : « Les forces ennemies semblent considérables. »

À 6 h du matin, un petit détachement sortit de l'enceinte, le régiment de Guyenne sous les ordres de Montreuil. En l'absence du gouverneur Ramezay, le lieutenant-colonel d'infanterie de Bernetz avait déjà expédié une partie de la garnison des fortifications sur les plaines, pour empêcher l'ennemi d'avancer.

Des Amérindiens se cachaient dans les bosquets avec des Canadiens tandis que Montcalm, prévenu en hâte, réunit des soldats et des miliciens du camp de Beauport, ne croyant encore qu'à demi à un débarquement.

– Montcalm traversa la rivière Saint-Charles à 7 h du matin, avec quelques centaines de soldats et de partisans, des Canadiens, des Acadiens, le mousquet à la main, de nouveaux renforts accourant dans le sentier de l'Hôpital Général. Ils n'avaient aucune chance de battre l'armée anglaise, en arrivant comme ça, sur les plaines, fatigués par cinq kilomètres de marche en toute hâte. C'était la panique dans la haute ville.

À 7 h 15, avec un long retard, le messager de Vaudreuil partit enfin vers Bougainville, retranché au camp de la pointe aux Trembles, où il ne parvint qu'à 10 h. Catastrophe. Pour sa part, Montcalm reçut des renforts le long de son trajet improvisé, mille soldats et autant de colons. Alors, il présuma de ses forces.

En arrivant sur les plaines, le commandant n'en crut pas ses yeux, de l'avis des chroniqueurs. Des miliciens faisaient le coup de feu et se tenaient dispersés face aux soldats anglais alignés sur deux rangs serrés. On prévint le chef des armées françaises que la Marine britannique hissait des canons sur les plaines.

Foligné raconta que Montcalm avait demandé cinq pièces et fait installer deux canons près de la porte Saint-Louis, deux autres le long du chemin de Sainte-Foy, sans tenir compte du fait que l'ennemi occupait la position dominante, hors de portée. Puis, il installa les habitants sur les côtés des soldats pour qu'ils avancent tous ensemble. Foligné témoigne du désordre :

« À mesure que le monde arrivait, il était rangé dans l'ordre de bataille ordonné par M. le marquis de Montcalm qui fit placer sur les ailes de notre colonne de sept à huit cents Canadiens et Sauvages qui, par leur fusillade et le feu qu'ils mirent à la maison de Borgia vers les neuf heures, engagèrent le fort de l'action que M. de Montcalm crut devoir soutenir et profiter du moment que la troupe paraissait le mieux disposée pour avancer avec notre colonne jusqu'au bas de la hauteur qu'occupaient les ennemis où à une demi-portée de fusil notre général engagea l'action. Les ennemis après avoir essuyé de pied ferme trois décharges de notre colonne descendirent presque à bon toucher. Jamais action ne fut plus opiniâtre pendant près d'une demi-heure. »

Au-delà de la moitié des 3 500 hommes de Montcalm étaient des habitants, habitués à la guerre d'escarmouche, sans expérience de la bataille rangée.

Les troupes régulières avaient à peine eu le temps de se ressaisir que Montcalm leur intimait l'ordre d'abandonner leur position élevée pour descendre vers l'ennemi. Des hommes cachés dans les broussailles viseraient les soldats rouges. La formation française se désorganisait. Mal installés, avançant sur des lignes inégales, les habitants tiraient maintenant dans le désordre, à la pleine largeur des plaines d'Abraham, sans arbre pour se protéger.

L'historien s'emballe :

– Les miliciens, racontent les chroniqueurs, se couchaient par terre pour tirer et rechargeaient leur fusil avec de la poudre noire tandis que des soldats continuaient d'avancer, ce qui déséquilibra la ligne d'attaque française. Peu à peu, la fumée envahit le terrain. On ignorait comment refouler l'ennemi. Les uniformes rouges, genou à terre, attendaient le signal de tirer. Ils firent le coup de feu au dernier moment, de concert. À soixante mètres, les régiments anglais ouvrirent le feu d'un coup sec, avant de recommencer quelques pas plus loin. La deuxième décharge produisit un effet terrible, tuant et blessant pratiquement près de la moitié des soldats français et des habitants. Wolfe lança la charge et c'en fut fini des milices de la résistance.

Ce fut un carnage. Après un été de misère, après 40 000 coups de canon contre la capitale, après les incendies des fermes et des récoltes, après les enlèvements de femmes, les colons tombaient un à un sur le champ de bataille. Beaucoup étaient estropiés. Ils allaient mourir le lendemain.

Le sang tachait l'herbe et une fumée blanche formait une brume sinistre au bas de la Butte-à-Nepveu. Des plaintes lugubres montaient dans le bruit sec des armes. Québec devint au matin du 13 septembre 1759 un champ de mort et de souffrance. Plusieurs centaines de cadavres et un millier de blessés gisaient sur la falaise. Les Québécois agonisaient, massacrés, hors des murs de la ville.

L'aide de camp de Montcalm écrivit dans son journal :

« Lorsque les troupes et Canadiens du gouvernement de Québec ayant fait demi-tour, pressés par le feu de l'ennemi qui faisait un mouvement pour les envelopper, entraînèrent successivement la retraite de toute l'armée qui se fit avec bien du désordre malgré le zèle, la bonne contenance et les propos de tous les officiers. Rien de tout cela ne fut capable d'arrêter les fuyards qui n'écoutaient plus que les impressions d'une terreur sans égale. Enfin, le désordre fut si grand qu'il ne fut pas possible de rallier les troupes, dont les tristes débris se retirèrent, les uns jusqu'au bout de la rivière Saint-Charles, et les autres sous la place de Québec qui n'avait du canon que dans ses flancs et, par conséquent, peu utile pour protéger notre retraite si l'ennemi eût profité de son avantage. »

Il tomba, ce matin-là, 1 000 Français, des Canadiens, des Acadiens, des Indiens, côte à côte, en quinze minutes de combat, sur les plaines d'Abraham. Ce n'était plus que cris et désolation dans la plaine rouge.

Frédéric ne met pas de gants blancs :

– En somme, la bataille décisive opposait une armée rompue à l'art de la guerre à des partisans, les hommes de la guerre d'escarmouche en Amérique. Habitués au temps froid, aux combats dans les bois contre les Iroquois, les Canadiens avaient résisté aux moustiques, aux loups et à la misère ; leurs villages ayant été détruits par Wolfe, leurs terres dévastées, leur capitale affamée par le siège, ils sont tombés comme des mouches sur les plaines d'Abraham. Il a suffi de quelques minutes pour que prenne fin ce qu'ils avaient mis des générations à construire. L'armée britannique avait tout détruit, tout bombardé, tout brûlé durant neuf semaines, elle avait scalpé des colons à Beaumont, à l'île d'Orléans, à Château-Richer, à la Malbaie, à Lévis. Après trois mois de bombardements et de saccage, Wolfe a su éviter l'affrontement face à face contre l'armée française en contournant les sites où elle s'était rassemblée, pour monter plutôt en pleine nuit et livrer l'assaut en hypocrite contre des troupes qui dormaient, affaiblies par les blessures et la famine. Ce n'est pas glorieux. C'est mesquin.

L'historien acquiesce de la tête à ce résumé partisan.

Un habitant visa Wolfe au poumon. On ne tirait pas sur les commandants en Europe. Une convention entre officiers. Les anciens Canadiens avaient tant souffert qu'ils n'étaient pas d'accord. Wolfe eut une éraflure au poignet, certains disent qu'il reçut la deuxième balle aux couilles, avant qu'un troisième colon ne l'atteigne d'une balle au poumon. Les colons voulaient sa peau, fût-ce au prix de leur propre mort.

– Avant de mourir, un colon, un Acadien aime-t-on penser, précise l'historien, visa le commandant en second, l'homme de la déportation des Acadiens, Robert Monckton. Le général tomba. Bien sûr, le colon fut tué. Pendant ce temps, Montcalm reculait avec la troupe, atterré, vers la poterne Saint-Louis. Là, il reçut deux balles dans le dos, sur son cheval noir, à vingt-cinq mètres des fortifications.

Trois cents habitants, des Français du Canada et d'Acadie, des Abénakis et des Hurons, restaient dans les buissons et faisaient diversion afin de permettre la retraite des autres, au bas de la côte d'Abraham, emportant les blessés sur leur dos, vers l'Hôpital Général, et fuyant jusqu'au campement de la rivière Saint-Charles. Pendant ce temps, les 300 hommes du buisson de la falaise se sacrifiaient, près du *bunker* actuel du premier ministre Parizeau.

L'officier Fraser écrivit que le 78ᵉ régiment, après avoir mené la charge au sabre et à la baïonnette jusqu'aux murs de la ville, s'engagea « dans une poursuite sanguinaire avec les Canadiens », jusqu'à l'Hôpital Général, sous la conduite du commandant Murray. Ils eurent à subir de lourdes pertes de la part des hommes de Dumas, ajoute Charles Stacey. Avec l'aide du 2ᵉ régiment des Royal Americans et des Highlanders, Murray réussit cependant à repousser les Canadiens jusqu'à la rivière Saint-Charles.

Frédéric soupire avant de trancher :

– C'étaient des bouchers, les généraux Wolfe, Monckton et Murray. Et des fourbes. Avec 4 400 soldats sur le point le plus haut des plaines d'Abraham, ils sont venus pour tuer les Français, les colons et les Indiens, pour les massacrer. La Conquête du Canada, elle a commencé par le martyre des Canadiens, des Hurons et des Abénakis sur la plaine ensanglantée.

Plus tard, Lévis, arrivé de Montréal, se chargera de dresser le compte des officiers blessés dans son *Journal des campagnes*. Monsieur de Bourlamaque, le brigadier, eut une partie de la jambe emportée par un boulet de canon, Monsieur Montreuil, le capitaine des grenadiers, qui, le premier, avait emmené des hommes sur les plaines, fut blessé à mort tandis que l'enseigne Dufai eut le bras cassé. Le lieutenant Deguinier a été tué, le capitaine Palmarole tomba, blessé à mort, le capitaine Duprat de même et Forcet. Le capitaine Duparquet eut un coup de feu à la jambe et le capitaine Beauclair au bras. Le chevalier de Savournin fut atteint à la poitrine « très dangereusement », le sous-lieutenant Paonnet, touché à mort, le lieutenant de Lanaudière tomba, atteint à la jambe, de même que le capitaine de Rouin et le lieutenant Léonard. Le sous-lieutenant Beausadet eut l'épaule fracassée. Le lieutenant Senneterre fut blessé, le lieutenant d'Ernanger fut tué et Morambert blessé à mort. Les deux officiers les plus élevés après Montcalm, Sénezergues et Fontbonne tombèrent, mortellement atteints.

Le relevé des hommes morts pour la patrie se poursuit sous la plume de Lévis : le capitaine Montagnet eut le coup de feu au bras et le capitaine Villemonter tomba mort, de même que l'aide-major Valentin. Le lieutenant Carery fut tué, puis le lieutenant-colonel Trécesson, blessé à mort, de même que le capitaine Darseins. Le lieutenant La Marlière tomba mort, le lieutenant Vaudaran eut « la jambe cassée dangereusement », ainsi que le lieutenant du Guermé.

La liste des victimes tombées au champ d'honneur continue pendant des pages et des pages, avec des noms qui ont des résonances familières, d'autres moins, surtout ceux qui n'avaient pas eu le temps d'avoir de fils. Qu'on en juge à ces noms de Français morts pour Québec : Pélissier, Laudance, Sigoin, Leclerc, Dallet, Trévis, Pressac, Cambray, Vassal, Soloignac, Tolabelle, D'Alquier, Monredon, Pinsan, Fay, Jacob, Malartic. Le chevalier énumère ensuite des officiers qui se sont battus sans se ménager : Blénard, Raimond, Meley, Jourdain, de Boucherville, Saint-Martin, Laronde, Varennes, Corbières, Du Buisson, Mézières, d'Hughes, d'Aillebout, Hiché, Chevalier de la Corne.

Lévis fait la liste des officiers tombés, dressant les contours de l'hécatombe. Il nomme encore : Vassan, Saint-Leu, Loumier, Le Borgne, La Noix de Noyelle, Sabrevois, Chevalier de la Perrière, Herbin, Réaume, Lefèvre, Prévot de Sicor, Gaudet, Neveu, de Rivière, La Promenade, de Cary, de Saunier, Ménar, Irtubis, Auge, Chevalier, Boischatel, Pradel, Barot, de Bonne, de Melozène, d'Hertz, La Justonne, Mazeray.

Lévis identifie 114 officiers blessés ou tués à la bataille des plaines d'Abraham, sans compter les soldats français et les habitants anonymes, morts pour la Nouvelle-France, enterrés dans la fosse commune de l'Hôpital Général de Québec.

*
* *

Quand le mousquetaire Louis-Antoine de Bougainville arriva sur les plaines d'Abraham avec un détachement de 800 soldats, à 11 h du matin, le combat était terminé. Il fut abasourdi de voir l'ennemi tenir la Butte-à-Nepveu. Comme Montcalm avant lui. Il disposait du quart des hommes de Townshend. Néanmoins, il détourna l'attention de l'ennemi pour permettre aux soldats français de se retirer de l'autre bord de la rivière Saint-Charles, empêchant leur extermination. Il contint l'ennemi tant bien que mal sur la Butte-à-Nepveu. Bientôt, il regroupa ses hommes avec les restes de l'armée à Cap-Rouge et envoya d'urgence un messager au commandant Lévis, chargé de protéger Montréal, pour lui annoncer le désastre et lui demander de venir à la rescousse.

Un mémoire anonyme expliqua à l'époque :

« Il fallait attendre les renforts de Bougainville et profiter de la nature du terrain pour placer par pelotons dans les bosquets de broussailles dont il était environné, ces mêmes Canadiens qui, arrangés de la sorte, surpassent certainement par l'adresse avec laquelle ils tirent toutes les troupes de l'univers. »

Le gouverneur de la Nouvelle-France, Pierre de Rigaud de Vaudreuil, se trouva incapable d'agir, demandant des instructions à Montcalm, blessé à mort. Les Canadiens étaient massacrés un à un. Forcément les survivants se repliaient dans le faubourg Saint-Jean, dans le bourg Saint-Roch ou au bivouac de Beauport. C'était le désespoir dans la troupe, le peuple de Québec, grièvement blessé, était en train de mourir.

Le capitaine Fiacre-François Potot de Montbeillard rapporta que Montcalm lui avait déclaré : « Si nous laissons à l'ennemi le temps de s'installer, jamais nous ne serons capables de le repousser avec le genre de troupes dont nous disposons. »

Vaudreuil tint finalement un conseil de guerre à l'intérieur des fortifications. Le gouverneur dit qu'on pouvait aligner plus d'hommes que les Anglais sur le champ de bataille, mais les officiers n'avaient plus le cœur à se battre, à la vue des soldats blessés et des habitants souffrant de la disette. Ils savaient que tout le monde allait y passer, si on restait dans les fortifications. Le conseil de guerre anticipait une nouvelle boucherie sur les plaines, alors qu'il entendait les cris des blessés. Peu à peu, les officiers demandaient que l'armée se replie au campement de la rivière Jacques-Cartier pour rejoindre les forces du colonel Bougainville et reformer le rang. Lévis ne manquerait pas d'accourir de Montréal, disait-on. Québec était à genou, sans chef, après avoir été bombardé soixante-trois jours d'affilée. On faisait confiance à Lévis, il était le dernier espoir avec Bougainville.

Le gouverneur Vaudreuil désespéra de sauver la capitale. Chose impensable, il remit à Nicolas de Ramezay, fils de l'ancien gouverneur de Montréal, les termes d'une reddition. Le petit-fils du mousquetaire Vaudreuil voyait son univers s'effondrer. Lui, venu de la Louisiane cinq ans plus tôt, pensait que la solution était de réinventer la guerre d'escarmouche. Il ne savait pas comment défendre Québec.

Déjà, les Anglais construisaient des redoutes improvisées sur les plaines d'Abraham tandis que les hommes de la Royal Navy y transportaient des canons et des munitions. La British Army empêchait les Québécois de ramasser leurs blessés et les officiers britanniques faisaient dresser la garde tout près de l'Hôpital Général. Pire, les soldats de Townshend effectuaient des reconnaissances qui semaient la terreur dans le faubourg Saint-Roch. C'était la panique dans les faubourgs de Québec.

En envoyant la troupe à Beauport, puis en lui ordonnant de rejoindre Bougainville, Vaudreuil baissait les bras. Il restait 330 soldats et 2 000 habitants à l'intérieur des fortifications, face à 3 500 soldats ennemis consolidant leur position sur la plaine ensanglantée. Erreur stratégique. Devant un tel siège, on craignait le pire pour les habitants, pour les femmes, pour les enfants.

L'armée britannique s'apprêtait à bombarder la haute ville, comme elle l'avait déjà fait pour la basse ville.

De surcroît, les habitants disposaient de peu de vivres. On avait calculé quinze mille rations si les soldats restaient dans la ville fortifiée. La famine allait survenir.

Alors, le maire, le notaire et les commerçants écrivirent à Vaudreuil :

« Le peu de troupes réglées et de citoyens exténués qui restent dans cette ville, la majeure partie en ayant déserté depuis le jour du treize pour se retirer dans les campagnes n'est point suffisant pour en garder sûrement l'enceinte avec d'autant plus de raison que nous avons deux parties de la ville à découvert, celle le long du cap aux diamants qui n'est fermée que par des pieux, partie voisine du terrain où est retranché l'ennemi, celle du Palais dont il est le maître des dehors, n'y a-t-il pas tout lieu de craindre à tous moments que l'ennemy puissant en nombre, soit par la force ou par ruse, ne se trouve dans le cœur de la ville, le fer à la main, pour immoler sans distinction de qualité, d'âge ou de sexe tout ce qui se présentera sous ses coups. »

La mort dans l'âme, l'officier Dailleboust Cerry note : « Vu le manque total de vivres, étant sans aucune espérance de secours, mon sentiment est de remettre la Place, et d'en sortir avec le plus d'hommes que nous pourrons... »

Vaudreuil entendit geindre le désespoir. Il ordonna aux soldats de faire une boucle vers l'Ancienne-Lorette pour éviter le théâtre du combat dans cet état de délabrement, d'anéantissement. Les soldats anglais n'eurent qu'à les regarder partir. L'armée des habitants était battue. Bougainville allait construire un fort à la rivière Jacques-Cartier, disait-on. C'était là qu'il prendrait sa revanche. C'en était fini de la forteresse de Québec, l'orgueil de la Nouvelle-France, détruite un an après la forteresse de Louisbourg.

Québec n'était plus qu'un champ de ruines avec une population affamée. Bougainville ne disposait pas des renforts suffisants pour revenir. Traumatisée, la troupe restait à l'écart. Elle pansait ses blessures. La famine et la défaite altéraient le jugement de chacun. L'hôpital avait disposé les mourants français dans la chapelle des Récollets, pleine à craquer, car les Anglais prenaient d'assaut les lits de l'hôpital ; on jetait les Français morts dans la fosse commune alors que les Anglais imposaient une croix pour chacun de leurs morts.

L'historien raconte les dernières manœuvres :

– Après la bataille, l'amiral Saunders mit son énergie à parader sur le fleuve pour faire peur avec ses vaisseaux, menaçant de ses 1 000 canons. Il livrait des pièces d'artillerie et des provisions à l'anse au Foulon. Les marins hissaient des canons du *Royal William*, qui en comptait 84, du *VanGuard* qui en avait 74, du *Terrible*, du *Shrewsbury*, du *Devonshire*. Il y avait maintenant 100 canons sur les plaines d'Abraham pour les Anglais, plus qu'à l'intérieur des bastions Saint-Louis et de la Glacière. Le rapport de force était inversé.

Le responsable de la défense de Québec, le capitaine Ramezay, se fit demander de capituler. Il restait des mi-rations, de quoi manger misérablement. Le 15 septembre, un nouveau conseil de guerre, réuni d'urgence, se prononça en faveur d'une capitulation à 13 sur 14 officiers présents : le capitaine Louis-Thomas Jacau de Fiedmont, qui avait pris charge de l'artillerie sous Le Mercier, puis sous Montbeillard, s'y opposait, réclamant de lutter jusqu'à la mort, plaidant pour « réduire encore la ration et pousser la défense de la place jusqu'à la dernière extrémité ».

La situation paraissait intenable avec les départs, les blessés, les miséreux et les désespérés. Une trêve fut accordée pour cueillir les centaines de blessés, mais les Anglais en profitèrent pour s'approcher encore des fortifications. Ils rusaient et construisaient à 100 mètres des murs un nouveau fossé où ils installaient de l'artillerie. La situation se détériorait d'heure en heure.

Le chevalier de Lévis accourut de Montréal à cheval, dès qu'il apprit la défaite, après avoir donné des ordres pour la défense du fort de Saint-Jean sur le Richelieu, du fort de Lévis, en haut sur le Saint-Laurent, et des fortifications de Montréal, les trois derniers verrous. Ralenti, arrêté à Batiscan par une pluie épouvantable, il arriva enfin au fort de la rivière Jacques-Cartier à l'aube du 17 septembre. Il venait « dans l'espoir d'empêcher l'ennemi d'y passer l'hiver ».

Trop tard. L'éloignement de l'armée avait désespéré la population. Au quatrième jour de la boucherie des plaines, le vice-amiral Saunders avait amené sept vaisseaux à portée de canon de la haute ville. Il allait achever la ville, prise en étau, à moins que la capitulation soit signée sur-le-champ. Aucun habitant ne s'en tirerait vivant. En plus d'une centaine de canons déployés sur les plaines d'Abraham, prêts à bombarder, le *Captain* pointait 70 bouches à feu sur Québec, le *Bedford*, 68, tout comme le *Somerset* et l'*Alcide*, le *Prince Frederic* et le *Northumberland*, l'*Orford* et le *Stirling Castle*. Ces forteresses flottantes attaqueraient la haute ville, sans répit.

Ramezay demanda à Joannès, le major de Québec, de hisser le drapeau blanc. L'officier refusa net. Alors, Ramezay dut négocier avec ses officiers. À 15 h, dépité, un officier se rendit auprès de l'armée anglaise pour discuter des conditions de reddition.

Pendant ce temps, Bougainville marchait sur Québec avec 600 hommes, bientôt suivi d'un contingent de Lévis. Mais le commandant apprit la nouvelle du drapeau blanc levé alors qu'il arrivait « à trois quarts de lieue de la ville ». Avec sa petite troupe, désormais sans appui dans l'enceinte, il dut annuler la contre-attaque.

– Le 18 septembre 1759, à 8 h du matin, l'amiral Saunders, qui avait détruit Québec, et le général Townshend, l'aristocrate, contresignaient la capitulation de la capitale. Peu après 15 h, la garnison anglaise entrait dans la ville.

Cinq jours après le carnage sur les plaines d'Abraham, l'Union Jack flottait sur la capitale de la Nouvelle-France, assassinée.

*
* *

Le commandant François-Gaston de Lévis écrivit une lettre au ministre de la Guerre, qu'il remit aussitôt à un capitaine de navire, chargé de forcer le blocus de Québec. Il disait du marquis de Montcalm :

« Il faut convenir que nous avons été bien malheureux. Au moment où nous devions espérer de voir finir la campagne avec gloire, tout a tourné contre nous. Une bataille perdue, une retraite aussi précipitée que honteuse nous a réduits où nous sommes, pour avoir attaqué trop tôt les ennemis sans avoir rassemblé toutes les forces qu'il aurait pu avoir. Je dois à sa mémoire, pour assurer la droiture de ses intentions, qu'il a cru ne pouvoir faire mieux, mais malheureusement le général a toujours tort, quand il est battu. »

Le jour de la capitulation, trois compagnies ennemies prenaient possession de la ville.

Murray assuma le commandement de Québec. Deux jours plus tard, il mettait la garnison française au fond des cales de quatre navires de la Navy, à destination de Portsmouth, au mépris des accords militaires signés.

Soldats français et partisans furent alors enchaînés, à côté d'hommes atteints du scorbut, avant le début de la traversée. C'était la déportation des Québécois qui commençait, quatre ans après la déportation qui avait frappé les Acadiens. On expulsait les combattants français.

Le courageux Louis-Thomas Jacau de Fiedmont fut l'un des premiers combattants expulsés et son bateau coula à pic au large des Açores. Il réussit de peine et de misère à s'en sortir.

La France le nomma dès lors gouverneur de Guyane, où des officiers de Québec rejoignirent cet officier d'honneur, dans une autre Amérique française.

Dès le 21 septembre 1759, la turpitude se manifestait. Murray demandait aux habitants de Beauport et de Charlesbourg d'abjurer leur foi et de prêter serment de fidélité au roi d'Angleterre, s'ils voulaient reprendre possession de leurs biens. L'hôpital ne donnait plus à manger aux blessés. La ville se vidait de ses habitants et les règles d'expropriation étaient promulguées.

Frédéric interrompt le récit :

– On ne juge pas une défaite après coup, on ne cherche pas *a posteriori* des boucs émissaires ; on constate l'ampleur du désastre et le désarroi du peuple, voilà tout. N'empêche que les Québécois ont tous jonglé, à un moment ou l'autre de leur enfance, avec l'idée de refaire la bataille des plaines d'Abraham autrement, en combattant à la place de leurs ancêtres pour venger les humiliations subies pendant deux siècles par leurs descendants. N'y avait-il pas cent autres issues possibles ?

L'historien ne répond pas directement, il pointe plutôt les fortifications de Chaussegros de Léry :

– Tu vois, ces murs, ils font sept mètres de haut, voire douze au bastion des Ursulines. Ils étaient imprenables avec l'inclinaison de la pente, pour peu que les soldats restent à l'intérieur des fortifications. Montcalm devait attendre à l'intérieur de ces murs avec ses soldats, mais il a paniqué à 7 h du matin. Si Lévis avait été à Québec pour commander la troupe, comme à la rivière Montmorency, à la fin de juillet, il n'y aurait pas eu ni défaite le 13 septembre 1759, ni reddition le 18. Et Vaudreuil n'aurait pas cédé à la panique.

Après un moment, il reprend :

– Tu sais, des fouilles récentes ont montré que les fortifications aux bastions du Cap et de la Glacière n'étaient pas terminées. La faiblesse des murs résidait là.

Voilà pourquoi Lévis a cherché à y attaquer les Anglais en avril 1760. Il restait à compléter les travaux de Chaussegros de Léry. D'ailleurs, Murray fit renforcer ces murs, dès l'hiver de 1759.

Lévis connaissait cette faiblesse, comme Montcalm qui n'avait pas confiance en la défense. Montcalm avait envoyé ses meilleurs officiers protéger Montréal et le Richelieu. Le Mercier gardait le fort situé en haut du fleuve, Bourlamaque surveillait le Richelieu, tandis que Bougainville veillait sur les falaises de Saint-Augustin.

Néanmoins, les armées de Montcalm ont laissé 180 pièces de canons dans la ville, des mortiers, des poudrières, de quoi tenir un siège. Mais Wolfe disposait de cinq fois plus d'artillerie : 1 000 pièces. Montcalm a paniqué. Quant à Vaudreuil, il était incapable de se ressaisir. Avant de juger un combattant, il faut comprendre la terreur, voir les affiches de menaces placardées sur les portes des églises, la famine, les incendies des fermes, les prises d'otages, les rapts par les soldats anglais. Il y a une limite à la résistance des habitants : lorsque Québec est tombé, les habitants de l'arrière-pays mangeaient des oiseaux dans les bois et couchaient dans les grottes.

La missive du dernier évêque de la Nouvelle-France, Mgr de Pontbriand, à Louis XV, en date du 5 novembre 1759, peu avant sa mort, établit le bilan suivant, sept semaines après la défaite :

« Québec a été bombardé et canonné pendant l'espace de plus de deux mois. Cent quatre-vingts maisons ont été incendiées par des pots à feu ; toutes les autres, criblées par le canon et les bombes. Les murs de six pieds d'épaisseur n'ont pas résisté, les voûtes dans lesquelles les particuliers avaient mis leurs effets ont été brûlées, écrasées et pillées, pendant le siège et après. L'église cathédrale a été entièrement consumée. Dans le Séminaire, il ne reste de logeable que la cuisine, où se retire le curé de Québec avec son vicaire. Cette communauté a souffert des pertes encore plus grandes hors de la ville, où l'ennemi lui a brûlé quatre fermes et trois moulins considérables, qui faisaient presque tout son revenu. L'église de la basse ville est entièrement détruite ; celles des Récollets, des Jésuites et du Séminaire sont hors d'état de servir sans de grosses réparations. Il n'y a que celle des Ursulines où l'on peut faire l'office avec une certaine décence, quoique les Anglais s'en servent pour quelques cérémonies extraordinaires. [...] L'Hôtel-Dieu est infiniment resserré parce que les malades anglais y sont. Il y a quatre ans que cette communauté avait brûlé entièrement. Le Palais épiscopal est presque détruit et ne fournit pas un seul appartement logeable. Les voûtes ont été pillées. La maison des Récollets et celle des Jésuites sont à peu près dans la même situation : les Anglais y ont cependant fait quelques réparations pour y loger des troupes. Ils se sont emparés des maisons de la ville les moins endommagées. Ils chassent même de chez eux tous les jours les bourgeois qui, à force d'argent, ont fait raccommoder quelques appartements, ou les mettent si à l'étroit par le nombre de soldats qu'ils y logent, que presque tous sont obligés d'abandonner cette ville malheureuse ; et ils le font d'autant plus volontiers que les Anglais ne veulent rien entendre que pour de l'argent monnayé ; et l'on sait que la monnaie du pays n'est qu'en papier. [...] Les prêtres du Séminaire, les chanoines, les Jésuites, sont dispersés dans le peu de pays qui n'est point encore sous la domination anglaise. Les particuliers de la ville sont sans bois pour leur hivernement, sans pain, sans farine, sans viande, et ne vivent que du peu de biscuit et de lard que le soldat anglais leur vend de sa ration. Telle est l'extrémité où sont réduits les meilleurs bourgeois : on peut facilement juger par là de la misère du peuple et des pauvres. »

Québec n'était plus une ville française, à l'hiver de 1759 : la garnison anglaise occupait la ville dévastée et la vidait de ses civils. Les citoyens ayant quitté leur maison étaient incités à ne pas y revenir. Dans le sillage de l'expulsion des militaires français, bientôt les civils britanniques allaient débarquer et prendre possession du négoce.

Cela amena l'historien Charles Stacey à conclure, lors de la célébration anglaise du bicentenaire de 1959 : « Les événements survenus à Québec en 1759 sont plus insolites que la fiction. »

*
* *

Denis se refuse à prendre congé de Frédéric sur le récit de la défaite. Il lui parle du courage des hommes de Lévis.

– La Nouvelle-France a failli revivre avec Lévis. Le chevalier voulait attaquer avant l'arrivée de renforts de Grande-Bretagne. D'abord, le froid l'en empêcha. Néanmoins, cet hiver-là, le major affecté à Québec, Jean-Daniel Dumas, pratiqua l'escarmouche, bloquant les approvisionnements de la garnison anglaise, à partir du camp retranché de la rivière Jacques-Cartier. Avec une brigade, il barra la route aux hommes de Murray.

Dès février 1760, Bourlamaque vint évaluer les chances de réussite d'une expédition contre les avant-postes de la garnison anglaise.

Lévis put finalement partir de Montréal avec ses troupes par bateau, le 20 avril, le fleuve s'étant tardivement libéré de ses glaces. Le gouverneur Murray, qui disposait de 7 500 soldats en septembre 1759, n'en avait plus que 4 000 au printemps de 1760. La revanche eut lieu une semaine après le départ de Montréal, près de l'église de Sainte-Foy, rapporte Frégault. Lévis avait 6 900 combattants, dont 3 021 colons, prêts à se battre jusqu'à la mort.

Lévis franchit la Jacques-Cartier et la rivière du cap Rouge puis, à partir de l'Ancienne-Lorette, il suivit la vallée de la Saint-Charles. Le gouverneur Murray dépêcha la majeure partie de ses troupes vers les postes de garnison de Sainte-Foy afin de protéger sa position. Mais, dans la nuit pluvieuse du 27 au 28 avril 1760, les soldats de Lévis se cantonnaient dans des maisons de Sainte-Foy tandis que la soldatesque de Murray retraitait. Lévis s'apprêtait à escalader la côte d'Abraham. Le chevalier attendait des renforts, il prenait position. Bientôt, les navires de Vauquelin, l'*Atalante*, le *Pomone* et *La Pie* arrivèrent et ravitaillèrent son armée. Murray sortit de la ville pour en finir avec Lévis, comme Montcalm sept mois plus tôt avec Wolfe. Murray disposait de 3 100 combattants. Le chevalier de Lévis ordonna d'abord un retrait stratégique dans la forêt tandis que Murray le poursuivait. Puis, les Canadiens contre-attaquèrent au corps à corps sur le flanc gauche.

Le brigadier Bourlamaque fut touché à la jambe droite par une décharge, son cheval tué sous lui. Au commandement du lieutenant-colonel d'Alquier, baïonnette au fusil, l'aile gauche refusa de reculer et tint sa position, ce qui donna l'avantage aux Français. Jean d'Alquier de Servian avait été blessé sur les plaines d'Abraham, le 13 septembre, et voilà qu'il contrevenait à l'ordre de retraite, prêt à mourir avec ses hommes. Il conserva aux Français le moulin de Dumont. Lors de la contre-attaque à la baïonnette, il délogea les Highlanders. D'Alquier, blessé, fut conduit à l'Hôpital Général, chez les Augustines. Il sera fait prisonnier et expulsé en France par les Anglais.

Le capitaine Luc de La Corne, fils du seigneur de Terrebonne, était venu, lui, de Contrecœur, à la tête d'Indiens, l'avant-garde de Bourlamaque. En 1758, il avait mené ses troupes à la bataille de Carillon et, en septembre 1759, il assurait la résistance contre les troupes d'Amherst au lac Champlain. Voilà qu'en avril 1760, La Corne tombait à son tour, blessé.

Louis Le Gardeur de Repentigny commandait les milices. Il arrêta le centre de l'armée ennemie et repoussa à deux reprises l'avancée britannique. Sa brigade ne perdit pas un pouce, écrira Vaudreuil.

Ainsi, les ailes anglaises furent-elles écrasées par les hommes de Lévis, d'Alquier, de Le Gardeur et de La Corne. Mais l'interprétation erronée d'un ordre fit que la brigade de la Reine et un corps de 1 400 miliciens se placèrent sur le mauvais flanc. Selon les *Mémoires* de Lévis, la brigade de la Reine eût-elle été à son poste, l'armée de Murray eût été écrasée contre les murs de Québec, ce 28 avril 1760.

Cette fois, il tomba 1 100 soldats chez les Anglais, davantage que chez les Français.

Les Augustines n'en revenaient pas de voir tous les nouveaux blessés qu'on leur amenait. Le major Maurès de Malartic était blessé à la poitrine, lui qui avait vu son cheval tué sous lui, à la bataille du 13 septembre. On le mena à l'hôpital et il négocia l'évacuation des blessés. Les 500 lits de l'Hôpital Général étaient occupés et autant de blessés gisaient par terre.

Après la victoire au corps à corps sur le plateau de Sainte-Foy, Lévis installa ses hommes à 600 mètres du bastion du Cap, dans l'attente de renfort. Il prit position près des fortifications, observant le fleuve. Le destin de Québec se jouerait sur le fleuve.

Lévis avait besoin de munitions. Il ne restait que la moitié de l'armée britannique dans la ville fortifiée. Le 9 mai 1760, à 11 h, une frégate arriva. Elle était anglaise. Lévis manquait de poudre. Il attendit. Le 15 mai, trois vaisseaux entrèrent dans le port, anglais eux aussi. La Nouvelle-France manquait d'hommes, de nourriture et d'armes. Les nouveaux navires français avaient été repoussés dans la baie des Chaleurs par la flotte anglaise. Malgré le courage et le sacrifice des hommes tués à la bataille de Sainte-Foy, Lévis dut ordonner le départ à ses navires, ancrés à l'anse au Foulon ; il remonta le fleuve à Deschambault dans l'espoir de prendre une revanche, au fort des rapides. À Québec, il jeta l'artillerie lourde en bas de la falaise. L'armée française quittait les plaines d'Abraham pour la seconde fois.

Le major Dumas, ajoute l'historien, retarda les troupes de Murray lancées à la poursuite des colons, mais Vauquelin fut pris en chasse le 16 mai. Le lieutenant de marine attira deux navires anglais vers Cap-Rouge et, pris en tenaille, il dut s'échouer à la pointe aux Trembles. Alors, il épuisa ses munitions et fit évacuer son équipage, sous le feu de l'ennemi. Blessé, il fut capturé avec trois officiers et six matelots, refusant de lever le drapeau blanc, attendant la mort. Admiratifs, les Anglais l'expulsèrent en Angleterre, puis en France.

– Les héros français avérés, glisse Frédéric, ont été nombreux pendant la guerre de Sept Ans, mais on ne parle pas d'eux à l'école. « On ne se souvient pas. »

Ce qui restait de l'armée française se repliait. Bourlamaque fut chargé de la défense du fort de Sorel. Bougainville garda le fort de l'île aux Noix, d'où il repoussa une attaque du général Haviland, le 22 août 1760 ; mais il dut retraiter dans les bois devant la force du nombre. Avec des lambeaux de détachements, Bougainville et Bourlamaque rejoignirent Lévis à Montréal, le 2 septembre 1760.

– Lévis, ajoute l'historien, est ce grenadier prêt à combattre jusqu'au bout à Montréal, comme Jacau de Fiedmond à Québec. En 1760 Lévis fit face à 29 000 soldats anglais qui arrivaient de trois côtés à la fois pour détruire Montréal ; c'était pire que les 22 000 hommes réunis par Wolfe et Saunders devant Québec.

En effet, une armée anglaise de 10 000 soldats arrivait du fort Orange, menée par Haviland, une deuxième armée de 15 000 soldats dirigée par Amherst avait descendu le fleuve à partir du lac Ontario, sur 200 bateaux de transport, tandis que Murray, lui, renforcé par des forces fraîches venues d'Halifax, amenait une autre armée de 4 000 soldats de Québec à Montréal. Ainsi, les trois généraux prenaient-ils Montréal en étau.

Néanmoins, la descente du Saint-Laurent par Amherst avait été entravée par Pouchot, de nouveau actif ; le capitaine tint pendant deux semaines le fort Lévis aux rapides du Long-Sault et il le défendit avec acharnement contre l'armée d'Amherst, jusqu'à ce que ce fort tombât en ruine, après treize jours de siège. On était le 25 août 1760. Plus loin, aux rapides de Côteau-du-Lac, les colons tiraient à bout portant sur les troupes anglaises. Cette fois, des soldats tombaient dans les eaux tumultueuses. Aux Cèdres, au Rocher fendu, aux rapides du Trou et de la Faucille, trente pilotes menaient les barques des Anglais à leur perdition ; après avoir été recrutés de force, ils choisissaient de couler plutôt que d'amener les troupes ennemies à Montréal. Ainsi, 84 soldats d'Amherst disparurent avec eux.

Finalement, celui-ci campa sur l'île Perrot, le 4 septembre 1760, puis il mit pied à terre à Lachine, deux jours plus tard. Dès lors, la soldatesque se dressait devant Montréal, terrorisant les habitants du faubourg des Récollets.

Le militaire Lapause écrivit :

« Nos volontaires firent leur retraite pied à pied. Les soldats anglais vinrent s'établir à environ une demi-lieue du faubourg des Récollets. On prit alors la résolution de l'abandonner, vu le petit nombre d'hommes qui nous restait, par la désertion qui avait réduit nos bataillons et les troupes de la marine à peu de chose, et n'ayant pas un milicien ni Sauvage, on plaça chacun dans l'endroit qu'il devait défendre. »

Après avoir demandé un *espresso* au maître d'hôtel, l'historien évoque la fin de Montréal :

– Par dépit devant la résistance des habitants, Murray incendia les fermes de Cap-Rouge et de Donnacona avant de remonter le fleuve. À Sorel, attaqué par Bourlamaque, il brûla aussi le bourg. Puis, il attaqua Varennes et prit pied à l'île Sainte-Thérèse, avant de débarquer à la Pointe-aux-Trembles de Montréal. Murray dirigea alors une partie de sa troupe vers le chemin Saint-Laurent pour attaquer Montréal, à partir du côté nord, tandis qu'un autre de ses régiments arrivait de l'est de Montréal. Pour sa part, l'armée de Haviland avait pris position à Laprairie. À son campement s'ajoutaient ceux de Longueuil, de

Lachine, du chemin Saint-Laurent et de Pointe-aux-Trembles : les armées britanniques encerclaient Montréal.

Le chevalier de Lévis disposait de 2 400 soldats. Il s'apprêtait à combattre à un contre dix. Il songeait à une sortie pour protéger les femmes et les enfants restés dans les fortifications. Vaudreuil refusa net. Lévis demanda ensuite à se retirer dans le fort de l'île Sainte-Hélène pour défier Amherst. Il n'acceptait pas les conditions qui priveraient la France de dix bataillons en Amérique. Il irait jusqu'au bout avec sa troupe d'irréductibles.

Vaudreuil refusa le sacrifice des officiers et des soldats. Il écrivit : « J'ordonne à M. le chevalier de Lévis de se conformer à la présente capitulation et faire mettre bas les armes aux troupes. » Encore là, Lévis eut un dernier geste de défi : ses hommes brûlèrent les drapeaux du régiment sur le bastion du corps de garde, tout près de la résidence du gouverneur Vaudreuil, plutôt que de les remettre à l'ennemi.

Amherst venait de New York pour occuper Montréal. Ainsi, la garnison anglaise prit-elle possession de la ville fortifiée, le 8 septembre 1760.

Lévis fut forcé de rentrer en France. À bout de souffle, la Nouvelle-France était en train de mourir.

L'historien sort à la brunante du Cercle de la Garnison, en face du monument des soldats de l'Empire contre les Boers, puis il franchit la porte Saint-Louis, avant de s'arrêter avec son ami devant la statue d'Honoré Mercier, pour exprimer son sentiment :

– Le peuple avait souffert six ans de guerre, quatre ans de famine. La flotte la plus puissante au monde, venue de Portsmouth, de Boston et d'Halifax, avait déferlé sur la Nouvelle-France. Désormais, on allait parler des « Anciens Canadiens », comme Philippe Aubert de Gaspé dans son roman, pour nommer ceux qui avaient combattu, par opposition aux Anglais, les nouveaux maîtres. Les soubresauts de la résistance allaient être neutralisés un à un, pendant six ans.

En 1762, Le Gardeur de Repentigny et d'Arsac de Ternay vont tenter une revanche à Terre-Neuve, mais la marine britannique était trop puissante. La Royal Navy dominait l'Atlantique et elle avait même mis la troupe française de Pondichéry au pas. Le Canada et les Indes étaient à genou. Dès lors, les hommes de Murray exigèrent de nouveau, sous peine de dépossession, le serment de fidélité au roi d'Angleterre : un nouveau souverain, George III, venait de monter sur le trône.

C'était au tour de la nuit de s'emparer de Québec quand Denis et Frédéric se quittèrent.

À la liberté avaient succédé la terre brûlée et la sauvagerie des armes. L'espoir disparaissait chez les Français d'Amérique, les soldats britanniques avaient pris le pouvoir.

FIN DE LA PREMIÈRE PARTIE

NOTICE BIBLIOGRAPHIQUE

Le présent roman a mis à contribution les ouvrages suivants :

Sur la guerre de Conquête et l'histoire de la Nouvelle-France :

Jacques CARTIER, *Relations,* dans l'édition que Michel Bideaux a préparée pour la Bibliothèque du Nouveau Monde des Presses de l'Université de Montréal en 1986, 504 p.

Gaston DESCHÊNES, *L'année des Anglais : la Côte-du-Sud à l'heure de la Conquête,* nouvelle édition, Sillery, Septentrion, 1998.

François DOLLIER DE CASSON, *Histoire du Montréal, 1642-1672,* dans la nouvelle édition critique préparée par Marcel Trudel et Marie Baboyant, Montréal, Hurtubise HMH, 1992, 342 p.

Guy FRÉGAULT, *La guerre de la Conquête,* Montréal, Fides, collection « Fleur de Lys », 1955, 514 p.

Christopher HIBBERT, *Wolfe at Quebec,* London/New York, Longmans/Green, 1959.

Journal des faite arrivés à l'armé de Québec capital dans l'Amérique septentrional pendant la campagne de l'année 1759 [sic], par M. de Foligné, Québec, Presses de la communauté des Sœurs franciscaines, 1901 (?).

John KNOX, *An Historical Journal of the Campaigns in North America for the Years 1757, 1758, 1759 and 1760,* edited with introduction, appendix and index by Arthur G. Doughty, 3 vol., Toronto, Champlain Society, 1914-16.

François-Gaston DE LÉVIS, *Journal des campagnes du chevalier de Lévis en Canada de 1756 à 1760,* Montréal, C. O. Beauchemin, 1889.

Charles Perry STACEY, *Quebec 1759, The Siege and the Battle,* London, Pan Books, 1959.

James THOMSON, *A Short Authentic Account of the Expedition Against Quebec in the year 1759 Under Command of Major-General James Wolfe,* Québec, Middleton & Dawson, 1872, 48 p.

Des dix-neuf livres publiés en 1995 par les Publications du Québec dans la collection « L'Avenir dans un Québec souverain », ceux-ci ont particulièrement été utiles :

David BERNSTEIN et William SILVERMAN, *Avis sur les conséquences de l'indépendance du Québec en ce qui a trait aux traités et accords conclus avec les États-Unis d'Amérique,* 38 p.

Étude sur la restructuration administrative d'un Québec souverain, sous la direction de Jean Laliberté, assisté de Mario Beaulieu, Jacques Boisvert, Jean-Louis Desrochers, Francine Lalonde, Jean-Claude Picard et Alain Simard, et dont l'auteur était coresponsable de coordination.

Georges MATHEWS, *Le dollar canadien et la souveraineté* (texte miméographié inédit).

Le partage des actifs et des passifs du gouvernement du Canada, sous la direction de Claude Lamonde et Jacques Bolduc, avec la collaboration de douze actuaires, 83 p.

Pierre-Paul PROULX, *Intégration économique et modèles d'association économique Québec-Canada,* 130 p.

Maurice SAINT-GERMAIN, *La souveraineté du Québec et l'économie de l'Outaouais,* 106 p.

Jean-Claude THIBODEAU, Yvan MARTINEAU et Paul RIOUX, *La souveraineté et les PME,* 65 p.

Le transfert des engagements du gouvernement fédéral relativement aux pensions des employés résidant au Québec, sous la direction Claude Lamonde et Pierre Renaud, avec la collaboration de douze actuaires (texte miméographié inédit).

Le livre blanc des recherches menées pour le gouvernement du Québec en vue du référendum de 1980 est également cité :

Bernard BONIN et Mario POLÈSE, avec la collaboration de Jean-K. SAMSON, *À propos de l'association économique Canada-Québec,* École nationale d'administration publique, 1979.

Sources littéraires :

Louis ARAGON, *Les communistes,* version originale de 1939-1940 reprise chez Stock en 1998, 1062 p.

Alexandre DUMAS, *Ange Pitou,* troisième partie des *Mémoires d'un médecin,* collection « Bouquins », Robert Laffont, 1990, 1210 p.

Louis HÉMON, *Maria Chapdelaine,* Paris, Grasset, 1921, réédité par Fides, collection « Bibliothèque Québécoise », 1994, 207 p.

Gabrielle ROY, *Bonheur d'occasion,* Montréal, Société des éditions Pascal, 1945, réédité par Boréal, 1976, 413 p.

Jules VERNE, *Famille-sans-Nom,* avec 82 gravures par Tiret-Bognet, dans la série *Les Voyages extraordinaires*, n° 33, 1889, collection Hetzel, 422 p.

Romans parus à L'instant même :

La complainte d'Alexis-le-trotteur de Pierre Yergeau
L'homme à qui il poussait des bouches de Jean-Jacques Pelletier
Les étranges et édifiantes aventures d'un oniromane
     de Louis Hamelin
Septembre en mire de Yves Hughes
Suspension de Jean Pelchat
L'attachement de Pierre Ouellet
1999 de Pierre Yergeau
Le Rédempteur de Douglas Glover (traduit de l'anglais
     par Daniel Poliquin)
Un jour, ce sera l'aube de Vincent Engel
     (en coédition avec Labor)
Raphael et Lætitia de Vincent Engel (en coédition avec Alfil)
Les cahiers d'Isabelle Forest de Sylvie Chaput
Le chemin du retour de Roland Bourneuf
L'écrivain public de Pierre Yergeau
Légende dorée de Pierre Ouellet
Un mariage à trois de Alain Cavenne
Ballade sous la pluie de Pierre Yergeau
Promenades de Sylvie Chaput
La vie oubliée de Baptiste Morgan (en coédition avec Quorum)
La longue portée de Serge Lamothe
La matamata de France Ducasse
Les derniers jours de Noah Eisenbaum de Andrée A. Michaud
Ma mère et Gainsbourg de Diane-Monique Daviau
La cour intérieure de Christiane Lahaie
Les Inventés de Jean Pierre Girard
La tierce personne de Serge Lamothe
L'amour impuni de Claire Martin
Oubliez Adam Weinberger de Vincent Engel
Chroniques pour une femme de Lise Vekeman
Still. Tirs groupés de Pierre Ouellet
Loin des yeux du soleil de Michel Dufour
Le ravissement de Andrée A. Michaud
La petite Marie-Louise de Alain Cavenne
Une ville lointaine de Maurice Henrie
À l'intérieur du labyrinthe de Vincent Chabot
La désertion de Pierre Yergeau